Grundrisse der Erziehungswissenschaft

Herausgegeben von Jörg Dinkelaker, Merle Hummrich, Wolfgang Meseth, Sascha Neumann und Christiane Thompson

Die Autoren

Dr. Nicolas Engel, Professor für Erziehungswissenschaft an der Goethe-Universität Frankfurt/Main
Dr. Michael Göhlich, Senior Professor of Education an der Universität Erlangen-Nürnberg.

Nicolas Engel / Michael Göhlich

Organisationspädagogik

Eine Einführung

Mit einem Beitrag von Andreas Schröer

Verlag W. Kohlhammer

Dieses Werk einschließlich aller seiner Teile ist urheberrechtlich geschützt. Jede Verwendung außerhalb der engen Grenzen des Urheberrechts ist ohne Zustimmung des Verlags unzulässig und strafbar. Das gilt insbesondere für Vervielfältigungen, Übersetzungen, Mikroverfilmungen und für die Einspeicherung und Verarbeitung in elektronischen Systemen.

Die Wiedergabe von Warenbezeichnungen, Handelsnamen und sonstigen Kennzeichen in diesem Buch berechtigt nicht zu der Annahme, dass diese von jedermann frei benutzt werden dürfen. Vielmehr kann es sich auch dann um eingetragene Warenzeichen oder sonstige geschützte Kennzeichen handeln, wenn sie nicht eigens als solche gekennzeichnet sind.

Es konnten nicht alle Rechtsinhaber von Abbildungen ermittelt werden. Sollte dem Verlag gegenüber der Nachweis der Rechtsinhaberschaft geführt werden, wird das branchenübliche Honorar nachträglich gezahlt.

Dieses Werk enthält Hinweise/Links zu externen Websites Dritter, auf deren Inhalt der Verlag keinen Einfluss hat und die der Haftung der jeweiligen Seitenanbieter oder -betreiber unterliegen. Zum Zeitpunkt der Verlinkung wurden die externen Websites auf mögliche Rechtsverstöße überprüft und dabei keine Rechtsverletzung festgestellt. Ohne konkrete Hinweise auf eine solche Rechtsverletzung ist eine permanente inhaltliche Kontrolle der verlinkten Seiten nicht zumutbar. Sollten jedoch Rechtsverletzungen bekannt werden, werden die betroffenen externen Links soweit möglich unverzüglich entfernt.

1. Auflage 2022

Alle Rechte vorbehalten
© W. Kohlhammer GmbH, Stuttgart
Gesamtherstellung: W. Kohlhammer GmbH, Stuttgart

Print:
ISBN 978-3-17-034725-0

E-Book-Formate:
pdf: ISBN 978-3-17-034726-7
epub: ISBN 978-3-17-034727-4

Vorwort der Herausgebenden der Reihe

Die »Grundrisse der Erziehungswissenschaft« verfolgen angesichts der zunehmenden Ausdifferenzierung und Pluralisierung von pädagogischen Feldern und wissenschaftlicher Grundlagen den Anspruch einer begrifflich-systematischen Einführung in die Erziehungswissenschaft. Die Reihe führt in erziehungswissenschaftliche Teildisziplinen und Forschungskontexte ein, wobei ihr Bezug zu pädagogisch-professionellen Feldern eine besondere Berücksichtigung erfährt. Im Sinne gesellschaftstheoretischer Reflexion greift die Reihe z. B. auch zeitgenössische Schlüsselprobleme der erziehungswissenschaftlichen und pädagogischen Reflexion auf.

Die »Grundrisse der Erziehungswissenschaft« zielen darauf ab, widerstreitende Auffassungen in Forschung, Theoriebildung und Praxis als Teil erziehungswissenschaftlicher Selbstverständigung zu vermitteln und auf gesellschaftliche Wandlungsprozesse, Problemstellungen und Konflikte zurückzubeziehen. Ein Nachdenken über Erziehung, Bildung und Lernen erfordert gleichermaßen eine breite Einbettung in die wissenschaftliche Diskurslandschaft wie in andere gesellschaftliche Kontexte (Politik, Wirtschaft, Religion, Medizin). Indem die »Grundrisse« auch die historische Genese, die epistemologischen Konturen und öffentlichen Geltungsbedingungen erziehungswissenschaftlichen Wissens und pädagogischer Semantiken aufgreifen, eröffnen sie überdies eine kritische Reflexion ihrer Methoden und Wissensformen.

Herausgebende der Reihe
Jörg Dinkelaker (Martin-Luther-Universität Halle-Wittenberg)
Merle Hummrich (Goethe-Universität Frankfurt am Main)
Wolfgang Meseth (Goethe-Universität Frankfurt am Main)
Sascha Neumann (Eberhard Karls Universität Tübingen)
Christiane Thompson (Goethe-Universität Frankfurt am Main)

Inhaltsverzeichnis

Vorwort der Herausgebenden der Reihe 5

1 Einleitung 11

2 Organisation und Institution. Systematische
  Annäherung an den Gegenstand der Organisationspädagogik 18
  2.1 Fallbeispiel Gedenkstättenbesuch: eine Institution
      und ihre Bedeutung für Organisationen 19
  2.2 Begriffsklärung: Institution und Organisation 23
  2.3 Organisation als pädagogische Praktik 29
  2.4 Organisation als Kontext pädagogischer Prozesse ... 31
  2.5 Organisation als Akteur und Adressat
      pädagogischer Praxis 35
  2.6 Organisation als Ermöglichung und Bedrohung
      menschlichen Seins 38

3 Organisation als pädagogischer Topos. Historische
  Annäherung an den Gegenstand der Organisationspädagogik 41
  3.1 Organisationspädagogik avant la lettre:
      Zur Vorgeschichte der Organisationspädagogik 41
  3.2 Anfänge expliziter Organisationspädagogik:
      Zur Neubestimmung des Verhältnisses von
      Pädagogik und Organisation 45
  3.3 Institutionalisierung der Organisationspädagogik ... 47
  3.4 Zur Zukunft der Organisationspädagogik 49

4 Organisationstheorien und Organisationspädagogik ... 51

- 4.1 System, Umwelt, Selbstreferentialität – Organisationspädagogische Anschlüsse an Systemtheorien ... 51
  - 4.1.1 Fallbeispiel Altenheim – Systemische Optionen der Organisationsberatung ... 52
  - 4.1.2 Systemtheoretische Perspektiven auf den Gegenstand Organisation ... 55
  - 4.1.3 Systemtheoretische Einsätze in der Organisationspädagogik ... 59
- 4.2 Rationalitätsmythen, Isomorphismus und lose Kopplung – Organisationspädagogische Anschlüsse an neo-institutionalistische Theorien ... 63
  - 4.2.1 Lose Kopplung. Zur Vorgeschichte des Neo-Institutionalismus ... 64
  - 4.2.2 Fallbeispiel Nestlé – zentrale Thesen des Neo-Institutionalismus am Beispiel einer privatwirtschaftlichen Organisation ... 66
  - 4.2.3 Neo-Institutionalistische Einsätze in der Organisationspädagogik ... 72
- 4.3 Steuerungsfaktor, normatives Fundament oder Deutungsgeflecht – Organisationspädagogische Anschlüsse an Theorien der Organisationskultur ... 75
  - 4.3.1 Organisationskultur als Steuerungsfaktor ... 76
  - 4.3.2 Organisationskultur sensu Edgar H. Schein ... 77
  - 4.3.3 Organisation als Kultur ... 79
- 4.4 Artefakte, Praktiken, Praxismuster – Organisationspädagogische Anschlüsse an Praxistheorie ... 82
  - 4.4.1 Fallbeispiel: Soziale Roboter in der Pflege ... 83
  - 4.4.2 Praxistheoretische Perspektiven auf Organisation(en) ... 85
  - 4.4.3 Praxistheoretische Einsätze in der Organisationspädagogik ... 89

5 Das Feld der Organisationspädagogik ... 94

- 5.1 Theoretische Perspektiven auf Organisationales Lernen ... 94

5.1.1	Organisationales Lernen als Lernen in und von Organisationen	94
5.1.2	Ausgewählte Theorien organisationalen Lernens	96
5.2	Organisationales Lernen aus pädagogischer Sicht ...	106
5.2.1	Inhaltsbezug und Dialogizität des organisationalen Lernens	107
5.2.2	Fallbeispiel – »Halt, Foto fehlt noch«	112
5.2.3	Strategie und Muster – Tradierung und Transformation	120
5.3	Organisationsentwicklung als organisationspädagogisches Arbeitsfeld	125
5.3.1	Fallbeispiele Firma Global und Hochschule X – Organisationsentwicklung top-down oder partizipativ?	126
5.3.2	Modelle der Organisationsentwicklung	131
5.3.3	Agilisierung als OE-Antwort auf Bedingungen des 21. Jahrhunderts?	140
5.4	Personalentwicklung als organisationspädagogisches Arbeitsfeld	144
5.4.1	Organisationspädagogische Perspektivierung der Personalentwicklung	144
5.4.2	Personalentwicklung: mehr als betriebliche Weiterbildung	147
5.4.3	Phasen und Formen der Personalentwicklung	149

6 Organisationspädagogische Perspektiven auf ausgewählte pädagogische Arbeitsfelder ... 153

6.1	Organisationen als Arenen des Lernens Erwachsener	154
6.1.1	Formale Organisationen der Weiterbildung als Bedingungs- und Ermöglichungsstruktur des Lernens Erwachsener	155
6.1.2	Organisationen als Arenen des Übergangs ...	157
6.1.3	Zur organisationalen Verfasstheit des Lernens Erwachsener	160

6.2	Betriebe als Lernwelten		162
	6.2.1 Betrieb als Gegenstand (organisations-) pädagogischer Diskussion		164
	6.2.2 Drei Dimensionen der Lernwelt Betrieb		166
6.3	Organisation des Sozialen – Organisationen der Hilfe (von Andreas Schröer)		172
	6.3.1 Organisationen als Thema der Sozialpädagogik		174
	6.3.2 Soziale Dienstleistungsorganisationen, Lebensbewältigung und Sozialmanagement		176
	6.3.3 Zur wechselseitigen Bezugnahme von Organisations- und Sozialpädagogik am Beispiel des Sozialmanagements		179
	6.3.4 Spezifika, Funktionen und gegenwärtige Herausforderungen von Organisationen der Hilfe		184

7 **Organisationspädagogik im Spiegel aktueller gesellschaftlicher Transformationsdynamiken** **192**
   7.1 Organisationen im Kontext von Transnationalisierung 192
      7.1.1 Transnationale Organisationsforschung 194
      7.1.2 Organisationen als Arenen und Akteure transnationaler Wissensproduktion 198
   7.2 Organisationen als Generatoren von Gleichheit und Ungleichheit 202
      7.2.1 Organisationen als Generatoren von Gleichheit 204
      7.2.2 Organisationen als Generatoren von Ungleichheit 209
      7.2.3 Organisationales Lernen im Zeichen von Diversität 212

Literaturverzeichnis **218**

1 Einleitung

Der vorliegende Band erschließt Zugänge zur Organisationspädagogik als wissenschaftliche Disziplin und als professionelles Handlungsfeld. Als wissenschaftliche Disziplin zielt Organisationspädagogik darauf, Organisationen als Bedingung, Ermöglichung, Unterstützung oder Bedrohung von Erziehung, Bildung und Lernen sowie Organisationen jeglicher Art – nicht nur Einrichtungen mit pädagogischer Zielsetzung wie Kitas, Schulen, Hochschulen oder Heime, sondern auch Betriebe, Kliniken, Behörden u. a. m. – als lernende Sozialgebilde im Kontext gesellschaftlicher Transformationen zu erforschen. Als professionelles Handlungsfeld bietet Organisationspädagogik Absolvent*innen pädagogischer Studiengänge und Berufstätigen die Möglichkeit und die Aufgabe, erziehungswissenschaftliches Wissen und pädagogisches Können in Praxen und Praktiken von Organisationsentwicklung und Personalentwicklung zu übersetzen, einzubauen, anzuwenden und sich dabei nicht zuletzt für die Weiterentwicklung von Organisationen als humane Lern- und Lebenswelten einzusetzen. In systematischer, wie pragmatischer Sicht ist jedoch nicht nur zu klären, was Organisationspädagogik ist, sondern auch, was denn die Grundfragen sind, auf die Organisationspädagogik als wissenschaftliche Disziplin und als pädagogische Profession zeitgemäße Antworten geben will. So standen bei der Ausarbeitung des vorliegenden Bandes insbesondere zwei Fragen Pate: *Welche Bedeutung haben Organisationen für pädagogische Prozesse?* Und: *Welche Bedeutung haben pädagogische Prozesse für Organisationen?*

Dass diese Fragen nicht erst mit dem Aufkommen und der Institutionalisierung einer explizit organisationspädagogischen Debatte relevant werden, sondern ältere und im Grunde allgemeinpädagogische Topoi sind, zeigt ein Blick in die Geschichte der Pädagogik. So vollzieht sich

1 Einleitung

die Institutionalisierung von Erziehung und Bildung vornehmlich durch die Gründung konkreter Organisationen als Orte und Akteure pädagogischer Praxis (Tenorth 1992, Kuper 2008, Göhlich 2014a, 2018). Organisationen geben seit jeher nicht nur strukturierende Rahmen für Vorgänge der Erziehung, der Vermittlung von Wissen und der Lernunterstützung, sondern sie sind in je spezifischer Weise Materialisierungen programmatischer Ideen und pädagogischer Praxis (beispielhaft kann hier an die Gründung von alternativen Schulformen im Zuge der reformpädagogischen Bewegung erinnert werden, die noch heute bestehen und sich in ihrer Organisation von anderen Schulen abheben). Darüber hinaus werden Organisationen als Bedingung von Erziehung und pädagogischem Handeln thematisch. Eine solche Thematisierung erfolgte historisch gesehen als Kritik an einem personalistischen Erziehungsverständnis (Bernfeld 1971/1925), das die Wirksamkeit pädagogischer Praxis allein auf zwischenmenschliche Interaktion zurückführt (vgl. auch Kuper 2011), aber vor allem in Form eines gepflegten pädagogischen Ressentiments, das über viele Jahrzehnte die Annahme einer Unvereinbarkeit von Organisation und Erziehung zum Bezugspunkt einer Diskussion über institutionelle und organisationale Bedingungen und Rahmungen pädagogischen Handelns machte (vgl. Terhart 1986). Nicht zuletzt durch allgemeinpädagogische Einsätze, die pädagogisches Handeln in den Antinomien der Moderne reflektieren (Helsper 1995, mittlerweile in der 10. Auflage) oder vor dem Hintergrund sozialwissenschaftlicher Begriffsarbeit andere erziehungswissenschaftliche Zugänge einfordern (König & Volmer 1993, Böttcher & Terhart 2004, Göhlich 2001, 2005, Kuper & Thiel 2010, Engel 2018a, Weber & Wieners 2018), wendet sich die pädagogische Auseinandersetzung mit Organisationen. So wird die (Weiter-)Entwicklung einer namentlich organisationspädagogischen Debatte möglich, die Organisationen neben ihrer rahmenden Funktion selbst als pädagogische Akteure thematisiert.

Diese Bewegungen im erziehungswissenschaftlichen Diskurs im Blick behaltend setzt dieser Band eine mit Unterbrechungen geführte pädagogische Auseinandersetzung mit dem Gegenstand Organisation fort. Als Ergebnis von Institutionalisierungsprozessen, also von Prozessen der Formalisierung und Routinisierung menschlicher Praxis, stellen Organisationen eine unausweichliche Gegebenheit für pädagogische Prozesse dar. Organisationen sind Arenen und Akteure, über die sich Gesellschaft reproduziert und in denen Bedingungen und Möglichkeiten des Lernens, der Bildung und der Erziehung generiert werden; sie werden durch menschliche Praxis hervorgebracht und können durch sie verändert werden. In diesem Sinne liegt unserer Idee von Organisationspädagogik eine dialektische Perspektive zu Grunde, die die *helle* wie die *dunkle* Seite von Organisationen für das Pädagogische als untrennbar miteinander verwobene Elemente begreift (vgl. auch Kessl 2020). Organisationen sind einerseits Gebilde mit Zerstörungspotential. Sie bringen Strukturen, Diskurse und Praktiken hervor, die Menschen diskriminieren, menschliche Arbeits- und Lernwelten im Sinne eines Einsatzes von Humanressourcen neoliberalisieren und ungleiche Möglichkeitsbedingungen für Bildung, Lernen und Wissensproduktion erzeugen. Diese gewaltfördernde und moralverdrängende Seite bezeichnen wir mit Ortmann (2010) als »dunkle Seite« der Organisation und markieren es als organisationspädagogisch notwendig, die Macht- und Gewaltförmigkeit von Organisationen in Hinblick auf die Bedingung der (Un-)Möglichkeit von Lernen, Bildung, Erziehung und Wissensvermittlung in den Blick zu nehmen. Organisationen sind andererseits – die helle Seite – Arenen und Akteure, die Bildung, Lernen und Erziehung sowie soziale Teilhabe ermöglichen und Errungenschaften sozialer Integrationsprozesse festigen können. Vorgänge der Routinisierung und Formalisierung sind hierbei weniger als Einschränkung, denn als Möglichkeitsbedingungen für Autonomie, Identität und Empowerment zu verstehen. In dieser Perspektive sind Organisationen die Antwort auf eine grundsätzliche »Institutionalisierungsbedürftigkeit des Pädagogischen« (Kessl 2020, 100), die sich sowohl in einem Bedarf an verlässlichen Ergebnissen pädagogischer Praxis als auch in dem Wunsch nach Professionswissen wiederfindet. Organisationen sind darüber hinaus – und auch das gehört zur hellen Seite der Organisation – Arenen, in denen im Zuge der Institutionalisierung ein Widerstand und eine Problematisierung von Sinn und Identität erfolgen können. Sie sind damit immer auch Generatoren von Veränderung und Verbesserung des Status Quo.

Organisationspädagogisch ist diese Einsicht in die Dialektik von Organisationen in mehrerer Hinsicht bedeutsam: 1. Sie unterstreicht, dass

1 Einleitung

die Blicke auf die dunkle Seite und auf die helle Seite von Organisationen systematisch wie pragmatisch zu verbinden sind: zu einer Perspektive also, die das destruktive (ggf. entmenschlichende) und das konstruktive (ggf. humanisierende) Potential von Organisationen nicht normativ gegeneinander ausspielt, sondern diese Potentiale als dem Gegenstand grundsätzlich innewohnend reflektiert. 2. Sie erlaubt theoretisch wie empirisch eine Inblicknahme von Organisationen als Sozialgebilde, in denen sich zum einen pädagogische Prozesse je spezifisch gestalten, die zum anderen als soziokorporale Entitäten selbst lernen und die sich drittens im Zuge organisationalen Lernens auch als Generatoren gesellschaftlicher Transformationsdynamiken erweisen. 3. Sie weitet den Blick auf organisationspädagogisches Handeln als eine mehrdimensionale pädagogische Professionalität, die sich im Bewusstsein der unter 1 und 2 genannten Perspektiven, Prozesse und Komplexitäten der Organisationsentwicklung (im weiten Sinne umfasst dies auch Beratung in und von Organisationen, Personalentwicklung, Bildungsmanagement etc.) annimmt und hier ein eigenständiges, wenngleich zu anderen disziplinären Ansätzen und praktischen Modelle in Beziehung stehendes, Arbeitsfeld darstellt.

Diese mehrperspektivische Einsicht in die Dialektik von Organisation bildet unseren gedanklichen Korridor für eine Einführung in die Organisationspädagogik, die den Anspruch hat, das breite Spektrum der Möglichkeiten organisationspädagogischen Sehens, Denkens und Handelns aufzuzeigen. Im vorliegenden Band erfolgt das in fünf Schritten:

Wir beginnen mit einer systematischen Annäherung (▶ Kap. 2), indem wir eine pädagogische Verhältnisbestimmung von Organisation und Institution vornehmen, um die komplexen Dynamiken zu erschließen, unter denen Lern-, Erziehungs- und Bildungsprozesse in und von Organisationen stattfinden. In der Arbeit an diesen Begriffen weisen wir Organisation als zentralen Gegenstand organisationspädagogischer Reflexion aus und konkretisieren selbigen mittels vier Perspektiven, die Organisation als pädagogische Praktik, als Kontext pädagogischer Prozesse, als Akteur und Adressat pädagogischer Praxis sowie als Bedrohung und Ermöglichung menschlichen Seins kennzeichnen.

In einem zweiten Schritt geben wir eine kurze historische Einordnung (▶ Kap. 3), die die Entstehung der Organisationspädagogik als Produkt einer fortlebenden allgemeinpädagogischen Auseinandersetzung mit dem Gegenstand Organisation ausweist. Der hier gewählte Zugriff ist kein ideen- oder ereignisgeschichtlicher, sondern vielmehr ein problemgeschichtlicher, der über die Inblicknahme der Thematisierung von Organisation im Zusammenhang mit pädagogischen Fragestellungen Fluchtpunkte rekonstruiert, die sich mit der Institutionalisierung der Organisationspädagogik als Subdisziplin in eine Linie bringen lassen. In einem dritten Schritt stehen ausgewählte organisationswissenschaftliche Referenztheorien im Fokus (▶ Kap. 4), mittels derer die Bedingungen und Möglichkeiten einer theoretischen Grundlegung der Organisationspädagogik aufgezeigt werden und anhand derer sich ein je spezifischer Blick sowie eine je spezifische Auseinandersetzung mit Organisation(en) und organisationalem Lernen ausbildet. Organisationspädagogische Anschlüsse an Systemtheorie, Neo-Institutionalismus und Praxistheorie sowie an Theorien der Organisationskultur bieten multiple theoretische Rahmen, um organisationspädagogische Forschung und Praxis näher zu bestimmen.

Dies erfolgt in einem vierten Schritt, in dem wir dem Feld der Organisationspädagogik in theoretischer und praktischer Hinsicht Kontur geben (▶ Kap. 5), es somit als Forschungsfeld und als berufliches Arbeitsfeld ausweisen. Zunächst wird organisationales Lernen als pädagogischer Gegenstand ausgearbeitet und als strategischer und musterförmiger Vorgang der Übersetzung von Wissen und Können konkretisiert. Die darauf gründende Auseinandersetzung mit Konzeptionen und – an Fallbeispielen veranschaulichten – Praxen der Organisations- und Personalentwicklung weist Organisationsentwicklung und Personalentwicklung als pädagogische Arbeitsfelder aus.

In zwei abschließenden Schritten wird das Erkenntnispotential organisationspädagogischen Sehen und Denkens im Hinblick auf ausgewählte pädagogische Einrichtungen und Arbeitsfelder sowie auf ausgewählte gesellschaftliche Herausforderungen aufgezeigt (▶ Kap. 6 und ▶ Kap. 7). Als pädagogische Arbeitsfelder exemplarisch in den Blick genommen werden das Lernen Erwachsener, der Betrieb als Lernwelt sowie die soziale Dienstleistungsorganisation bzw. die Organisation des Sozialen. Sodann werden wir exemplarisch an der Transnationalisierung

1 Einleitung

von Wissen sowie dem Spannungsfeld von Gleichheit und Ungleichheit nicht nur aktuelle Herausforderungen organisationspädagogischer Forschung und Praxis thematisieren, sondern damit auch einen Blick auf die Rolle und Funktion von Organisationen hinsichtlich der Generierung und Transformation gesellschaftlicher Konfliktlagen frei geben.

Eine Besonderheit der vorliegenden Einführung in die Organisationspädagogik besteht darin, dass die ersten Schritte der Konzeption des Bandes mit Seminaren zum Thema *Einführung in die Organisationspädagogik* verbunden waren, die wir in den Sommersemestern 2017, 2018 und 2019 an der Friedrich-Alexander-Universität Erlangen-Nürnberg durchgeführt haben. So sind erste Entwürfe einiger (Unter-)Kapitel aus unseren Vorträgen und anschließenden Diskussionen entstanden, die wir im Seminar per Audiomitschnitt aufgezeichnet haben. Die Studierenden haben sich dabei nicht nur mittels kritischer Rückfragen als wichtige Dialogpartner*innen erwiesen, sondern gelegentlich auch durch aktive Recherche konkreter Fallbeispiele, anhand derer sich theoretische und professionsbezogene Reflexionen verdeutlichen lassen, zur Anschaulichkeit unserer Darstellungen beigetragen. Wir danken herzlich allen Teilnehmer*innen der Seminare für die aktive Diskussion, die kritische Rückmeldung und den studentischen Blick auf unsere Ausführungen.

Die Entstehung dieses Buches ist das Ergebnis unserer langjährigen gemeinsamen Arbeit. Dabei hat uns der Dialog mit vielen Kolleg*innen und Mitarbeiter*innen am Institut für Pädagogik der Friedrich-Alexander-Universität sowie am Institut für Sozialpädagogik und Erwachsenenbildung der Goethe-Universität Frankfurt am Main über Bedingungen, Herausforderungen und Möglichkeiten organisationspädagogischen Sehens, Denkens und Handelns einen wertvollen Resonanzraum geboten. Allen Gesprächspartner*innen möchten wir ausdrücklich danken. Namentlich danken wir Johannes Bretting für Rückmeldung zum Entwurf des Manuskripts sowie Donna Tolksdorf für ihr umsichtiges und präzises Lektorat. Nicht zuletzt gilt unser Dank den Reihen-Herausgeber*innen *Grundrisse der Erziehungswissenschaft*, insbesondere Jörg Dinkelaker für seine Anregungen, sowie dem verantwortlichen Lektor des Kohlhammer-Verlags, Klaus-Peter Burkarth, für seine Hinweise zur leser*innenfreundlichen Gestaltung des Bandes und vor allem für die Geduld, die bei diesem mehrjährigen Vorhaben erforderlich war.

Frankfurt und New York im März 2022
Nicolas Engel & Michael Göhlich

2 Organisation und Institution. Systematische Annäherung an den Gegenstand der Organisationspädagogik

Wer beim Begriff der Organisation an Unternehmen, Sozialdienstleister, Schulen, Kliniken oder Behörden denkt und in einer Einführung in die Organisationspädagogik pädagogische Zugänge zu solchen Organisationen erwartet, liegt keineswegs falsch. Wir werden in späteren Kapiteln darauf zu sprechen kommen. Zur systematischen Annäherung an den Gegenstand *Organisation* ist jedoch zunächst das Verhältnis von Organisation und Institution zu bestimmen, da der Begriff *Institution* im pädagogischen Diskurs oft nicht präzise vom Begriff *Organisation* unterschieden, gelegentlich irrigerweise sogar synonym zu diesem gebraucht wird. Anders als in späteren Kapiteln setzt dieses Kapitel deshalb nicht mit dem Fallbeispiel einer Organisation, sondern mit dem Fallbeispiel einer Institution – und zwar: dem *NS-Gedenkstättenbesuch* – ein. Die erinnerungskulturelle Institution *NS-Gedenkstättenbesuch* steht exemplarisch für regelhafte gesellschaftliche (und ggf. auch intraorganisationale) Erwartungen, mit denen Organisationen, hier zuvorderst die einzelnen Schulen, umgehen müssen (▶ Kap. 2.1). Nach einer an dem Fallbeispiel entwickelten Abgrenzung des Organisationsbegriffs vom Begriff *Institution* (▶ Kap. 2.2) werden vier Perspektiven – Organisation als pädagogische Praktik (▶ Kap 2.3), Organisation als Kontext pädagogischer Prozesse (▶ Kap. 2.4), Organisation als Akteur und Adressat pädagogischer Praxis (▶ Kap. 2.5) sowie Organisation als Bedrohung und Ermöglichung menschlichen Seins (▶ Kap. 2.6) – aufgezeigt, die unterschiedliche analytische Zugriffsmöglichkeiten auf jene komplexen Dynamiken darstellen, unter denen Lern-, Erziehungs- und Bildungsprozesse in und von Organisationen stattfinden.

2.1 Fallbeispiel Gedenkstättenbesuch: eine Institution und ihre Bedeutung für Organisationen

Im Dezember 2017 wurde im Rahmen einer Demonstration in Berlin eine Israel-Flagge verbrannt. Die Demonstration unter Beteiligung vieler Personen mit muslimischer Herkunft richtete sich gegen die Entscheidung des US-Präsidenten Donald Trump, Jerusalem als Hauptstadt Israels anzuerkennen. Bezugnehmend auf dieses Ereignis äußerte sich ein paar Tage später die Berliner Staatssekretärin Sawsan Chebli; sie fordert einen KZ-Gedenkstätten-Pflichtbesuch auch für Migrant*innen. Im Wortlaut heißt es: »ich halte es für sinnvoll, wenn jeder, der in diesem Land lebt, verpflichtet würde, mindestens einmal in seinem Leben eine KZ-Gedenkstätte besucht zu haben« (Die Welt, 7.1.2018). Das gelte, so Chebli weiter, »auch für jene, die neu zu uns gekommen sind. KZ-Besuche sollten zum Bestandteil von Integrationskursen werden« (ebd.). Cheblis Forderung ist allerdings keine neue Erfindung, vielmehr eine anlässlich antisemitischer Eskalationen migrationspolitische Wiederholung und Erneuerung eines etablierten Topos. Ein verpflichtender NS-Gedenkstättenbesuch wurde etwa schon 2015 vom Vorsitzenden des Zentralrats der Juden, Josef Schuster, für alle Schüler*innen an deutschen Schulen gefordert. So verwundert es nicht, dass der aktuelle Vorstoß hier große Unterstützung erfährt (FAZ vom 12.1.2018). Die unmittelbaren Reaktionen auf diese Forderungen sind aber kontrovers. So warnt Günther Morsch, ehemaliger Leiter der *Gedenkstätte und Museum Sachsenhausen*, in unmittelbarer Reaktion auf Cheblis Vorschlag gegenüber der FAZ vor der Kontraproduktivität zwangspädagogischer Maßnahmen (ebd.). Ähnlich wie bereits 2015 in der Reaktion des damaligen Leiters der *Stiftung Gedenkstätten Buchenwald und Mittelbau-Dora*, Volkhard Knigge, der auf die von Schuster formulierte Forderung vor möglichen Folgen eines »aufgezwungenen Gedenkens« warnt (ZEIT 18/2015), wird hier darauf verwiesen, dass die Diversifizierung der Herkünfte und kulturellen Hintergründe der Gedenkstättenbesucher*innen in heterogenen Gesellschaftskonstellationen unterschiedliche Vermittlungs-, Auslegungs- und Aneignungszusammenhänge erforderlich machen (FAZ vom 12.1.2018). Auch im bildungspolitischen Diskurs wird kontrovers Position bezogen. Während Landespolitiker in Bayern den Forderungen Cheblis und Schusters beipflichtend auf den verpflichtenden Gedenkstättenbesuch im bayerischen Lehrplan verweisen, spricht sich der thüringische Bildungsminister Holter gegen eine derartige Verpflichtung aus und verweist darauf, dass in Lehrplänen Kompetenzen und nicht Methoden festgelegt sind, die Einzelschule demnach die Freiheit haben muss, die Art und Weise der Vermittlung der Kompetenz selbst zu bestimmen (Tagesspiegel vom 8.1.2018). Wieder anders verläuft die Debatte in Berlin-Brandenburg. Ein verpflichtender Besuch eines außerschulischen Lernorts ist hier explizit Bestandteil des Rahmenlehrplans, wenngleich der Ort Gedenkstätte (hier breiter gefasst, da er sich auch auf DDR-Gedenkstätten bezieht) nur als ein möglicher außerschulischer Lernort unter anderen angezeigt wird. Allerdings: Mit explizitem Bezug auf antisemitische Eskalationen in der Hauptstadt bezieht im Juni 2018 der Berliner Senat mithilfe von Expert*innen (Schulpädagog*innen, Historiker*innen) eindeutig Stellung. In einem Fachbrief wird mit Verweis auf den genannten Rahmenlehrplan festgestellt:

> »Betrachtet man die thematischen Schwerpunkte des Doppeljahrgangs 9/10 sowie des dritten und vierten Semesters in der Oberstufe, stünde zu erwarten, dass so gut wie jede Berliner Schülerin und jeder Berliner Schüler vier Mal im Laufe seiner Schulkarriere einen außerschulischen Lernort mit Bezug zur NS-Diktatur oder zur DDR-Geschichte besucht hat« (Senatsverwaltung für Bildung, Jugend und Familie 2018).

Im Anschluss an diese Feststellung findet sich im Fachbrief eine ausführliche Darlegung, warum ein Gedenkstättenbesuch notwendig mit den Inhalten des Rahmenlehrplans korrespondiert und wie dieser didaktisch zu bewerkstelligen ist.

Was kann uns diese – aktuell migrationsbezogene, schon länger auf alle Schüler*innen und damit auf jede Schule bezogene – Debatte über einen verpflichtenden Gedenkstättenbesuch im Hinblick auf das Verhältnis von Organisation und Institution sagen? Weshalb stellen wir sie an den Anfang unserer systematischen Annäherung an Gegenstand und Er-

2.1 Fallbeispiel Gedenkstättenbesuch

kenntnisinteresse der Organisationspädagogik? Auf diese Fragen können zunächst fünf kurze Antworten gegeben werden:

Erste Antwort: Es zeigt sich an diesem Beispiel das für die Organisationspädagogik grundsätzlich zu beachtende Spannungsverhältnis von Institution und Organisation(en). Mit der Forderung eines Pflichtbesuchs einer NS-Gedenkstätte wird eine bekannte und erinnerungskulturell etablierte Norm und Verfahrensweise aufgerufen. Genauer: Mit den in politischen Kontexten artikulierten Forderungen verbindet sich eine institutionelle Erwartungshaltung. Sofern unter Institution eine gesellschaftliche Einrichtung im Sinne eines normativen Regelsystems verstanden wird (s. u), handelt es sich beim geforderten KZ-Gedenkstättenbesuch um eine Institution. Diese entfaltet ihre Wirksamkeit als Anspruch vor allem dadurch, dass sie sich an konkrete Organisationen richtet: Die Institution *NS-Gedenkstättenbesuch* wird vor allem mit Schulen verbunden, genauer: von Schulen wird die Umsetzung bzw. Realisierung der Institution *NS-Gedenkstättenbesuch* erwartet. Wie der eingangs skizzierte Fall zeigt, richtet sich diese (diskursive) Erwartung darüber hinaus auch an andere Bildungsorganisationen, sofern diese Integrationskurse anbieten, etwa an Volkshochschulen bzw. Bildungszentren in kommunaler oder kirchlicher Trägerschaft. Der Grad der Institutionalisierung des Gedenkstättenbesuchs ist in verschiedenen Organisationen unterschiedlich stark ausgeprägt. So verweisen die mit den Forderungen verbundenen Debatten um die Richtigkeit und Praktikabilität eines Gedenkstättenbesuchs darauf, dass dessen Institutionalisierung kein linearer Transferprozess von bildungspolitischen Setzungen zu organisationalen Praktiken darstellt. Vielmehr zeigt sich hier ein mehr oder weniger offener Prozess pädagogisch-programmatischer Auseinandersetzung. Für NS-Gedenkstätten, die auch selbst als Organisationen – aber eben nicht als schulanaloge Bildungsorganisationen – begriffen werden können, zeigt sich dies in der kontroversen Positionierung von Gedenkstättenleitungen gegenüber der bildungspolitischen Forderung, als verpflichtender Lernort zu fungieren. Für Schulen als Bildungsorganisationen zeigt sich dies in der bundeslandspezifischen Bearbeitung der institutionellen Erwartungshaltung: Während in Bayern der Gedenkstättenbesuch verpflichtender Bestandteil des Lehrplans ist, jede Schule also aufgefordert ist, in Jahrgangsstufe 9/10 den Besuch eines ehemaligen Konzentrationslagers

2 Organisation und Institution

durchzuführen sowie vor- und nachzubereiten, sieht dies für Schulen in Berlin-Brandenburg anders aus. Hier ist ein verpflichtender Besuch nicht explizit Bestandteil des Rahmenlehrplans, allerdings wird die Institution *Gedenkstättenbesuch* über schriftliche Repräsentationen und Positionierung des Senats an die Einzelschulen herangetragen.

Zweite Antwort: Die migrationspolitische Erneuerung der Institution *NS-Gedenkstättenbesuch* stellt verschiedene Organisationen (Schulen, Integrationskursträger, Gedenkstätten) vor die Herausforderung der praktischen Umsetzung bzw. Gestaltung dieses Besuchs. So nimmt die Forderung eines NS-Gedenkstättenbesuchs die jeweilige (Bildungs-)Organisation formal und strukturell in die Pflicht, den Besuch in Form von Exkursionen nicht nur lehrplanbezogen zu begründen, sondern auch in den schulischen Alltag zu integrieren (Schule), den Besuch in eine bestehende Kombination aus Orientierungs- und Sprachkurs einzubinden (Integrationskursträger) bzw. sich in Korrespondenz zu Lehrplänen und politischen Erwartungshaltungen als Lernort zu konzipieren (Gedenkstätte). Dies verlangt nach konkreten Prozessen des Organisierens: die Entsprechung der Institution *NS-Gedenkstättenbesuch* erfordert Vorgänge eines zielorientierten, antizipierenden und sinnhaften Planens, Steuerns und Kontrollierens von Wissensvermittlungsprozessen.

Dritte Antwort: An dem Fallbeispiel lässt sich zudem ablesen, dass Organisationen als Kontexte funktionieren (sollen). Gedenkstätten, Schulen und Integrationskurse sind oder bieten in dieser Hinsicht die organisationalen Rahmenbedingungen (materiell, räumlich, zeitlich), unter denen nicht nur Wissen über die Sache, sondern auch normative Regelsysteme bzw. gesellschaftliche Handlungsvorstellungen vermittelt und angeeignet werden sollen.

Vierte Antwort: Die oben gegebenen Hinweise bezüglich der Unterschiedlichkeit des Institutionalisierungsprozesses eines Gedenkstättenbesuchs in den unterschiedlichen (Bildungs-)Organisationen verweist darauf, dass Organisationen als Akteure relevant sind. Die konkrete Schule A bzw. die konkrete Gedenkstätte Y repräsentiert nicht einfach nur generelle Normen und Strukturen, sondern agiert in Auseinandersetzung mit ihrer eigenen Geschichte und den spezifischen Erfahrungen ihrer eigenen Praxis auf sehr unterschiedliche Weise als ein soziales Gebilde: Im alltäglichen Miteinander-Arbeiten und -Leben entwickeln Organisationen spezifische Strukturen, Routinen und Muster, die eine jeweils eigene, Institutionen tradierende und/oder transformierende Praxis erzeugen.

Fünfte Antwort: Die in den in Antworten 2 bis 4 skizzierten Dimensionen einer pädagogischen Thematisierung von Organisation(en) sind auch in normativer Hinsicht zu reflektieren. Der normative Anspruch formuliert sich in der Frage nach der Organisation als Ermöglichung und Bedrohung menschlicher Existenz. Deutlich wird dies etwa dann, wenn die Institution bzw. institutionelle Erwartungshaltung eines NS-Gedenkstättenbesuchs organisational als Möglichkeitsraum einer heterogenen Gesellschaftskonstellationen entsprechenden Schaffung neuer Vermittlungs- und Aneignungszusammenhänge oder als Nötigung zur Erinnerung verhandelt wird.

Vor dem Hintergrund einer systematischen und begrifflichen Differenzierung von Organisation und Institution (▶ Kap. 2.2) können die in den Antworten 2 bis 5 kursorisch angedeuteten Dimensionen einer organisationspädagogischen Gegenstandsbestimmung genauer ausgearbeitet werden: Organisation als pädagogische Praktik (▶ Kap. 2.3), Organisation als Kontext pädagogischer Prozesse (▶ Kap. 2.4), Organisation als Akteur und Adressat pädagogischer Praxis (▶ Kap. 2.5) sowie Organisation als Ermöglichung und Bedrohung menschlichen Seins (▶ Kap. 2.6).

2.2 Begriffsklärung: Institution und Organisation

Pädagogische Praxis findet in Einrichtungen statt. Einrichtungen – und dies gilt vor allem für den pädagogischen Diskurs – werden oftmals uneinheitlich als Institutionen oder Organisationen gefasst (vgl. Kuper 2008, Göhlich 2014a). Für die Organisationspädagogik ist eine begrifflich-konzeptionelle Verhältnisbestimmung von Organisation und Institution aus mindestens zwei Gründen bedeutsam: Erstens richtet die Organisationspädagogik ihr Augenmerk auf die Organisation als Kontext,

Adressat und Akteur pädagogischer Praxis. Damit etabliert sie eine Perspektive, die die Meso-Ebene pädagogischer Praxis fokussiert und Organisation (im Sinne eines sozialen Gebildes) systematisch von Institution (im Sinne eines Regelsystems) unterscheidet. Zweitens stehen Organisation und Institution als Phänomene menschlicher Praxis in einer konstitutiven Beziehung zueinander, insofern die Organisation als soziales Gebilde Institutionen inkorporiert und diese zugleich bearbeitet und ggf. verändert. Im Folgenden soll diese doppelte Verhältnisbestimmung ausführlicher begründet werden.

Beginnen wir mit einer Arbeitsdefinition für den Begriff der Institution: Wissenschaftliche Verwendungen versuchen die begriffsgeschichtlich mit Institution thematisierten Momente der Einrichtung und der Gewohnheit (lat. *institution*) sowie des Errichtens und des Organisierens (lat. *instituere*) theoretisch einzuholen. In sozialphilosophischen und soziologischen Arbeiten wird unter *Institution* vor allem ein normatives Regelsystem mit gesellschaftlicher Geltung verstanden (vgl. etwa Blume 2008, Immergut & Jäger 2008, 548) und damit auf die Bedeutung der mit diesem Begriff verbundenen Funktionen menschlicher Bedürfnisbefriedigung und gesellschaftspolitischer Steuerung verwiesen. Institutionen sind im Sinne einer »ideé directrice« (Harriou 1965) als sozialer Orientierungsrahmen zu verstehen oder – wie es Theodor W. Adorno einmal formuliert – als »alle möglichen objektiven Einrichtungen, Tatbestände und Gegebenheiten des Soziallebens, von denen die Menschen abhängen und auf die sie selbst wiederum zurückwirken« (Adorno, zit. nach HKWM 6/II 2004, Sp. 1221). Wir können dieser Begriffsauffassung von Institution als soziale Vorgabe zunächst folgen, erweitern sie aber später aus organisationspädagogischer Sicht um den Hinweis, dass die aus der Institution abgeleitete Verbindlichkeit für menschliches Handeln in Organisationen besonders wirksam wird.

Der Begriff der *Organisation* impliziert in seiner wissenschaftlichen Verwendung auch Mehrdeutigkeit. In seinem fundamentalen Doppelsinn verweist der Begriff erstens auf eine strukturierte Handlungseinheit, die Organisation als Einrichtung, und zweitens auf eine geplante Handlungskoordination, den Prozess des Organisierens (vgl. Ortmann et al. 1997). Hiermit korrespondieren gängige organisationswissenschaftliche Differenzierungen in Aufbau- und Ablauforganisation (z. B. Timmer-

2.2 Begriffsklärung: Institution und Organisation

mann & Strikker 2007) oder auch die begriffstheoretische Unterscheidung zwischen einem institutionellen und einem instrumentellen Organisationsverständnis (Schreyögg 2016). In diesem Sinne entspricht die Vorstellung der Organisation als strukturierte Handlungseinheit, die eine *gesatzte Ordnung* (Weber 1956) von Regeln, Hierarchie und auch Mitgliedschaftsbestimmung aufweist, einem institutionellen Verständnis von Organisation, während die Vorstellung von Organisation als geplante Handlungskoordination einem instrumentellen Organisationsverständnis gleichsteht. Diese sehr dualistische Begriffsklärung hat der Organisationswissenschaftler Günther Ortmann mit der Figur der Rekursivität irritiert und erweitert (Ortmann 2003). Organisation meint hier die Organisiertheit als Resultat des Organisierens: Demnach ist Organisation kein starres Strukturgebilde, sondern als eine praktische Entität zu begreifen, die sich im Prozess des Organisierens organisiert.

Ein mit diesen vorläufigen Begriffsklärungen versehener Blick auf den pädagogischen Diskurs lässt erkennen, dass die Debatte um pädagogische Einrichtungen lange Zeit nur auf Institutionentheorie Bezug nahm. Zum Teil wurde gar der Terminus *Institution* lediglich als latinisierte Bezeichnung für (hier: pädagogische) Einrichtungen verwendet. Jedenfalls bis Ende des 20. Jahrhunderts erfolgte eine Verwendung des Begriffs überwiegend ohne Bezug – oder mit abwehrendem Bezug – zum Begriff der Organisation (Göhlich 2014a). Dass Institutionen hinsichtlich ihrer erzieherischen Funktion und Wirkung sowie hinsichtlich der Frage nach den Bedingungen der Möglichkeit von Bildungsprozessen eine zentrale theoretische Referenzkategorie des pädagogischen Diskurses waren und sind, darauf verweist eine vielseitige Debatte innerhalb der Pädagogik: es finden sich systematische Versuche für den Begriff der pädagogischen Institution (Giesecke 1987, Benner 2001, Göhlich 2001, Merkens 2006) wie auch pädagogisch-anthropologische Konzeptualisierungen des Verhältnisses von Institution und Vermittlung kulturellen Wissens (Liebau et al. 2001) und schließlich auch methodologische Überlegungen zu einer erziehungswissenschaftlichen Institutionenforschung (Kuper & Thiel 2010). Zusammenfassend lässt sich konstatieren (ausführlicher vgl. Göhlich 2014a, Engel 2020), dass hier Institutionen vornehmlich als Orte gedacht und in kein theoretisch differenziertes Verhältnis zum Begriff Organisation gesetzt werden, welcher seinerseits, wenn überhaupt, in der Regel »instrumentell« verwendet wird.

Für die relativ junge subdisziplinäre Formation der Organisationspädagogik (▶ Kap. 3) ist demgegenüber Organisation begrifflich primär. Institution interessiert aus organisationspädagogischer Sicht vornehmlich zur Schärfung des Organisationsbegriffs. So basiert die vorliegende Einführung in die Organisationspädagogik auf folgender Definition: Im Anschluss an ein institutionelles Organisationsverständnis (s. o.) verstehen wir eine konkrete Organisation, z. B. die Schule am A-Weg, der Sozialdienst in B-Stadt, das Unternehmen in C-Dorf, oder, um auf das Eingangsbeispiel zurückzukommen, die Gedenkstätte in D-Hausen, als ein mit bestimmten Mitgliedern, Artefakten, Prozeduren, Regeln und Grenzen versehenes menschliches Sozialgebilde, das sich in kooperativer sozio-korporaler Praxis generiert und (re)aktualisiert und dabei einerseits Institutionen (d. h. Regelsysteme mit gesellschaftlicher Geltung) aus der Umwelt inkorporiert und andererseits Praktiken und Praxismuster generiert, die ihrerseits wiederum in die Gesellschaft eingespeist und dort ggf. zu Institutionen werden. Im Unterschied zur oben skizzierten, im pädagogischen Diskurs über lange Zeit dominanten Sichtweise sind aus unserer Sicht also weder Institution als Ort noch Organisation (nur) als regelgeleitetes Tun zu denken. Organisationen sind vielmehr – jeweils besondere und jeweils eigenartige – soziale Entitäten, in denen sich Praxis auf eine bestimmte Art und Weise vollzieht (durchaus auch als Vorgang des Organisierens) und die sich selbst als Praxis reproduzieren. Institutionen hingegen sind Regelsysteme mit gesellschaftlicher Geltung, die organisationspädagogisch interessieren, weil und insofern als sie von einer konkreten Organisation (z. B. vom Unternehmen W, vom X-Gymnasium, von der VHS Y, von der Z-Klinik) inkorporiert werden.

Vor diesem Hintergrund lässt sich der Begriff der Organisation gegenüber dem der Institution systematisch in eine andere Stellung bringen. Dies geschieht im Folgenden im Anschluss an die sozialphilosophische Debatte um Institution (vgl. ausführlich Engel 2020): Hier kann zwischen Theoriepositionen unterschieden werden, die Institutionen als auf Dauer gestellte und zu wahrende Ordnungen begreifen, und solchen, die eben diese Funktion als für den historischen Prozess der gesellschaftlichen Integration als problematisch erachten. In grundsätz-

2.2 Begriffsklärung: Institution und Organisation

lichem Einverständnis bzgl. der sozialen Orientierungsfunktion sehen erstere Institutionen als *Ermöglichungsgrund* des sozialen Lebens (z. B. Gehlen 1964, Schelsky 1970, Durkheim 1965, Parsons 1968), letztere hingegen problematisieren Institutionen als starre *Gehäuse*, die ein bestimmtes soziales Verhalten einfordern und aufzwängen (z. B. Habermas 1970, Apel 1962, Gramsci 1996). Beide hier skizzierte Momente der Institutionalisierung – der Leben ermöglichende wie der Leben einschränkende oder zerstörende – lassen sich in einer kulturwissenschaftlicher Perspektive zusammenführen: Institutionalisierung ist dann als ein riskanter Verstetigungsprozess von Kultur (kulturellen Regeln, Gewohnheiten, Normen) grundsätzlich in einer doppelten Übersetzungsbewegung zu verorten, in der die geschlossene Reproduktion von Institutionen (also die Standardisierung und Routinisierung von Normen für das Handeln) bzw. deren Überwindung und Transformation zur Verhandlungssache wird. Institutionen sind in dieser Perspektive als identitätsstiftende Probleme von Relevanz (Engel 2020), denen das doppelte Potential der Ermöglichung wie Zerstörung sozialen Lebens innewohnt. Organisationen hingegen können als Arenen gefasst werden, in denen Institutionen angeeignet und in der Aneignung übersetzt werden. Detaillierter betrachtet: Organisationen sind Arenen, in denen die geschlossene Reproduktion von Institutionen (also die Routinisierung und Formalisierung von Normen) vollzogen bzw. deren Problematisierung und Öffnung verhandelt wird. Institutionalisierungen können so als Vorgänge verstanden werden, die in und durch Organisationen erstens formalisierend einschränkend wirken können (indem Routinisierungen zur Exklusion führen und die Artikulation kultureller Differenz verhindert), zweitens dabei aber nicht nur *zer*stören, sondern auch jene gesellschaftliche Institutionen festigen, denen das Potenzial der Ermöglichung einer Artikulation von Differenz und sozialer Teilhabe innewohnt und die drittens im Rahmen der Tradierung von kulturellen Ordnungen das Potential des Widerstands und der Problematisierung von Sinn und Identität mitführen (vgl. ebd.). Mit Fabian Kessl lässt sich hier die Notwendigkeit einer Einsicht in die »Dialektik der Institutionalisierung« herausstellen, der zufolge »Institutionalisierung [...] weder auf einen ermöglichenden Prozess [...] noch auf einen begrenzenden Prozess« (Kessl 2020, 101) zu reduzieren ist, vielmehr gilt es aus pädagogischer Sicht eine institutionenkritische Perspektive zu erweitern, indem die »Institutionalisierungsbedürftigkeit« (ebd., 100) des Pädagogischen und das kräftigende Potential der Institutionalisierung Beachtung findet. Organisationspädagogisch ist dieser doppelte Blick bedeutsam, da der organisationale Ausdruck der Institutionalisierung nicht per se in reglementierenden Routinen zu sehen ist, sondern immer in der Option ihrer Übersetzung.

Organisation, Institution, Institutionalisierung

Der wohl am einfachsten nachvollziehbare Unterschied zwischen Organisation und Institution besteht darin, dass Organisationen und Institutionen als Produkte menschlicher Praxis sich durch einen jeweils anderen sozialen Aggregatzustand kennzeichnen. In eine Organisation (z. B. Schule A am B-Weg) können wir als Mitglied eintreten; zumeist können wir sie auch betreten, jedenfalls in ihrer Materialität und Sozialität sinnlich wahrnehmen. Bei einer Institution (z. B. Schulpflicht) ist das nicht ohne Weiteres möglich; vielmehr erfahren wir diese mittelbar in und durch die (Prozesse der) Organisation.

Organisationen sind konkrete, durch die Geschichtlichkeit menschlicher Praxis materialisierte und sich in der Praxis (des Organisierens) fortwährend materialisierende, zweckbezogene menschliche Sozialgebilde. Sie sind praktisch erzeugte Gebilde (meist nicht nur mit Mitgliedern, Regeln und Routinen, sondern auch mit manifesten Räumen, Werkzeugen und Materialien ausgestattet), die prinzipiell veränderbar sind (▶ Kap. 5.3).

Institutionen sind auf Dauer gestellte handlungsregulierende Ordnungen, in denen kulturelle Normen verankert sind. Sie wirken auf das Subjekt einerseits einschränkend, bedrohend und beherrschend, andererseits fungieren sie als Mechanismen zur Bewältigung von Kontingenz, konkreter: zur Lösung von gesellschaftlichen Konfliktlagen und von Problemen menschlicher Handlungskoordination.

Der Begriff der *Institutionalisierung* als verbindendes Moment meint schließlich Prozesse der Formalisierung, Routinisierung und Standardisierung, die sich in und durch Organisationen tagtäglich vollziehen

> und dabei Institutionen wirksam werden lassen und hervorbringen können.

Die begriffliche Differenzierung und systematische Bestimmung des Verhältnisses von Organisation(en) und Institution(en) ermöglicht es in vierfacher Hinsicht, Organisation als Gegenstand organisationspädagogischen Sehens und Denkens zu konkretisieren.

2.3 Organisation als pädagogische Praktik

In einem ersten Zugriff lässt sich Organisation als pädagogische Praktik fokussieren (vgl. Engel 2021). Organisieren ist demnach der zentrale Modus jeder – auch jeder pädagogischen – Einrichtung, da selbige über Prozesse und Praktiken des Organisierens die Regelmäßigkeit, Planbarkeit, Reproduzierbarkeit von Strukturen und alltäglichen Abläufen sicherstellt. Im Modus des Organisierens werden institutionelle Vorgaben und Erwartungen aus dem Umfeld in das Innere einer Organisation transportiert, tradierte oder liebgewonnene Gewohnheiten reproduziert, aber auch neue Versionen des Miteinander-Arbeitens erprobt. Am konkreten Beispiel einer bayerischen Schule und dem einrichtungsspezifischen Umgang mit der Institution des NS-Gedenkstättenbesuches lässt sich dies gut verdeutlichen: Als Teil des Curriculums ist jede bayerische Schule verpflichtet, den NS-Gedenkstättenbesuch zu curricular festgelegten Zeiten in das Unterrichtsgeschehen einzubauen. Dieser Umstand erfordert vielfältige Prozesse des Organisierens und Planens. Administrativ müssen Unterrichtsabläufe geregelt, Absprachen und Vereinbarungen mit Eltern, anderen Lehrkräften und schließlich anderen Einrichtungen getroffen werden. Pädagogisch geht es im Sinne der Erzeugung systematischer Lernanregungen um Prozesse des Organisierens als Teil der Unterrichtsplanung. Vorstellbar ist hier sowohl, dass die erforderlichen Praktiken des Organisierens eines NS-Gedenkstättenbesuches auf gewohnte Prozeduren und etablierte Strukturen zurückgreifen, als auch, dass neue Varianten eines Besuches erprobt werden. Ein so gedachter Prozess des Organisierens reproduziert oder irritiert Prozessgewissheit, (re-)konstituiert damit aber auch die Organisation als strukturelles Gebilde. Deutlich wird diese strukturbildende bzw. -reproduzierende Funktion des Organisierens etwa bei Dieter Timmermann & Frank Strikker (2007), die »[p]ädagogisches Handeln als Organisationshandeln« (ebd., 155) konzipieren; als ein Handeln, das sowohl das Organisieren pädagogischer Prozesse meint (Ablauforganisation) als auch auf das strukturelle und rationale Ordnen aller in einer pädagogischen Organisation erforderlichen Handlungen abzielt (Aufbauorganisation). Timmermann & Strikkers Annäherung an Organisation als pädagogische Begrifflichkeit erfolgt augenscheinlich über eine instrumentelle Auffassung von Organisation. Demzufolge bedarf pädagogisches Handeln als Erzeugung systematischer Lernanregungen der Organisation im Sinne der Herstellung und Aufrechterhaltung »strukturierter sozialer Lernräume bzw. auf diesen Zweck hin geschaffener Organisationen« (ebd., 168). Entscheidend ist dabei, dass sich pädagogisches Handeln als Organisationshandeln nicht nur auf das pädagogische Gegenüber und den gemeinsamen Gegenstand bezieht, sondern auch »auf die Gestaltung dieses sozialen Lernraumes und seiner Ordnung selbst« (ebd.). Eine systematischere Thematisierung und Spezifizierung des Organisierens als pädagogische Operation leisten Timm Feld & Wolfgang Seitter (2017). Sie kennzeichnen das Organisieren als »eine ubiquitäre, vorgelagerte, mitlaufende, integrierte und unscheinbare Dimension pädagogischen Handelns« (ebd., 50) und verstehen es vor dem Hintergrund der Reflexion einer pädagogischen Bearbeitung des Organisationsbegriffs als fundamentales »Steuerungs- und Strukturierungshandeln« (ebd., 61), das in der Koordination von menschlicher Interaktion, in der Regulierung von Einrichtungsabläufen sowie in der Gestaltung von kollektiven Räumen »Handlungskorridore für gewünschtes individuelles Handeln« (ebd.) erzeugt. Organisieren ist demnach nicht nur ein »lernbezogenes Metahandeln« (ebd., 52), sondern »das Pädagogische des Organisierens erschließt sich in dieser Perspektive als ein – selbst systematisch – angelegter Lernprozess der Angleichung/Passung des Organisierens und seiner Funktionalität für pädagogische Zwecke« (ebd.). Über die zuvor genannte Perspektive Timmermanns & Strikkers hinaus kann hier Organisieren nicht nur als ein bürokratisch-managerialer Vorgang auf pädagogischen Kontext angelegt, sondern als pädagogischer Modus der Eröffnung und Unterstützung von Lern- und Bildungsmöglichkeiten begriffen werden, der selbst einem Veränderungsprozess unterliegt. Der Hinweis auf die Schaffung von Handlungskorridoren durch das Organisieren eröffnet die Möglichkeit, die Bedeutung des Organisierens für die Organisation zu thematisieren und die Praktiken des Organisierens in einen unmittelbaren Zusammenhang mit Prozessen organisationalen Lernens zu stellen (▶ Kap. 5.1 und ▶ Kap. 5.2). So geht es nicht nur um ein Lernen in Organisationen, das durch Praktiken des Organisierens instituiert und unterstützt wird, sondern immer auch um ein Lernen der Organisation als Sozialgebilde, dem eine Veränderung der Praktiken des Organisierens zugrunde liegt.

Organisieren

Prozesse und Praktiken des *Organisierens* sind einerseits ordnende, planende und strukturierende Vorgänge, die beschränkende wie eröffnende Korridore pädagogischen Handelns erzeugen. Anderseits sind Prozesse und Praktiken des Organisierens selbst pädagogisch verfasst, insofern sich Organisationen über eben solche Prozesse weiterentwickeln.

2.4 Organisation als Kontext pädagogischer Prozesse

Organisationen im Sinne einer strukturierten Umgebung oder eines organisierten Handlungskorridors können als Rahmen bzw. Rahmenbedingungen pädagogischer Prozesse begriffen werden. Diese Perspektive ist dem pädagogischen Diskurs tief eingeschrieben, da Organisationen (ggf. als *Institutionen* bezeichnet, s. o.) als Kontexte für Erziehungs-, Bildungs- und Lernprozesse seit alters her von Relevanz sind. Unmittelbar verbunden mit dieser Auffassung ist die Frage nach den organisationalen (bzw. *institutionellen*, s. o.) Voraussetzungen für pädagogische Prozesse. In nahezu jeder subdisziplinären erziehungswissenschaftlichen Debatte spielt dies eine wichtige Rolle: in der Erwachsenen-/Weiterbildung etwa im Hinblick auf die Organisation als Lebens- und Lernwelt Erwachsener (z. B. Hof & Förster 2018) oder hinsichtlich der Debatte um arbeitsplatznahes Lernen (Dehnbostel 2018); in der Berufs- und Wirtschaftspädagogik etwa im Hinblick auf betriebliche Weiterbildung (z. B. Harney 2007; Eigenmann & Gonon 2018); in der Sozialpädagogik etwa im Hinblick auf die institutionellen Bedingungen einer betreuten Kindheit (z. B. Honig et al. 2004); in der Schulpädagogik etwa im Hinblick auf die Bedeutung der Organisationskultur für schulische Lern- und Bildungsprozesse (z. B. Terhart 2018, Schönig 2002). Den so organisationstheoretisch interessierten Autor*innen geht es bei der Zusammenführung von Organisation und Pädagogik um kontextbezogene Fragen der spezifischen Qualifizierung, der Institutionalisierung pädagogischer Ideen, der Professionalisierung pädagogischer Praxis.

Ein Blick auf die Entwicklung der pädagogischen Ethnographie, in der mit einem gesteigerten Interesse an der Praxis der *eigenen* Kultur eine Fokussierung auf institutionelle und organisationale Bedingungen der Hervorbringung spezifischer Lebens-, Lern- und Bildungswelten einhergeht, erweitert die organisationspädagogische Perspektive auf Organisationen als Kontext. Hier finden sich Studien, die

- in frühpädagogischen Organisationen vornehmlich Fragen der Herstellung pädagogischer Ordnungen und pädagogischer Qualität (Honig et al. 2004, Bollig 2010) untersuchen;
- in Schulen – in Schulklassen (Breidenstein 2006, Kalthoff 1997, Kelle 1997, Kalthoff & Kelle 2000), auf dem Pausenhof (Tervooren 2006), in den Gängen (Wagner-Willi 2005), auf Schulfesten (Göhlich 2004) – pädagogische Praktiken des Vermittelns und der Erziehung sowie des Einübens, Zeigens und Riskierens von Identitäten analysieren;
- in Einrichtungen der außerschulischen Jugendarbeit die Herstellung sozialpädagogischer Orte und Ordnungen (Thole 1991) oder organi-

2.4 Organisation als Kontext pädagogischer Prozesse

sationskulturelle »Inszenierungen von Gemeinsamkeit« (Cloos 2008) rekonstruieren;
- aus der Perspektive der Weiterbildungsforschung die Sozialisationsfunktion von Betrieben erforschen (Rottenburg et al. 1988).

Im Blickpunkt dieser Forschungen stehen pädagogische Prozesse nicht nur im Kontext, sondern in ihrer Wechselwirkung zu organisationalen Strukturen, Regeln oder Ordnungen sowie die Frage, wie die Herstellung selbiger pädagogische Prozesse fördern oder behindern kann. Diese Art der Thematisierung von organisationalen Bedingungen pädagogischer Möglichkeiten im erziehungswissenschaftlichen Feld korrespondiert mit einer dezidert organisationspädagogischen Perspektive, die das Lernen in pädagogischen wie nicht-pädagogischen Organisationen als einen zentralen Gegenstand ausweist (Göhlich 2018) und ein organisationspädagogisches Augenmerk auf den individuellen Akteur (Schlüter 2018), den kollektiven Akteur (Fahrenwald 2018) und auf damit verbundene Aspekte des Bildungsmanagements sowie der Personal- und Teamentwicklung in Organisationen jeglicher Art legt (Seufert 2018, Sausele-Bayer 2018, Asselmeyer 2018). In enger Verbindung zu etablierten Forschungsperspektiven anderer Subdisziplinen geht es auch hier um die organisationskulturellen, -strukturellen oder -geschichtlichen Bedingungen der Möglichkeit individuellen oder kollektiven Lernens.

Das organisationspädagogische Erkenntnisinteresse an den genannten Gegenständen liegt dabei erstens in der Berücksichtigung des auf den ersten Blick Nicht-Pädagogischen. Im Sinne der Entgrenzung des Pädagogischen interessieren nicht nur Einrichtungen mit explizit und vorrangig pädagogischer Zielsetzung (Kita, Schule, Jugendhaus etc.), sondern das Interesse bezieht sich auf Einrichtungen jeglicher Art – also auch Betriebe, Behörden, Kliniken etc. (Engel et al. 2018). Damit verbunden ist notwendigerweise die Inblicknahme der Wechselwirkung zwischen pädagogischen Praktiken und bürokratischen, ökonomischen oder politischen Praktiken. Zweitens richtet sich das organisationspädagogische Erkenntnisinteresse immer auch auf die Frage, wie individuelle oder kollektive Lernprozesse die sie bedingenden und konstituierenden organisationalen (und institutionellen) Voraussetzungen irritieren, unterlaufen, verändern oder miterzeugen.

2 Organisation und Institution

Verdeutlichen lässt sich dieser doppelte organisationspädagogische Blick am Beispiel des NS-Gedenkstättenbesuchs. Hier geht es um die Frage, unter welchen Voraussetzungen sich die pädagogischen Prozesse eines NS-Gedenkstättenbesuches in den beiden involvierten Organisationen – in der die NS-Gedenkstätte besuchenden Schul(klass)e und in der betreffenden NS-Gedenkstätte selbst – ereignen und wie die einrichtungsspezifisch vollzogenen pädagogischen Prozesse die organisationalen (und institutionellen) Bedingungen reproduzieren (tradieren) oder verändern (transformieren). Zu vermuten ist, dass die betreffende Schule – z. B. eine in einer bayerischen Großstadt gelegene Mittelschule (im Weiteren: die Schule am A-Weg) – die Institution des *NS-Gedenkstättenbesuchs* auf eigene Weise auslegt. Denkbar wäre etwa, dass sie den Besuch in den Kontext der Thematisierung migrationsgesellschaftlicher Herausforderungen stellt und Schüler*innen die Erfahrung machen, respektive lernen, dass die Diversifizierung der Herkünfte in einer heterogenen Gesellschaft unterschiedliche Vermittlungs- und Aneignungszusammenhänge notwendig macht. Der mit der Institution *NS-Gedenkstättenbesuch* einhergehende Anspruch *aus Geschichte lernen* wäre im Kontext von konkreten Lern- und Bildungserfahrungen Gegenstand zukünftiger Lern- und Unterrichtsplanung und schulbezogener Weiterbildung.

Auch wenn in der als Beispiel gewählten Schule am A-Weg die tradierende Reproduktion des NS-Gedenkstättenbesuchs nach Vorschrift oder nach dem Prinzip *so haben wir das immer gemacht* wahrscheinlicher ist (der Rückgriff auf etablierte und »erfolgsversprechende« Praktiken des Organiserens ist in jeder Organisation naheliegend), kann dieses fiktive Beispiel verdeutlichen, was organisationspädagogisch an Organisation als Kontext von Erziehung, Bildung und Lernen interessiert. Mit diesen Überlegungen ist zudem bereits der Übergang zur dritten Gegenstandsperspektive angelegt. Das Lernen *in* Organisationen (im Falle des Beispiels die organisationsbezogenen Lernerfahrungen von Individuen im Zuge des Gedenkstättenbesuchs) korrespondiert nicht selten auch mit dem Lernen *der* Organisation (im Falle des Beispiels führt die kollektive Lernerfahrung zur einrichtungsbezogenen Änderung von Unterrichtsplanung).

2.5 Organisation als Akteur und Adressat pädagogischer Praxis

Eine Weiterentwicklung der organisationspädagogischen Gegenstandsbestimmung dokumentiert sich in der disziplinären Thematisierung von Organisation. Exemplarisch kann auf zwei Zusammenhänge verwiesen werden, die – im ersten Fall stärker professionsbezogen und im zweiten Fall stärker forschungsbezogen – eine Verschiebung des Blicks auf Organisation als Akteur und Adressat pädagogischer Praxis begründen.

Im Band *Erziehungswissenschaft: Professionalität und Kompetenz* von Hans-Uwe Otto et al. (2002) firmiert der Beitrag von Eckart König & Gerda Volmer *Pädagogische Arbeit in Organisationen* unter dem Abschnitt *Grundlagen*. Bemerkenswert ist dabei, dass im Titel *Organisation* als Beheimatung der Tätigkeiten von Pädagogen in »Organisationen wie Unternehmen, Verbänden oder kirchlichen Organisationen« (König & Volmer 2002, 91) verwendet wird. Die im Beitrag dann aufgeführten Aufgabenbereiche und daraus abgeleiteten Kompetenzen stellen eindeutige Bezüge zu organisationalem Lernen, Team- und Organisationsentwicklung her. Organisation wird hier zum Gegenstand pädagogischer Arbeit gemacht. Damit rückt die Organisation nicht nur als Ort pädagogischer Praxis oder Professionalität in den Blick (z. B. Personalentwicklung in Organisationen), sondern auch die Einrichtung selbst als lernender Akteur. Eine zentrale Aufgabe der pädagogischen Arbeit in Organisationen ist demnach die Beratung und Unterstützung von Organisationsentwicklungsprozessen (▶ *Kap. 5.3*). Adressat und Gegenstand pädagogischer Arbeit sind in dieser Perspektive vordergründig also nicht Akteure in einer Organisation, sondern die Organisation als (hier: systemische) Entität gerät in den Blick.

Neben professionsbezogenen bestehen forschungsbezogene Fokussierungen auf Organisationen als Akteure und Adressaten pädagogischer Praxis, z. B. eigene Arbeiten, in denen im Anschluss an system-, kultur- und praxistheoretische Theoriepositionen ein Verständnis von Organisation als menschliches Sozialgebilde ausgearbeitet wird (Göhlich 2014a, Engel 2014a, ▶ *Kap. 4.4*). Über die Perspektive bisheriger Verwendungen

2 Organisation und Institution

des Organisationsbegriffs hinausgehend, richtet sich in dieser Sichtweise das Interesse auf das Lernen von Organisationen. Die zentrale Frage lautet dementsprechend, wie Organisationen als menschliche Sozialgebilde lernen. Organisation interessiert hier als kooperative Verflechtung von Menschen (und Dingen), die miteinander und u. U. auch gegeneinander (inter)agieren und dabei die für ihre Ko-Praxis wesentlichen Regeln, Wissensbestände, Verhaltensmuster und Routinen des Miteinander-Arbeiten und -Lebens (re)produzieren. In dieser Konzeption der Organisation als Akteur bzw. Adressat pädagogischer Praxis erfährt der Begriff des Organisationalen Lernens zentrale Aufmerksamkeit (▶ Kap. 5.1 und ▶ Kap. 5.2). Im Anschluss an und in Auseinandersetzung mit dem organisationssoziologischen, organisationspsychologischen, betriebs- und managementwissenschaftlichen und allgemein organisationstheoretischen Ansätzen zum Lernen von Organisationen fokussiert die Organisationspädagogik organisationales Lernen als Prozesse menschlicher Ko-Praxis, in denen organisationsspezifisches Wissen (organisationales Sach- und Handlungswissen) und Können (verkörperlichte Prozessgewissheiten und Routinen) produziert, vermittelt und angeeignet werden. Dieses Wissen und Können transportiert sich in überindividuellen Praxismustern (Göhlich 2014b). Damit meinen wir weitgehend verselbständigte und scheinbar selbstverständliche Kommunikations- und Kooperationssegmente, die in jeder Organisation in Form von gemeinsamen Routinen, Ritualisierungen und im Einzelnen auch ausformulierten Ritualen zu finden sind. In Organisationen entwickeln sich überindividuelle Gewohnheiten insofern, als dass diese routinemäßig zwar von Subjekten vollzogen werden, aber nur im spezifischen Kontext eines menschlichen Sozialgebildes aufgeführt und wirksam werden können. Alle, die schon einmal eine längere Zeit in einer Organisation gearbeitet haben, kennen das: Es gibt in jeder Organisation besondere, unbewusste oder nur teilbewusste Gepflogenheiten des Miteinander-Tuns, etwa dahingehend, wie man sich begrüßt, wie man Pause macht oder nicht macht, wen man wie anspricht, wie man anderen bei einem Problem in der Aufgabenbewältigung hilft oder nicht hilft etc. Solche routinierten Abläufe, die sich nicht oder nur schwer reflexiv einholen lassen, begreifen wir als überindividuelle Praxismuster. Das organisationspädagogische Erkenntnisinteresse an Organisationen als Akteuren des Lernens lässt sich somit als Interesse

2.5 Organisation als Akteur und Adressat pädagogischer Praxis

an der Geschichtlichkeit, Dialogizität und Performativität von überindividuellen Praxismustern fassen (▶ Kap. 5.2).

Verdeutlichen lässt sich dies an unserem Fallbeispiel: Fokussieren wir die *Schule am A-Weg* nun als Akteur und interessieren uns für die überindividuellen kollaborativen Praxismuster, dann rücken jene Prozesse in den Blick, die Auskunft darüber versprechen, wie die *Schule am A-Weg* die Erfahrungen mit dem Gegenstand (Institution *NS-Gedenkstättenbesuch*) bearbeitet und zwar in Rückgriff auf ihr organisationsgeschichtlich Früheres (hier: bisherige Erfahrungen mit NS-Gedenkstättenbesuchen) als auch in dialogischer Auseinandersetzung mit dem Gegenstand (hier: aktuelle Umstände eines NS-Gedenkstättenbesuchs). Dabei wirken etablierte Praxismuster in der jeweiligen erfahrungsbasierten und dialogischen Auseinandersetzung mehr oder weniger intensiv tradierend oder transformierend. In der Aufführung der Praxismuster, die den Gedenkstättenbesuch organisieren, durchführen und reflektieren, wirkt das in Dingen und Körpern gespeicherte Wissen, wie man es tut. Zugleich ist der Vollzug dieser Muster offen für Neues. Dieses Neue (bspw. die Erfahrung, dass einzelne Organisationsmitglieder, hier: Schüler*innen, aufgrund von Fluchterfahrung andere Vermittlungs- und Aneignungsweisen in Bezug auf den Gedenkstättenbesuch einfordern) kann bestehende Praxismuster irritieren und damit die organisationale Praxis des Organisierens, Durchführens und Reflektierens grundsätzlich ändern. Denkbar wäre sogar – sehr optimistisch –, dass diese neue Erfahrung Anlass für andere Einrichtungen gibt, die eigene Praxis zu überdenken und damit – noch optimistischer – eine Veränderung der Institution *NS-Gedenkstättenbesuch* angeregt wird, etwa in Form ihrer curricularen Reformulierung als Reaktion auf veränderliche migrationsgesellschaftliche Bedingungen. Organisationspädagogisch ist es jedenfalls von Interesse, die Organisation als Akteur (und Adressat) und damit vor allem die dem (organisationalen) Lernen eigene Dialogizität, Erfahrung und Verantwortung für die Beziehung der Organisation zum Lerngegenstand als Anderem in den Blick zu nehmen.

2.6 Organisation als Ermöglichung und Bedrohung menschlichen Seins

In einem vorerst letzten Schritt kann der organisationspädagogische Gegenstand aus einer kritischen Perspektive im Anschluss an Theodor W. Adorno entwickelt und unter einen normativen Anspruch gestellt werden. Referenz hierfür gibt der Aufsatz »Individuum und Organisation« (1980), der auf einen im Rahmen der Darmstädter Gespräche 1953 gehaltenen Vortrag zurückgeht. Wenngleich Adorno weder eine pädagogische noch eine organisationswissenschaftlich gegenstandstheoretische Intention verfolgt – vielmehr ging es ihm vor dem Hintergrund einer kritischen Auseinandersetzung mit dem NS-Regime um die vergesellschaftende Rolle und Funktion von Organisationen –, ist die von ihm in dem Aufsatz formulierte *These zur Unausweichlichkeit der Organisation* organisationspädagogisch aus unserer Sicht von immenser Bedeutung. Im Anschluss an Max Weber versteht Adorno die Zweckrationalität als das Wesensmerkmal, das eine Gruppe von Menschen zu einer Organisation macht. Adorno betont dabei, dass das Menschliche, also »die Beschaffenheit derjenigen, aus denen die Organisation sich bildet« (Adorno 1980, 441), hinter die Zweckdienlichkeit des Ganzen zurücktritt. Menschliche Akteure dienen in diesem Sinne als Werkzeuge zur Realisierung eines durch den Zweckverband *Organisation* verfolgten Zieles. Die somit gegebene Möglichkeit der Einflussnahme auf den Menschen durch den Zweckverband Organisation schließt auch Formen der Unterdrückung, Ausbeutung und Vernichtung ein. Die massenmordende Praxis in den Konzentrationslagern, die als menschlich zweckgerichteter und rationalisierter Prozess der Organisation zu verstehen ist, ist dafür ein furchtbarer Beleg (vgl. auch Kühl 2014). Die Organisation – hier geht Adorno über die formal-rationale Definition von Organisation in einem bürokratietheoretischen Sinne hinaus – ist nicht das »stählerne Gehäuse«, das menschliche Interaktion determiniert und rahmt. Hier greift seine These der Unausweichlichkeit der Organisation, die seiner Position zur Folge insofern wahr ist, »soweit es der Organisation bedarf, damit sich die Menschheit reproduziert« (ebd., 445), und insofern unwahr ist, als dass »die Drohung, die von der Organisa-

2.6 Organisation als Ermöglichung und Bedrohung menschlichen Seins

tion ausgeht, nicht primär in dieser selbst liegt, sondern in den irrationalen Zwecken, von denen sie abhängt. Das sind aber menschliche Zwecke und grundsätzlich von Menschen zu verändern« (ebd., 445f.). Deutlich wird in dieser These, dass Organisationen zum einen eine anthropologische Bedingung der Möglichkeit menschlicher Existenz, zum anderen aber nicht der menschlichen Praxis ausgelagerte formale Struktur- und Zweckgebilde sind, sondern aus Menschen respektive kollaborativer menschlicher Praxis (der Zweckbestimmung und -verfolgung) bestehen, durch Menschen bzw. durch kollaborative menschliche Praxis prozessiert und damit prinzipiell auch verändert werden können (vgl. auch Engel 2022).

Für eine pädagogische Beschäftigung mit Organisation(en) sind diese Hinweise Adornos äußerst bedeutsam. Denn pädagogisch geht es immer auch um die Frage der Subjektwerdung des Menschen im Kontext gesellschaftlicher Praxis. Organisationen können in diesem Sinne als soziale Gebilde menschlicher Praxis – knapper und vielleicht noch treffender: als kollaborative Sozialgebilde – begriffen werden, die gleichermaßen Einfluss auf die Subjektwerdung nehmen wie durch selbige beeinflusst werden. Mithilfe dieser Hinweise Adornos zur Dialektik von Notwendigkeit und Bedrohung der Organisation für den Prozess menschlicher Vergesellschaftung kann verdeutlicht werden, dass organisationspädagogisches Denken, Forschen und Handeln unter einen normativen Anspruch zu stellen ist (vgl. Engel 2016; Engel & Bretting 2020). Denn verbinden wir diese Gedanken mit den weiter oben umrissenen Gegenstandsperspektiven, dann verdeutlicht sich, dass Organisationen nicht nur theoretisch-analytisch oder deskriptiv als Orte der Reproduktion menschlicher Kooperationspraxen sowie als soziale Akteure zu untersuchen, sondern auch in normativer Hinsicht nach durch sie Ermöglichtem und von ihnen ausgehend Bedrohlichem zu befragen sind (vgl. auch Kessl 2020). Im Anschluss daran lässt sich ein Verständnis von Organisation formulieren, welches das Menschliche einschließlich deren dunkler Seite nicht außerhalb der Organisation verortet, sondern Organisation(en) als sowohl durch menschliche Praxis konstituiert als auch diese (mit)konstituierend denkt.

Dialektik der Organisation

Organisationspädagogischem Sehen und Denken liegt die dialektische Einsicht zu Grunde, dass die *helle* und die *dunkle* Seite von Organisationen für das Pädagogische untrennbar miteinander verwobene Elemente darstellen. Organisationen sind einerseits Gebilde mit Zerstörungspotential, andererseits sind sie Arenen und Akteure, die Möglichkeitsbedingungen für Autonomie und Empowerment generieren. In einer dialektischen Perspektive, die gleichermaßen auf die menschengemachten Zerstörungs- wie Ermöglichungsbedingungen von Organisationen aufmerksam macht und damit die konstitutive Widersprüchlichkeit des Gegenstands *Organisation* zum ständigen Reflexionspunkt bestimmt, interessieren Organisationen als durch menschliche Praxis hervorgebrachte soziale Gebilde, die Bedingungen der Möglichkeit von Erziehung, Bildung und Lernen schaffen und sich als je spezifische Akteure und Arenen des Lernens, Arbeitens und Lebens erzeugen und reproduzieren.

3 Organisation als pädagogischer Topos. Historische Annäherung an den Gegenstand der Organisationspädagogik

Historisch steht die Organisationspädagogik auf den Schultern von in der Pädagogik bereits früher geäußerten Begrifflichkeiten und Argumentationsfiguren. Diese Vorgeschichte, wie dann auch die Geschichte der Organisationspädagogik im engeren Sinne, verläuft in zeitlich bestimmbaren Schritten. Das folgende Kapitel sucht den Werdegang der Organisationspädagogik als wissenschaftlichen Diskurs und erziehungswissenschaftliche Teildisziplin nachzuzeichnen. Dabei steht nicht ein ideen- oder ereignisgeschichtlicher, vielmehr ein problemgeschichtlicher Zugang im Vordergrund. Die Geschichte der Organisationspädagogik lässt sich als Geschichte der Thematisierung von Organisation im Zusammenhang mit pädagogischen Fragestellungen erzählen (▶ Kap. 3.1), deren Fluchtpunkt in der Frage liegt, wie es zur Herausbildung und Etablierung einer namentlich organisationspädagogischen Debatte (▶ Kap. 3.2) sowie zu einer institutionalisierten Teildisziplin *Organisationspädagogik* (▶ Kap. 3.3.) gekommen ist und wie sich dieser Prozess der Disziplinbildung auch noch weiterhin vollzieht (▶ Kap. 3.4).

3.1 Organisationspädagogik *avant la lettre*: Zur Vorgeschichte der Organisationspädagogik

Auch wenn es prinzipiell möglich wäre, analog zur Praxis allgemeinpädagogischer Geschichtsschreibung (z. B. Tenorth 2010, Böhm 2010) mit der Antike zu beginnen, setzt dieser kurze historische (Problem-) Aufriss erst um 1800 ein. Dies ist darin begründet, dass Organisation ein relativ junger Begriff ist, der zunächst im 17. Jahrhundert medizinisch-naturwissenschaftlich auf den körperlich-seelischen Zustand des Menschen bezogen war und erst in der zweiten Hälfte des 18. Jahrhunderts unter dem Einfluss des Gedankenguts der französischen Revolution auf staatliche Einrichtungen sowie wirtschaftliche und politische Gebilde übertragen wurde (vgl. Pfeifer 1989). Die Herkunft von einem auf die körperlich-seelische Verfassung bezogenen Begriff schwingt als Konnotationsoption bis heute mit und liefert auch der Organisationspädagogik Deutungspotential.

Eine Reihe früherer pädagogischer Einsätze des Organisationsbegriffs stehen für diesen begrifflichen Übergang. In seinen Überlegungen zur Gründung der Berliner Universität fasst Wilhelm von Humboldt Organisation in organischem Sinne als Voraussetzung für kreative geistige Arbeit:

> »Damit die gelingende Thätigkeit des Einen den Anderen begeistere und Allen die allgemeine, ursprüngliche, in den Einzelnen nur einzeln oder abgeleitet hervorstrahlende Kraft sichtbar werde, so muss die innere Organisation dieser Anstalten ein ununterbrochenes, sich immer selbst wieder belebendes, aber ungezwungenes und absichtsloses Zusammenwirken hervorbringen und unterhalten« (Humboldt 1809/1810, 229).

Dabei weist er bereits auf Eigendynamiken der Einrichtungen hin, die erst in der Organisationskulturtheorie des späten 20. Jahrhunderts genauer beleuchtet werden (▶ Kap. 4.3). So schreibt er, dass die an wissenschaftlichen Anstalten notwendige Freiheit nicht nur durch staatliche Eingriffe bedroht wird, sondern auch von den Anstalten selbst, »die, wie sie beginnen, einen gewissen Geist annehmen und gern das Aufkommen eines anderen ersticken« (Humboldt 1809/1810, 231). Humboldts Überlegungen können als Organisationspädagogik *avant la lettre* angesehen und von ihr als allgemeinpädagogische Referenz genutzt werden.

Auch bei Johann Heinrich Pestalozzi (1801) ist von Organisation die Rede. So berichtet er selbstkritisch, dass die Ungleichheit der Kinder in Alter, Bildung und Sitten »den Mangel einer festen Organisation meiner Lehrart, die noch als bloßer Probeversuch anzusehen war, mit je-

3.1 Organisationspädagogik avant la lettre

dem Tag drückender machte[n]« (Pestalozzi 1801, 82). Anders als bei Humboldt bezieht sich der Organisationsbegriff hier allerdings erkennbar nicht auf die Bildungseinrichtung als solche (hier wäre die Schule in Burgdorf, in der Pestalozzi um 1800 arbeitete, das Analogon zu der von Humboldt in den Blick genommenen Berliner Universität), sondern in einem instrumentell-operativen Sinne auf die Unterrichtsmethode.

Mitte des 19. Jahrhunderts spricht dann Adolph Diesterweg von der »vernünftigen Organisation der Gesellschaft, zuoberst in der demokratischen Republik« (Diesterweg 1899, 206) und von der »Organisation und Emanzipation der Volksschule« (ebd, 123–149). Den Humboldtschen Überlegungen nahe kommt er, wo er der Schule die Aufgabe zuschreibt, Kollegialität und Lernen der Lehrer »durch Organisation, die nicht möglich ist ohne Centralisation« (ebd., 130), zu ermöglichen. Dabei meint er ausdrücklich nicht die äußere – schulbürokratische – Zentralisation, sondern die »innerlich pädagogische«, die »von innen nach außen, von unten nach oben« gehe (ebd.,130). Der in unserer systematischen Annäherung vorgestellte Organisationsbegriff (▶ Kap. 2) lässt sich mit historischem Rekurs auf Diesterweg um ein Verständnis von Organisation im Sinne der Selbstorganisation und inneren Ausrichtung ergänzen. Diesterwegs Topologien des Innen und Außen sowie des Unten und Oben verweisen zudem voraus auf systemtheoretische (▶ Kap. 4.1) und ungleichheitstheoretische (▶ Kap 7.2) Rahmungen heutiger Organisationspädagogik.

Ende des 19. Jahrhunderts wendet sich die deutschsprachige Pädagogik dem Sozialen im Sinne von Gemeinschaft zu und löst die pädagogische Theorie aus der Reduktion auf die Erzieher-Zögling-Dyade (bzw. Lehrer-Schüler-Gegenstand-Triade). So unterscheidet Paul Natorp in seinem grundlegenden Werk zur Sozialpädagogik drei »soziale Organisationen zur Willenserziehung« (Natorp 1899, 193): das Haus, die Schule, und die Selbsterziehung im Zusammenleben der Erwachsenen. Er sieht die Organisation der Gemeinschaft, in der die Organisation der Arbeit, die rechtliche Organisation und die Organisation der Bildung zusammengefasst ist, als das wesentliche Mittel zur Willenserziehung an, und den Fortschritt der gesellschaftlichen Organisation als einzige Sorge der Menschheit (Natorp 1899, 193).

Zu Beginn des 20. Jahrhunderts postuliert John Dewey (1976, orig. 1901), die neue Pädagogik werde scheitern, wenn die Pädagog*innen nicht eine neue organisationale Struktur in Kraft setzen können, die zugleich den Realitäten der Industriegesellschaft entspricht und erfahrungsbasierte Lernaktivitäten vorsieht (vgl. Waks 2001, 387). Anfang des 20. Jahrhunderts wird zudem – wie ansatzweise schon bei Humboldt, Diesterweg und Natorp (s. o.) – das pädagogisch intendierte *bottom up* der Organisation als wesentliches Merkmal pädagogischer Einrichtungen betont. So stellt Georg Kerschensteiner im Hinblick auf Schulen aus dem Bildungsbegriff abgeleitete Organisationsgrundsätze auf, z. B.:»Jede Organisation hat [...] Rücksicht zu nehmen auf die übrigen Hauptinteressen des Menschen und sie sinngemäß mit dem Hauptstoff zu verknüpfen« (Kerschensteiner 1907, 215). Ähnlich, wenngleich aus dem Erfahrungsbegriff abgeleitet, schreibt Dewey (1916, 291):»Educationally, the question concerns that organization of schools, materials, and methods which will operate to achieve breadth and richness of experience.«

Eine theoretische Auseinandersetzung der Pädagogik mit Organisation ist also vereinzelt bereits im 19. Jahrhundert und zunehmend in der ersten Hälfte des 20. Jahrhunderts zu finden. Organisation wird dabei, sieht man von Humboldts Hinweis auf den Anstaltsgeist ab, noch nicht institutionell, sondern vornehmlich instrumentell oder funktional begriffen, d. h. nicht die ganze Einrichtung samt ihrer Mitglieder, Riten, Artefakte, Normen und Grenzen wird als Organisation bezeichnet, sondern das der Pädagogik als Instrument dienende Organisieren. In diesem Sinne verwendet Siegfried Bernfeld (1971, orig. 1925) den Organisationsbegriff, wenn er auf die materielle Bedingtheit der Organisation der Erziehung hinweist. Georges Lapassade (1972, orig. 1967, 13–14) bleibt in dieser Tradition, wenn er mit dem Begriff Organisation lediglich die äußere Struktur der Schule meint und die Praxis des Unterrichts davon ausschließt. Gleiches gilt für Horst Rumpf (1971), demzufolge die Organisation der Verwaltung die Organisation des Unterrichts determiniert. Die zuletzt genannten Autoren stehen auch für die Tradition pädagogischer Vorbehalte gegenüber der Organisation (vgl. Terhart 1986), die dann in der zweiten Hälfte des 20. Jahrhunderts in Vorstellungen münden, die Organisationen als bürokratischen Determinismus eines personalisierten Erziehungs- und Professionsverständnis und als Bedrohung pädagogischer Ideale der Autonomie und Emanzipation schlechthin ansehen.

3.2 Anfänge expliziter *Organisationspädagogik*: Zur Neubestimmung des Verhältnisses von Pädagogik und Organisation

Ab den 1980er Jahren sind zunehmend Beiträge zu finden, die jenes dominierende erziehungswissenschaftliche Ressentiment gegenüber Organisationen problematisieren und in Rückgriff auf v. a. organisationssoziologische Begriffsarbeit andere Reflexionszugänge einfordern bzw. das Verhältnis von Pädagogik und Organisation anders fassen. Hierzu trägt der in den 1970er Jahren in Psychologie, Soziologie und Betriebswirtschaft boomende Diskurs um Organisationsentwicklung bei, dessen Argumente in den pädagogischen Diskurs einfließen (z. B. Bulla 1982, Schäffter 1981/1982).

Eine *pädagogische Organisationslehre*, die Pleiß schon 1970 forderte (vgl. Mohrhart 1974), wird von Klaus Giel (1984, 120) erneut angemahnt. Da pädagogische Praxis sich nur im Rahmen vernünftig organisierter Einrichtungen als verantwortliche Praxis realisieren könne, sei das Problem der pädagogischen Praxis das der pädagogischen Organisation, mit der die Praxis sich selbst hervorbringe. Dass sich die von Pleiß und Giel geforderte »pädagogische Organisationslehre« nicht institutionalisiert, spricht dafür, dass die Pädagogik bis Anfang der 1980er Jahre nicht für ein neues Verhältnis zur Organisation bereit war.

Für ein diesbezügliches Umdenken steht Ewald Terharts (1986) Aufsatz »Organisation und Erziehung«, dessen hochrangiger Publikationsort eine Etablierung des Themas signalisiert. In dem Beitrag stellt Terhart kritisch fest, dass im pädagogischen Diskurs die Unvereinbarkeit

3 Organisation als pädagogischer Topos

von Organisation und Erziehung tradiert werde, obwohl Organisationen des Erziehungs- und Bildungswesens doch fester Bestandteil der modernen Gesellschaft sind. Zudem deutet sich in Terharts Beitrag ein institutionelles Organisationsverständnis an, bei dem unter Organisation die jeweilige Einrichtung als Ganzes statt nur als Instrument der Planung und Strukturierung verstanden wird. Von Ortfried Schäffters »Institutionsberatung« (1981/1982) und Helmut Fends »Die einzelne Schule als pädagogische Handlungseinheit« (1986) über Per Dalin & Hans-Günter Rolffs »institutionellen Schulentwicklungs-Prozess« (1990) bis zu Göhlichs »Theorie der Praxis pädagogischer Institutionen« (2001) werden die Einrichtungen zwar noch als Institutionen bezeichnet. Innerhalb dieser Texte zeichnet sich jedoch die Tendenz zum institutionellen Organisationsbegriff ab, d. h. zum Verständnis der einzelnen Einrichtungen als (institutionelle) *Organisationen* (▶ Kap 2.2).

Erstmals explizit von *Organisationspädagogik* bzw. *organisationspädagogisch* spricht Heinz Rosenbusch in einem Vortrag auf dem von ihm 1988 eingerichteten Bamberger Schulleitungs-Symposium. Er fokussiert mittels dieses Begriffs die managerialen Aufgaben der Schulleitung, die er als pädagogisch notwendig ausweist. Das Schulleiterthema ist »ein genuin pädagogisches, vielleicht genauer organisationspädagogisches; eines, das die Beschaffenheit und pädagogischen Einflüsse der Organisation Schule auf Individuen und Teilsysteme (z. B. Klassen) sowie die Einflüsse der Individuen und Teilsysteme auf die Organisation untersucht« (Rosenbusch 1989, 10).

Der Terminus *Organisationspädagogik* bzw. *organisationspädagogisch* wird in den 1990er Jahren im schulpädagogischen Diskurs von anderen Autoren aufgegriffen (Rolff 1995, Meyer 1997, König 1997) und von Rosenbusch (1997) selbst weiter verwendet, dringt jedoch zunächst nicht in andere pädagogische Diskurse vor. Das mag aus der diskursiven Geschlossenheit der pädagogischen Subdisziplinen resultieren, kann aber auch daran liegen, dass Rosenbuschs eher instrumentelle Verwendung des Organisationsbegriffs nicht an die (post)moderne Wendung zum institutionellen Organisationsbegriff und an Theorien organisationalen Lernens anschließt. Letzteres leistet in den 1990er Jahren Harald Geißler, der aus betriebspädagogischem Interesse zur Thematisierung der Organisation und des organisationalen Lernens gelangt (Geißler

1991) und schließlich ebenfalls eine »Organisationspädagogik« (Geißler 2000) formuliert. Während Rosenbuschs (2005) Entwurf der Organisationspädagogik unter Bezug auf König & Volmer (1993) systemtheoretisch orientiert ist, rekurriert Geißlers Entwurf auf rationale Handlungsbzw. Kommunikationstheorie.

3.3 Institutionalisierung der Organisationspädagogik

Dass trotz dieser Differenzen eine einschlägig fokussierte Diskursgemeinschaft entstanden ist, kann damit erklärt werden, dass Fragen der Organisation des Pädagogischen und der Pädagogik organisationalen Lernens ab den 1990er Jahren von einer zunehmenden Zahl an Autor*innen aus verschiedensten erziehungswissenschaftlichen Subdisziplinen zunächst ohne Verwendung des Terminus *Organisationspädagogik* bearbeitet wurden (z. B. Schäffter 1992, König & Volmer 1993, 2002, Altrichter & Posch 1996, Weber 1998, Wolff 1999, Göhlich 1999, 2001, Kuper 2001, Harney 2002, Behrmann et al. 2004, Schröer 2004, Merkens 2006). Das pädagogische Interesse dieser Arbeiten ist nicht mehr nur auf Bildung und Erziehung von Individuen (im Kontext von Organisation) beschränkt, sondern richtet sich auch auf die Unterstützung von Lernprozessen größerer sozialer Gebilde, wie Teams und Organisationen (Stichwort Organisationsentwicklung ▶ Kap. 5.3). Zur Etablierung des Diskurses tragen auch die unter dem Terminus *pädagogische Organisationsforschung* (Göhlich et al. 2005, Göhlich & Tippelt 2008) einsetzenden Bemühungen um den Austausch einschlägiger empirischer Forschung bei. Statt bloßem Nebeneinander oder gar Gegenüber solitärer Ansätze ist eine Diskursgemeinschaft entstanden, die sich formal in der Deutschen Gesellschaft für Erziehungswissenschaft (DGfE) zusammengeschlossen hat (2007 Arbeitsgemeinschaft, 2010 Kommission, 2018 Sektion Organisationspädagogik) und seit 2008 in institutionalisierten Jahrestagungen über organisationspädagogische Forschung austauscht, deren Spezifika im »Forschungsmemorandum Organisationspädagogik« (Göhlich et al. 2014) ausgewiesen werden. Die Zunahme organisationspädagogischer Arbeiten ist auch international zu beobachten. So arbeiten in den USA z. B. Victoria Marsick & Karen Watkins seit den 1990er Jahren aus erziehungswissenschaftlicher Perspektive an Fragen organisationalen Lernens und dessen Unterstützung (Marsick & Watkins 1994, 2003). Die dänische Pädagogin Bente Elkjaer forscht pragmatistisch orientiert zu Fragen organisationalen Lernens (Elkjaer 1996, 2004). Der britische Erziehungswissenschaftler Nick Boreham legt mehrere Studien zum organisationalen Lernen vor und spricht explizit von einer »pedagogy of organisational learning« (Boreham & Morgan 2004, 307). Auch wenn sich dieser Ausdruck im englischsprachigen Diskurs nicht durchsetzt, bleibt die Universität Stirling ein Motor pädagogisch perspektivierter Organisationsforschung (Boreham & Reeves 2008). Auch Tara Fenwick, die nach der Emeritierung Borehams an die dortige School of Education berufen wird, forscht zu Fragen des Lernens in Organisationen und Netzwerken (Fenwick 2007).

Vor diesem Hintergrund wird Anfang 2013 in der European Educational Research Association (EERA) und der World Education Research Association (WERA) die jeweilige Gründung eines Netzwerks *Organizational Education* initiiert. Das WERA-Netzwerk nimmt seine Arbeit im Februar 2014 auf, das EERA-Netzwerk (NW 32 Organizational Education) startet auf der European Conference on Educational Research im September 2014 mit einem Symposium, an dem rund dreißig Erziehungswissenschaftler*innen aus verschiedenen europäischen, aber auch asiatischen Ländern teilnehmen. Seitdem sind Sessions mit organisationspädagogischen Beiträgen fester Bestandteil der jährlichen EERA- und WERA-Tagungen. Zudem entwickelt ein Kreis internationaler Kolleg*innen auf Basis der englischen Übersetzung des Forschungsmemorandums Organisationspädagogik ein englischsprachiges Memorandum für den internationalen Diskurs, das nach seiner Vorstellung, Erörterung und Überarbeitung in den 2014 und 2015 stattfindenden Treffen des EERA-Netzwerks schließlich 2016 von der Mitgliederversammlung des EERA-Netzwerks beschlossen und zur Publikation freigegeben wird (Göhlich et al. 2018).

3.4 Zur Zukunft der Organisationspädagogik

Die Entwicklung der explizit organisationspädagogischen Debatte sehen wir einerseits als Fortsetzung der Tradition pädagogischer Auseinandersetzung mit dem Topos Organisation, andererseits aber als zunehmend systematische Bearbeitung der über lange Zeit unsystematisch und widersprüchlichen erziehungswissenschaftlichen Thematisierung von Organisation. So ist die sich auch nach der – in der Einrichtung der DGfE-Sektion Organisationspädagogik, in der Einrichtung organisationspädagogischer Studiengänge und Module und in der Einrichtung von Organisationspädagogik-Professuren sichtbaren – Etablierung der Organisationspädagogik als erziehungswissenschaftlicher Teildisziplin fortsetzende Debatte aufgespannt zwischen Bestrebungen einer systematischen Verortung organisationspädagogischen Denkens innerhalb der Disziplin Pädagogik bzw. Erziehungswissenschaft sowie einer anhaltenden (allgemein-)pädagogischen Thematisierung von Organisation im Lichte unterschiedlicher zeithistorisch relevanter Frage- und Problemstellungen. Während etwa das *Handbuch der Organisationspädagogik* (Göhlich et al. 2018) auch als Zeugnis einer Institutionalisierung im erstgenannten Sinne gesehen werden kann, insofern hier zu wesentlichen Teilen an einer systematischen Verortung gearbeitet wird (in Form einer Verhältnisbestimmung der Organisationspädagogik zu anderen Subdisziplinen oder in Form einer Reflexion verschiedener Organisationen als Orte organisationspädagogischer Praxis), lässt sich etwa anhand der – teils aus Tagungen der Kommission bzw. Sektion Organisationspädagogik hervorgegangenen – Bände der Reihe *Organisation und Pädagogik* eine verstärkt problembezogene Auseinandersetzung ablesen. Hier dokumentiert sich, dass sich die organisationspädagogische Debatte, im weitesten Sinne die Reflexion des Verhältnisses von Pädagogik und Organisation, nicht nur mit Bezug auf andere subdisziplinäre Diskurse und Konzepte (zum Thema Beratung: Göhlich et al. 2010; zum Thema Führung: Göhlich et al. 2011), sondern auch und in den letzten Jahren verstärkt entlang gesellschaftlicher Problemhorizonte entwickelt (zum Thema kulturelle Differenz und Heterogenität: Göhlich et al. 2013, Engel 2014a, Pilz 2018, Schröer et al. 2021; zum

Thema Zivilgesellschaft: Schröer et al. 2020; zum Thema Verantwortung: Fahrenwald et al. 2020). Der vorliegende Band gründet auf dieser Geschichte und versteht sich selbst als Beitrag zur (theoretischen, empirischen und praktischen) organisationspädagogischen Debatte.

4 Organisationstheorien und Organisationspädagogik

Im folgenden Kapitel werden anhand ausgewählter Referenztheorien Bedingungen und Möglichkeiten einer theoretischen Grundlegung der Organisationspädagogik aufgezeigt. Im Fokus stehen prominente Bezugstheorien bzw. theoretische Konzepte, anhand derer sich ein je spezifischer Blick sowie eine je spezifische Auseinandersetzung mit den Gegenständen Organisation bzw. organisationales Lernen ausbilden können. In den einzelnen Abschnitten diskutieren wir organisationspädagogische Anschlüsse an Systemtheorie (▶ Kap 4.1), Neo-Institutionalismus (▶ Kap 4.2), Organisationskulturtheorie (▶ Kap 4.3) und Praxistheorie (▶ Kap 4.4), fragen nach Verwendungen und Einsätzen innerhalb der Organisationspädagogik und veranschaulichen den Erkenntnisgewinn der jeweiligen Theorie an Fallbeispielen. Zur Erleichterung der Nutzung dieses Buches als Studienbuch werden am Ende jeden Abschnitts zentrale Aspekte des jeweiligen Verständnisses von Organisation und organisationalem Wandel zusammengefasst.

4.1 System, Umwelt, Selbstreferentialität – Organisationspädagogische Anschlüsse an Systemtheorien

Systemtheoretische Ansätze erfreuen sich in der Organisationswissenschaft allgemein und in der Organisationspädagogik im Besonderen nicht zuletzt deshalb großer Beliebtheit, weil sie ein vergleichsweise differenziertes Repertoire an Begriffen zur Beschreibung von Organisationen als eigendynamische Entitäten bereithalten. Neben Hinweisen für die organisationspädagogische Forschung enthalten Systemtheorien auch praktisches Potential, das etwa in Konzeptionen der Beratung in und von Organisationen nutzbar ist. Zur Veranschaulichung stellen wir dementsprechend zunächst einen konkreten Fall von Organisationsberatung vor, bevor wir – auch unter Bezug auf den Fall – zu klären suchen, was charakteristisch für Systemtheorie bzw. für den systemtheoretischen Blick auf Organisationen ist und wie Organisationspädagogik diese Perspektive nutzen kann.

4.1.1 Fallbeispiel Altenheim – Systemische Optionen der Organisationsberatung

»Das Altenheim stand immer gut da, Herr Heimburg hat gute Arbeit geleistet. Frau Pflug hatte bei ihrer Einstellung vor einem Jahr den Stiftungsrat auch damit überzeugt, dass sie zukunftsweisende Ideen einbrachte. Die Situation eskaliert, als eine Bewohnerin verschwindet und von Frau Pflug unterkühlt im Keller aufgefunden wird. Die Angehörigen fordern Aufklärung und drohen mit der Presse. Frau Pflug macht Herrn Heimburg für die personelle Unterbesetzung verantwortlich, dieser verweist auf den korrekten Personalschlüssel und sieht Führungsschwächen bei Frau Pflug. Frau Pflug wendet sich an den Stiftungsvorstand Pfarrer Weihmann, informiert ihn über Missstände und droht mit Kündigung. Pfarrer Weihmann sorgt sich um den Ruf des Hauses und beauftragt ein Beratungsunternehmen« (Geyer 2017, 3f.).

Dieser fiktive Fall wurde auf einem *Symposium zur Praxis systemischer Konfliktbearbeitung in Organisationen* an der Universität Witten-Herdecke bekannten Organisationsberater*innen systemtheoretischer Provenienz vorgestellt. Die Aufgabe der Symposiumsbeteiligten bestand darin, anhand dieses Beispiels zu zeigen, was sie jeweils mit »systemisch«

meinen und wie sich das in ihrer Arbeitsweise ausdrückt. Ergänzend zur obigen Fallskizze erhielten die Organisationsberater*innen vorab noch folgende Informationen:

> Es handelt sich um ein Altenheim in kirchlicher Trägerschaft. Herr Heimburg fungiert seit 15 Jahren erfolgreich als dessen Geschäftsführer und ist dafür bekannt, dass er auf Effizienz, Einhaltung von Budgets und Regeln sowie Anerkennung seiner Entscheidungen Wert legt. Seine Frau leitet den Verwaltungs- und Finanzbereich und unterstützt ihren Mann inhaltlich. Frau Pflug wurde vor einem Jahr als Pflegebereichsleiterin eingestellt, arbeitet seitdem daran, bereichsübergreifende Zusammenarbeit, Supervision und innovative Ansätze zu etablieren und gerät dabei immer wieder mit Herrn Heimburg bzw. dessen Führungskonzept in Konflikt. Pfarrer Weihmann hat den Vorsitz des Stiftungsrats schon seit 20 Jahren inne. Über diese Akteure hinaus werden zudem noch Frau Terra und Herr Koch erwähnt. »Frau Terra leitet seit mehreren Jahren die therapeutischen Dienste. Sie hat bereits einige Ansätze von Frau Pflug übernommen und unterstützt diese. Herr Koch leitet den Küchenbereich. Es ist ihm bisher gelungen, eine gute Ausstattung seines Bereiches zu erhalten. Von vielen Konfliktthemen sieht er sich wenig betroffen« (Geyer 2017, 3).

Zunächst ist im Anschluss an die begriffliche Differenzierung in Kapitel 2 festzuhalten, dass es hier nicht um die Institution *Altenheim* geht, also nicht darum, was sich der gesellschaftliche Diskurs unter einem Altenheim vorstellt bzw. von einem Altenheim im Allgemeinen erwartet, sondern um eine konkrete Organisation, um ein bestimmtes Altenheim mit konkreten Mitgliedern, einer eigenen Geschichte, einer eigenen Kultur, und nun eben auch mit einem eigenen Problem. Aus systemtheoretischer Sicht interessiert diese Organisation, dieses konkrete Altenheim, als soziales System. Dementsprechend zielen die am Symposium teilnehmenden systemischen Organisationsberater*innen letztlich allesamt auf die Ebene des sozialen Systems, wenngleich sie in ihrer jeweils exemplarisch aufgeführten Beratung unterschiedliche Wege dorthin wählen. Die einen arbeiten zunächst mit einzelnen Organisationsmitgliedern in separaten Gesprächen an deren jeweiligen Perspektiven und Handlungsoptionen; andere starten den Prozess mit einem Gespräch mit Pfarrer Weihmann, also auf den ersten Blick auch mit einem Einzelgespräch, laden aber Herrn Heimburg und Frau Pflug als Zuhörer dazu, um Perspektivenvielfalt zu fördern; wieder andere beginnen mit dem Medium der Aufstellung, beauftragen Vorstand, Geschäftsführer und Bereichsleiter*innen, jeweils aus ihrer Sicht – in Anwesenheit der anderen – alle im Raum zu positionieren und sich die Perspektive der Beteiligten aus der jeweiligen Position mitteilen zu lassen, und stellen dann die von der Annahme eines über Nacht während des Schlafs der Beteiligten geschehenen Wunders ausgehende Frage, woran die Beteiligten merken würden, dass ein Wunder geschehen ist; noch andere führen nach der Auftragsklärung eine Befragung aller Stakeholder (über Vorstand und Mitarbeiter*innen hinaus auch Bewohner*innen, Ehrenamtliche und Angehörige) durch, clustern deren Antworten und spiegeln diese dann dem Leitungsteam zurück. Manche systemische Organisationsberater*innen beginnen den Beratungsprozess also auf der Ebene der Individuen, andere setzen gleich auf der Ebene des sozialen Systems ein, aber alle haben letztlich das soziale System im Blick und suchen, dieses zu befähigen, sein(e) Problem(e) selbst zu lösen.

Dieses Bemühen um Befähigung des Gegenübers – das im Falle einer Organisationsberatung letztlich nicht nur ein Individuum, sondern ein soziales System ist – ist das pädagogische Moment der Beratung. Organisationsberatung ist eine Form organisationspädagogischer Praxis. Die systemtheoretische Perspektive kann hierbei hilfreich sein. So ist es kein Zufall, dass einer der systemischen Organisationsberater, die auf dem Symposium ihren jeweiligen Umgang mit dem skizzierten Fall vorgestellt haben, der Erziehungswissenschaftler Eckard König ist, der schon früh – und im pädagogischen Diskurs über viele Jahre hin weitgehend allein – den Spagat zwischen erziehungswissenschaftlicher Theorie (z. B. König & Zedler 1998) und systemischer Organisationsberatung (z. B. König & Volmer 1993) unternahm.

4.1.2 Systemtheoretische Perspektiven auf den Gegenstand Organisation

Eines der Charakteristika dieser Sichtweise auf Wirklichkeit ist, dass das Individuum im Kontext eines größeren Ganzen gesehen wird und diesem größeren Ganzen ein Bedeutungsvorrang eingeräumt wird. Schon Aristoteles formuliert mit Blick auf das Verhältnis von Polis und Einzelnem den bis heute viel zitierten Satz, das Ganze sei mehr als die Summe seiner Teile. Die erste explizite Systemtheorie, Bertalanffys »Allgemeine Systemtheorie«, schließt an Aristoteles‹ These an.

»Ein lebender Organismus ist ein in hierarchischer Ordnung organisiertes System von einer großen Anzahl verschiedener Teile, in welchem eine große Anzahl von Prozessen so geordnet ist, dass durch deren stete gegenseitige Beziehung innerhalb weiter Grenzen bei stetem Wechsel der das System aufbauenden Stoffe und Energien selbst wie auch bei durch äußere Einflüsse bedingten Störungen das System in dem ihm eigenen Zustand gewahrt bleibt oder hergestellt wird oder diese Prozesse zur Erzeugung ähnlicher Systeme führen« (Bertalanffy 1932, 83, zit. n. Diesner 2015, 37).

Betrachtet Aristoteles den Staat als das – Individuen vorgelagerte und diese kontextuierende – Ganze, so interessiert sich der Biologe Bertalanffy für den Organismus als das größere Ganze. Auch wenn er nicht soziale Systeme und damit auch nicht Organisationen als spezifische soziale Systeme im Blick hat, liefert er doch Präzisierungen der Systemtheorie, die (auch) für den Blick auf Organisationen als soziale Systeme bedeutsam sind. Die im systemtheoretischen Diskurs wohl am stärksten nachwirkende Präzisierung Bertalanffys ist, dass er das System (für ihn als Biologe in erster Linie: ein konkreter Organismus) als zwar mit einer Grenze versehen, aber dennoch sich mit seiner Umwelt austauschend begreift. Damit führt er die Systemtheorie über die aristotelische Fokussierung des Ganzes-Teile-Verhältnis hinaus zur Fokussierung des System-Umwelt-Verhältnisses, das allerdings in der Folge unterschiedlich gefasst wird, wie es sich exemplarisch an der Gegenüberstellung von Niklas Luhmanns und Gregory Batesons Systemverständnis zeigen lässt. Beide Ansätze skizzieren wir mit Blick auf das eingebrachte Fallbeispiel:

Das System-Umwelt-Verhältnis nimmt in Luhmanns Systemtheorie eine zentrale Stellung ein. Anfangs stark von Parsons beeinflusst, stellt

Luhmann dessen strukturfunktionalistische Denkfigur schon vor Veröffentlichung seiner allgemeinen Theorie sozialer Systeme (Luhmann 1987) um. Dabei verliert die Struktur des Systems an Bedeutung, hingegen werden Funktion und Grenze wichtiger. Die Aufwertung der Grenze unterscheidet den System- vom Strukturbegriff, da die Grenze zwar Elemente, aber nicht notwendig deren Relationen trennt. Primäre Funktion sozialer Systeme ist Luhmann zufolge, die Komplexität der (Um-)Welt zu reduzieren. Der Sinn eines sozialen Systems und seiner Entwicklung (organisationaler Wandel, organisationales Lernen) lässt sich somit nur mittels eines Bezugspunktes außerhalb des betreffenden sozialen Systems rekonstruieren. Solche Bezugspunkte können – neben anderen in der Systemumwelt gegebenen Elementen, z. B. bestimmten Ereignissen, Institutionen oder weiteren sozialen Systemen – auch bestimmte Individuen, genauer: psychische Systeme, sein, da sie – folgt man der Annahme Luhmanns, dass soziale Systeme nicht aus Individuen, sondern aus Kommunikation(en) bestehen – zur Umwelt sozialer Systeme gehören. Koevolutionäres Bindeglied zwischen sozialen und psychischen Systemen ist Luhmann zufolge der (sachlich, sozial und zeitlich dimensionierte) Sinn. Das durch den Verweisungsreichtum von Sinn in der Kommunikation gegebene Konfliktpotential wird durch Reduktion der Kommunikation auf Handlung, d. h. mittels personenzentrierter Zuschreibung von Tat und Intention, gelöst. »Soziale Systeme werden demnach nicht aus Handlungen [sondern aus Kommunikationen, die Autoren] aufgebaut (...); sie werden in Handlungen zerlegt und gewinnen durch diese Reduktion Anschlussgrundlagen für weitere Kommunikationsverläufe« (Luhmann 1987, 193). Jede Zerlegung der Kommunikation in Handlungen ist eine Entscheidung, die so oder so ausfallen kann, jedoch, wenn sie getroffen wird, im System pfadbildend fortwirken kann.

Organisationen entstehen und reproduzieren sich, »wenn es zur Kommunikation von Entscheidungen kommt und das System auf dieser Operationsbasis operativ geschlossen wird. Alles andere – Ziele, Hierarchien, Rationalitätschancen, weisungsgebundene Mitglieder, oder was sonst als Kriterium von Organisation angesehen worden ist – ist demgegenüber sekundär und kann als Resultat der Entscheidungsoperationen des Systems angesehen werden« (Luhmann 2000, 63). Organisationale

4.1 System, Umwelt, Selbstreferentialität

Mitgliedschaft bzw. die Mitgliedsrolle in einer Organisation ist demzufolge »eine Gesamtformel für strukturelle Kopplungen, deren Irritationen dann in den psychischen Systemen und in den Organisationen auf sehr verschiedene, nicht-integrierbare, immer wieder überraschende Weise verarbeitet werden« (Luhmann 2000, 111). Eine Organisation ist so gesehen ein regelgeleitetes, auf (der Kommunikation von) Entscheidungen beruhendes soziales System, das sich durch seine Entscheidungen von seiner Umwelt absetzt und seine Entscheidungen möglichst so fällt, dass sie mit seinem Selbstverständnis und das heißt nicht zuletzt mit seiner Systemgeschichte übereinstimmen.

Schauen wir aus dieser Sicht auf das eingangs skizzierte Altenheim, so lassen sich Frau Pflugs Aussage, Herr Heimburg sei für die personelle Unterbesetzung (und somit letztlich für die Unterkühlung der Heimbewohnerin) verantwortlich, wie auch Herrn Heimburgs Aussage, Frau Pflug sei führungsschwach (und die Unterkühlung der Heimbewohnerin sei letztlich Resultat dieser Führungsschwäche), als Segmente einer Kommunikation dieses Altenheims betrachten, die auf eine Entscheidung darüber abzielt, welcher Handlung und damit auch welchem (Organisations-)Mitglied die von der Umwelt zunächst dem Altenheim als organisationales Ganzes zugeschriebene Schuld zugeschrieben wird. Angesichts der pfadbildenden Wirkung der in der Organisationsgeschichte zu impliziten und expliziten Regeln gewordenen früheren Entscheidungen ist die Wahrscheinlichkeit groß, dass die Organisation die Schuld einem Mitglied zuschreibt und sich ggf. durch dessen Kündigung davon frei spricht. Solch eine Kommunikationslage kann jedoch auch dazu führen, dass organisationales Lernen in Gang kommt, dass also die Organisation die problematische Situation als Lernchance nutzt. Der im skizzierten Fall erfolgende Einbezug von Organisationsberater*innen spricht dafür, dass hier eine Nutzung des Problems als Lernchance ermöglicht wird.

Von der Systemtheorie sensu Luhmann ist die systemische Theorie Batesons zu unterscheiden. So stellt Wolfram Lutterer (2002, 3) fest, dass »die allzu artifizielle Trennung sozialer, psychischer und biologischer Systeme durch Luhmann« für Bateson keinen Sinn machen würde, da für Bateson »der Beobachter Teil des beobachteten Systems und nicht nur ›strukturell gekoppelt‹ ist«. So gesehen sind die Individuen, im skizzierten Fall also Frau Pflug, Herr Heimburg, Herr Weihmann und andere Organisationsmitglieder, Bestandteile des sozialen Systems. Dass Bateson Personen als Systemelemente ansieht, mag auch damit zusammenhängen, dass er seine Theorie – anders als Luhmanns logische Argumentation – vornehmlich in der Auseinandersetzung mit empirischen Problemen entwickelt. So führen ihn ethnographische Studien in Neuguinea und Bali zu seiner Unterscheidung von symmetrischen und komplementären Beziehungsmustern und seiner Konzeption von Schismogenese. Als Teilnehmer an den Anfängen der kybernetischen Diskussion nimmt er den Rückkoppelungsbegriff auf. Vor dem Hintergrund der ethnographisch gewonnenen Beziehungsmuster und des im kybernetischen Diskurs gewonnenen Rückkoppelungsbegriffs erforscht er dann soziale Systeme verschiedener Größenordnung (Rüstungswettlauf, Parteien, Familien, Arzt-Patient-Systeme) und bemerkt in den letztgenannten Systemen, dass die beteiligten Personen als Elemente des Systems wirken, indem sie jeweils auf der Basis ihres Bildes der Wirklichkeit agieren und die Kommunikation entsprechend interpunktieren.

Wie Lutterer zu Recht anmerkt, fasst Bateson auch das Verhältnis von System und Umwelt anders als Luhmann. Während Luhmann nur dann von einem System sprechen möchte, wenn ein Zusammenhang sich selbst gegen eine Umwelt abgrenzt, und damit auch das Zerschneiden von Kausalzusammenhängen in Kauf nimmt, versteht Bateson in kybernetischer Tradition Systeme als durch Kausalkreisläufe (Rückkoppelung) konstituiert. So gesehen ist das System nicht nur von Fall zu Fall ein besonderes, sondern sogar von Situation zu Situation.

>Stellen Sie sich vor, ich sei blind, und ich benutze einen Stock. [...] Wo fange *ich* an? Ist mein geistiges System an dem Griff des Stocks zu Ende? Ist es durch meine Haut begrenzt? Fängt es in der Mitte des Stocks an? Oder beginnt es an der Spitze des Stocks? Aber das sind alles unsinnige Fragen. Der Stock ist ein Mittel, auf dem Umwandlungen von Unterschieden übertragen werden. Die richtige Weise, das System abzugrenzen, besteht darin, die Grenzlinie so zu ziehen, daß man keinen dieser Wege in einer Weise durchschneidet, die die Dinge unerklärbar macht« (Bateson ÖdG 590).

Aus einer solch systemischen Perspektive können also nicht nur die Mitarbeiter*innen des Altenheims, sondern auch die unterkühlte Heimbewohnerin und weitere Heimbewohner*innen sowie letztlich auch de-

4.1 System, Umwelt, Selbstreferentialität

ren Angehörige und andere auf den ersten Blick *Externe* (darunter etwa auch die Berater*innen) als Bestandteile eines entwicklungsbedürftigen und entwicklungsfähigen sozialen Systems angesehen werden. Als Charakteristika sozialer Systeme sensu Bateson können wir festhalten: Zu den Elementen eines sozialen Systems gehören die an ihm handelnd bzw. kommunizierend beteiligten Personen. Jede Person deutet die Wirklichkeit. Die Beteiligten können nicht nicht kommunizieren. Jede Kommunikation hat neben dem inhaltlichen auch einen Beziehungsaspekt. Das Verhalten eines sozialen Systems ist von Regeln bestimmt. Aus den Deutungen und Regeln ergeben sich in sozialen Systemen (ggf. unterschiedlich interpunktierte) zirkuläre Interaktionsstrukturen.

4.1.3 Systemtheoretische Einsätze in der Organisationspädagogik

In seiner Abhandlung zu Luhmanns Systemtheorie als einer Grundlage der Organisationspädagogik fasst Rainer Zech (2018) Gegenstand, Anlass und Wahrscheinlichkeit organisationalen Lernens aus systemtheoretischer Sicht:

> »Beim organisationalen Lernen geht es jetzt in einem besonderen Maße um die Veränderung von Regeln, also um die Strukturen der Organisation, und nicht um die Veränderung von Menschen. Organisationen sind keine starren Gebilde, sondern als soziale Kommunikationssysteme in ständiger Bewegung. Sie haben aber auf Grund ihrer Selbstbezüglichkeit zunächst einmal eine Tendenz zur relativ unveränderten Reproduktion. Redundante Kommunikationen sind zunächst einmal anschlussfähiger und damit wahrscheinlicher als abweichende. Eine geplante Weiterentwicklung der Organisation, d. h. organisationales Lernen, bedarf daher spezifischer Voraussetzungen und muss an den Strukturen der Organisation ansetzen und hier wirksam werden. Lernanlässe für Organisationen ergeben sich immer dann, wenn die eigenen Operationen auf Widerstände stoßen, die durch abweichende Selbst- und Umweltbeobachtungen entstehen. Grundsätzlich hat jede Organisation die Möglichkeit, auch über ihre Entscheidungsprämissen zu entscheiden« (Zech 2018, 181).

Systemtheoretisch perspektivierte empirische Studien hierzu liegen unter anderem von Zech selbst vor (z. B. Zech et al. 2010; ▶ Kap. 6.1). Als weitere einschlägige Studie ist Stefanie Hartz‹ Arbeit zur Akzeptanz und

Wirkung der *Lernerorientierten Qualitätstestierung in der Weiterbildung* zu erwähnen, die wir im nächsten Abschnitt (▶ Kap. 4.2) diskutieren, da sie nicht nur systemtheoretisch, sondern auch neoinstitutionalistisch ausgerichtet ist. Auch Mechthild Gomollas & Frank-Olaf Radtkes (2009[3]) vielrezipierte Studie zur *Institutionellen Diskriminierung*, die Schule als organisierte Institution und in Anlehnung an Karl E. Weick als lose gekoppeltes System fasst, nutzt Systemtheorie sensu Luhmann.

Systemtheoretisch orientierter organisationspädagogischer Praxis ist aufgegeben, die Organisation zu befähigen, ihre Entscheidungsprämissen – und damit ihre (Entscheidungs-)Geschichte und ihr Selbstverständnis – zu reflektieren und zu bearbeiten. Dabei gilt es für den organisationspädagogischen Praktiker in der Arbeit mit der Organisation – sei es in Form einer umfassenden Organisationsentwicklung, einer problembezogenen Organisationsberatung oder eines Coachings respektive einer Supervision mit einzelnen Organisationsmitgliedern –, sich stets gewahr zu bleiben, dass die Organisation als soziales System an sich selbst anzuschließen sucht. Wie auch immer die Organisation die aktuelle Problemlage (in der das Verhältnis organisationaler Tradition und Innovation, das aktuelle Ereignis der Unterkühlung einer Heimbewohnerin und die Aufklärungsforderung und Pressedrohung der Angehörigen eine komplexe Gemengelage bilden, die eine Entscheidung erforderlich macht) letztlich löst, es wird keine Lösung sein, die gänzlich neu im Sinne völliger Anschlusslosigkeit an die Tradition der Organisation ist. Das heißt allerdings keineswegs, dass Neues unmöglich ist; im Gegenteil, als soziale Systeme sind Organisationen in der Lage, aus sich heraus Neues zu generieren, da die System-Umwelt-Relationen so viel Sinnüberschuss enthalten, dass bei jedem Kommunikationsanschluss und somit auch bei jeder Entscheidung zumindest potentiell verschiedene Optionen bestehen.

König & Volmer (2004, 2018) beziehen sich mit ihrer »personalen Systemtheorie« bzw. ihrem Ansatz systemischer Organisationsberatung vorrangig nicht auf Luhmann, sondern auf die systemische Sichtweise Batesons. Sie fragen zunächst, welche Personen am System beteiligt sind bzw. wer die Personen im System sind und wie diese ihre jeweilige Wirklichkeit deuten. So geht es in der Orientierungsphase systemischer Organisationsberatung sensu König & Volmer nicht nur um den Auf-

4.1 System, Umwelt, Selbstreferentialität

bau einer positiven Beziehung zwischen Berater und Klient und um die Klärung des Themas bzw. Ziels der Beratung, sondern auch um die Etablierung des Beratungssystems, das heißt zuvorderst um die Festlegung der Personen des Beratungssystems. In der anschließenden Diagnosephase geht es um die Ist-Situation des Systems, insbesondere um die Frage, welche sozialen Regeln und in Form von Regelkreisen wiederkehrende Verhaltensmuster (bei Mitberücksichtigung praxistheoretischer Überlegungen wäre von »Praxismustern« zu sprechen, ▶ Kap. 4.4) das Problem beeinflussen. Da König zu den frühen Organisationspädagogen gezählt werden kann, kann sich systemtheoretisch orientierte organisationspädagogische Forschung und Praxis also auf zwei systeminteressierte Perspektiven stützen, auf die Sicht Luhmanns (z.B. Zech 2018) und auf die Sicht Batesons (z.B. König & Volmer 2018). Auch das Organisationsentwicklungsmodell von Christiane Schiersmann & Heinz-Ulrich Thiel (2014) gehört zu den systeminteressierten Ansätzen. Da es auf der im systemtheoretischen Diskurs (im Vergleich zu den Positionen Luhmanns und Batesons) vergleichsweise randständigen Synergetik gründet, belassen wir es hier bei diesem Hinweis.

Legen wir die vorgestellten systemtheoretischen Perspektiven im Vergleich miteinander auf das eingangs skizzierte Fallbeispiel *Altenheim* an, lässt sich zunächst in Übereinstimmung beider Perspektiven vom Altenheim als einer Organisation sprechen. Wir können diese Organisation als soziales System im Sinne Luhmanns ansehen, das auf der selbstreferentiellen und somit auf systemhistorisch geronnenen Entscheidungsprämissen basierenden Kommunikation von Entscheidungen (u. a. auch über die Zuschreibung von Handlungen) beruht und sich durch diese Entscheidungen von seiner Umwelt, zu der auch die psychischen Systeme gehören, abgrenzt. Lernanlässe für eine Organisation ergeben sich dann, wenn deren Operationen auf – durch abweichende Selbst- und Umweltbeobachtungen entstehende – Widerstände stoßen. Aus der auf Bateson gründenden Sicht besteht das soziale System nicht zuletzt aus Personen, aus deren Wirklichkeitsdeutungen in Verbindung mit tradierten Verhaltensregeln zirkuläre Interaktionsstrukturen entstehen. Dabei ist das soziale System nicht unbedingt mit dem Altenheim als Organisation identisch, sondern kann über professionelle Mitglieder (Mitarbeiter*innen) und von diesen betreute Mitglieder (Heimbewohner*innen) hinaus auch auf den ersten Blick extern erscheinende Personen (Angehörige) umfassen. Aus dieser Sicht ergeben sich Lernanlässe für das soziale System, wenn Regelverletzungen erfolgen und differierende Wirklichkeitsdeutungen kommuniziert werden. Die organisationspädagogische Forschung und Praxis wird sich bei einer Orientierung an Luhmann vorrangig auf Funktion und Sinn einzelner Kommunikationen, bei einer Orientierung an Bateson zudem auf Wirklichkeitsdeutungen der Beteiligten am problemgenerierenden sozialen System konzentrieren.

Organisation als System

Organisationen sind in systemtheoretischer Perspektive als in Bewegung befindliche Gebilde begreifbar, die über Entscheidungskommunikation bzw. über die Wirklichkeitsdeutung der am Gebilde beteiligten Akteure Grenzen (z. B. Mitgliedschaftsregelungen), Regeln (der Entscheidungskommunikation) und Funktionen (z. B. Hierarchien) herstellen, die wiederum Grundlage für weitere Kommunikation bzw. Wirklichkeitsdeutungen sind. In systemtheoretischer Optik schließen Organisationen als Kommunikationssysteme an ihre vorgängige Kommunikationsstruktur an und reproduzieren sich damit tendenziell als geschlossene Entitäten, wobei jeder Kommunikationsanlass (aufgrund von Widerständen und Problemen) die Möglichkeit des organisationalen Wandels (hier: Veränderung der Kommunikation(svoraussetzung)) impliziert.

4.2 Rationalitätsmythen, Isomorphismus und lose Kopplung – Organisationspädagogische Anschlüsse an neo-institutionalistische Theorien

In ihrem Aufsatz »Institutionalized Organizations: Formal Structure as Myth and Ceremony«, einem der grundlegenden Texte des Neo-Institutionalismus, schreiben John W. Meyer & Brian Rowan (1977, 341): »This paper argues that the formal structures of many organizations in post-industrial society dramatically reflect the myth of their institutional environment instead of the demands of their work activities.« Die im Zitat formulierte Annahme, dass sich die formalen Strukturen von Organisationen oft weniger an den unmittelbaren Anforderungen der jeweiligen Arbeit (Produktion, Dienstleistung etc.) als vielmehr an ihrer institutionellen Umwelt, an den im gesellschaftlichen Diskurs gegebenen, sich ändernden oder neu entwickelnden Erwartungen, (Spiel-)Regeln, Normen und ggf. Gesetzen orientieren, ist für die neo-institutionalistische Organisationstheorie zentral. Damit lässt sich die neo-institutionalistische Organisationstheorie als ein differenztheoretisches Programm nahe der Denkfigur des System-Umwelt-Verhältnis charakterisieren, im Unterschied zur Systemtheorie fokussiert sie aber nicht auf die systemimmanenten Logiken der Grenz- und Funktionsbildung bzw. -erhaltung, sondern auf das wechselseitige Bedingungs- und Beeinflussungsverhältnis von Organisation und Umwelt (hier: Institution/en). Genauer: es geht um die Frage, wie sich Organisationen als kollektive Akteure in Auseinandersetzung mit der für sie relevanten Umwelt institutionalisieren und damit legitimieren. Dies heißt allerdings nicht unbedingt, ja sogar nur selten, dass die betreffenden Organisationen ihre Praxis in Gänze entsprechend institutionalisierter Erwartungen der Umwelt ändern; geändert bzw. entwickelt werden zuvorderst und oft nur, formale Strukturen. Dies wird nachfolgend mittels des Konzepts der losen Kopplung erklärt, bevor zentrale Thesen des Neo-Institutionalismus an einem konkreten Fallbeispiel erläutert und organisationspädagogische Anschlussoptionen aufgezeigt werden.

4.2.1 Lose Kopplung. Zur Vorgeschichte des Neo-Institutionalismus

Dass sich Organisationen an der institutionellen Umwelt, an im öffentlichen Diskurs hör- und sichtbar werdenden gesellschaftlichen Erwartungen orientieren können, ohne ihre eigene Praxis in Gänze zu ändern, liegt nicht zuletzt an der losen Kopplung zwischen Untereinheiten eines Systems. Weicks Fokussierung der losen Kopplung kann, wiewohl selbst noch auf systemtheoretischen Überlegungen gründend, als Neo-Institutionalismus *avant la lettre* angesehen werden. So liefert sie dem Neo-Institutionalismus einen wichtigen Baustein und wird deshalb hier näher beleuchtet. Pädagogisch und nicht zuletzt organisationspädagogisch von Interesse ist Weicks Arbeit (Weick 1976) schon deshalb, weil es sich bei den von ihm untersuchten Organisationen um pädagogische Einrichtungen, konkret um US-amerikanische Schulen, handelt. Ausgehend von Beobachtungen schulischen Alltags, die der bis dahin gängigen zweckrationalen Organisationsvorstellung widersprechen (z. B. dass trotz Existenz eines Lehrplans der Unterricht eines bestimmten Faches in verschiedenen Klassen einer Jahrgangsstufe nicht identisch ist; dass weder der Lehrplan noch der Stoffverteilungsplan vorgibt, wann genau welcher Stoff in welchem Umfang vermittelt werden muss), stellt er fest, dass diese nicht zufriedenstellend erklären kann, was eine Organisation zusammenhält. Alternativ schlägt Weick vor, »in Schulen und anderen Organisationen vorzufindende Elemente nicht als rational und durchgreifend koordiniert (tightly coupled), sondern als lose gekoppelt anzusehen« (Kühl 2015, 728). Weick nimmt im Begriff der Kopplung eine systemtheoretische Idee auf (▶ Kap. 4.1). Kopplungen zwischen Technologien, Aufgaben, Rollen und Personen erfolgen in Organisationen in der Regel aufgabeninduziert. Neben diesem technischen Kern wirkt auch die Autorität des Amtes, die sich aus der Kopplung von Positionen, Verantwortungsbereichen, Belohnungen und Strafen ergibt. Dabei sieht Weick nicht alle Kopplungen als lose an. Phänomene, auf die sich das Konzept der losen Kopplung bezieht, sind etwa: Zeiten des Stillstands, in denen mehr Ressourcen als Nachfrage gegeben sind; Gelegenheiten, bei denen jedes von mehreren Mitteln das gleiche Ergebnis bringt; reichhaltig verbundene Netzwerke, in denen sich eine Einfluss-

4.2 Rationalitätsmythen, Isomorphismus und lose Kopplung

nahme nur schleppend bzw. schwach ausbreitet; relatives Fehlen von Koordination; relatives Fehlen von Bestimmungen; geplante Teilnahmslosigkeit. Bei Schulen sind solche Phänomene offensichtlich gegeben. Lehrkräfte unterrichten zumeist allein in einem geschlossenen Raum, die fehlende innerorganisationale Koordination zwischen Lehrer*innen, Schulklassen, Unterrichts-, Bildungs- und Erziehungsprozessen wird etwa bei Lehrer*innenwechseln deutlich. Da Weick zufolge sowohl starke als auch lose Kopplungen existieren und sich erstere schon aus Sicht zweckrationaler Organisationstheorie begründen lassen, stellt sich die Frage, welche Vorteile die lose Kopplung bringt. Denkbar sind eine ganze Reihe von Vorteilen, z. B. dass die Leitung eines lose gekoppelten Systems vergleichsweise preiswert ist, da es Zeit und Geld braucht, um Menschen zu koordinieren, dass die lose Kopplung den Organisationsmitgliedern bzw. organisationalen Subsystemen mehr Raum für Selbstbestimmung bietet, oder dass die Umweltwahrnehmung exakter ist, wenn das wahrnehmende System aus mehreren unabhängigen Elementen besteht. Insbesondere sieht Weick die Vorteile loser Kopplung darin, dass sie die Wahrscheinlichkeit senkt, dass die Organisation sich auf jede Änderung in der Umwelt hin neu ausrichten muss. Es genügt unter Umständen, sich in einem kleinen Bereich zu verändern bzw. einen entsprechenden Bereich zu bilden und alle anderen Bereiche der Organisation unverändert zu lassen. Die Wahrung der Eigenständigkeit der Elemente erlaubt eine große Zahl von Veränderungen, ohne doch die Organisation insgesamt zu ändern, und der Zusammenbruch eines Elements reißt nicht die ganze Organisation mit in den Untergang. So kann eine Schule bzw. deren Leiter, wenn Schüler oder Eltern einen Mobbingfall melden, es dabei belassen, nur den konkreten Fall zu behandeln, auch wenn dieser möglicherweise nur die Spitze eines Eisbergs an dieser Schule ist. Dass Weicks Begriff loser Kopplung organisationspädagogisch relevant ist, liegt auf der Hand (vgl. Koch & Schemmann 2009): Wer eine Organisation in ihrem Lernen fördern und wer organisationales Lernen und dessen Unterstützung erforschen will, muss prüfen, welche Elemente der Organisation fest und welche lose gekoppelt sind und welche Entwicklungsoptionen bzw. Behinderungen die jeweiligen Kopplungsformen implizieren.

4.2.2 Fallbeispiel Nestlé – zentrale Thesen des Neo-Institutionalismus am Beispiel einer privatwirtschaftlichen Organisation

Nach dieser Vorgeschichte geht es im Folgenden darum, zentrale Thesen des Neo-Institutionalismus – in seiner etablierten umweltbezogenen Ausprägung, insbesondere in Bezugnahme auf die grundlegenden Texte von Meyer & Rowan (1977) und Paul J. DiMaggio & Walter W. Powell (1983) – vorzustellen, zu diskutieren und auf organisationspädagogische Anschlussmöglichkeiten zu prüfen. Zur Veranschaulichung soll auf ein – im Unterschied zum Beispiel im vorigen Kapitel (▶ Kap. 4.1) nicht fiktives, sondern reales – Fallbeispiel zurückgegriffen werden. In der jüngeren Geschichte lassen sich mehrere Beispiele finden, in denen Organisationen auf Entwicklungen in ihrer Umwelt, auf im gesellschaftlichen Diskurs formulierte spezifische Erwartungen reagieren. Zu nennen ist etwa die Einführung von Ökoaudits, mit denen Unternehmen auf die Umweltschutzbewegung reagieren, oder die Einführung von Frauen- bzw. Gleichstellungsbeauftragten, mit denen etwa Universitäten auf den u. a. in Nachwirkung der zweiten Frauenbewegung erfolgenden Wandel gesellschaftlicher Normen reagieren. Um genauer zu beleuchten, wie eine Organisation auf eine institutionelle Entwicklung in ihrer Umwelt reagiert, greifen wir auf ein erinnernswertes, detailliert dokumentiertes Beispiel zurück, das zu seiner Zeit international Aufsehen erregte: Nestlés zivilgesellschaftlich kritisierter Milchpulver-Vertrieb in der damals so genannten *Dritten Welt*. Der Fall macht deutlich, wie lange – im vorliegenden Fall: jahrzehntelang – eine auf einen bestimmten Aspekt der Organisation konzentrierte Organisation-Umwelt-Beziehung problematisch bleiben kann und wie sehr sich die Organisation darauf beschränken kann, nur einen kleinen Teil ihrer selbst zu modifizieren oder gar nur ein Element für eine begrenzte Dauer zu sich selbst hinzuzufügen.

Als Startpunkt des im Folgenden skizzierten Falles lässt sich die Rede des Pädiaters Derrick B. Jellife auf einer Konferenz der Protein Advisory Group der Vereinten Nationen im Jahr 1969 ansehen, in der er die Werbepraktiken für Muttermilchersatz und dabei ausdrücklich Nestlé kritisierte. Vier Jahre später veröffentlichte die damals neu gegründete öko-

4.2 Rationalitätsmythen, Isomorphismus und lose Kopplung

logisch-ethisch aktivistische Zeitschrift *New Internationalist* in einer ihrer ersten Ausgaben den Artikel »The Baby Food Tragedy«, in dem zwei Gesundheitsexperten aus Entwicklungsländern das Jellife-Szenario bestätigen und ihre Kritik auf Nestlé fokussieren. Ein Jahr später, 1974, veröffentlichte Mike Muller von der Nichtregierungsorganisation *War on Want* auf der Basis des *New Internationalist*-Materials sowie eigenen Materials aus Interviews mit Nestlé- und Unigate-Führungskräften, Tropenmedizinern und Pädiatern den Bericht »The Baby Killer«, der der Babymilch-Industrie und insbesondere Nestlé nicht nur unethische Marketingmethoden vorwirft, sondern das Unternehmen beschuldigt, deren tödliche Konsequenzen für Babys in Drittweltländern in Kauf zu nehmen. Eine Schweizer *Aktionsgruppe Dritte Welt* publizierte dann eine deutschsprachige Version des Berichts unter dem Titel »Nestlé tötet Babys«, woraufhin Nestlé im Juni 1974 die an der Publikation Beteiligten wegen übler Nachrede verklagte. Zwar wurden die an der Publikation Beteiligten tatsächlich zu einer (sehr geringen) Geldstrafe verurteilt, aber der Richter machte deutlich, dass Nestlé seine Produktwerbung in Entwicklungsländern überdenken muss, da Milchpulvergebrauch unter dortigen Bedingungen lebensgefährlich sein kann.

»All diese Vorkommnisse mündeten auf Seiten der Kritiker schließlich in die Gründung der Infant Formula Action Coalition (IN-FACT), die am 04. Juli 1977 in den USA einen Boykott gegen Nestlé aussprach. Ihr Ziel war es, der unlauteren und gefährlichen Promotion von Babymilchpulver in der Dritten Welt über öffentlichen Druck Einhalt zu gebieten. [...] INFACT gelang es, mit Hilfe einer Koalition mit dem Interfaith Center for Corporate Responsibility, kirchlichen Organisationen und Ernährungsspezialisten eine Brief-Kampagne zu starten, um bei Senator Edward Kennedy im ›Subcommittee on Health and Scientific Research of the Senate Committee on Human Resources‹ eine offizielle Anhörung zu erwirken. [...] Die Kennedy-Anhörung fand am 23. Mail 1978 statt und endete in einem Medienfiasko für Nestlé. Senator Kennedy stellte zu Anfang die entscheidende Frage: ›Can a product which requires clean water, good sanitation, adequate family income and a literate parent to follow printed instructions be properly and safely used in areas where water is contaminated, sewage runs in the streets, poverty is severe and illiteracy is high?‹ [...] Um eine internationale Einigung über Marketingmethoden für Babymilchprodukte zu erreichen, wurde der Sachverhalt an die WHO verwiesen. [...] Als Resultat des WHO/UNICEF Treffens in Genf verabschiedete die World Health Assembly [...] im Mai 1980 die Resolution 33.32 und empfahl dem Generaldirektor der WHO, einen Marketingcode für Babymilchnahrung vorzubereiten. [...] verabschiedete die WHA den ›International Code of Marketing of Breast-milk Substitutes‹ am 21. Mail 1981. [...] Nestlé antwortete mit strukturellen Änderungen auf den Code. Am 19. August 1981 gründete das Unternehmen das Nestlé Coordination Center for Nutrition (NCCN) mit dem Ziel, zu einer Beendigung des Boykotts beizutragen. Rafael Pagan, Präsident des NCCN in Washington, verkündete am 16.03.1982 öffentlich, dass Nestlé den WHO-Code auf eigene Initiative in allen Ländern anwenden würde, die hierfür keine gesetzliche Grundlage geschaffen hätten, und legte zur Demonstration die Anleitungen für Marketingmanager bei, die in alle Welt versandt wurden. In gleichem Atemzug kündigte das Unternehmen an, ein Marketing-Ethik Audit Committee, bestehend aus Kirchenvertretern und Ernährungswissenschaftlern, ins Leben zu rufen. Dies geschah am 03. Mai 1982 durch die Gründung der Nestlé Infant Formula Audit Commission (NIFAC) [...] Begünstigt durch mehrere Treffen zwischen Douglas Johnson (INFACT) und Niels Christiansen (Nestlé) wurden direkte Gespräche zwischen Nestlé und den Kritikern möglich, die schließlich 1984 zur Beendigung des Boykotts führten. [...] Nach nur vier Jahren sahen sich die Kritiker – diesmal vertreten durch IBFAN [International Baby Foods Action Network; die Autoren] – durch wiederholte Verstöße gegen den WHO-Code seitens Nestlé im Oktober 1988 veranlasst, den Boykott wieder ins Leben zu rufen. [...] Nestlé, unbeeindruckt von den wiederaufflammenden Aktivitäten, schließt im Jahr 1991 die NIFAC, da die Kommission nach eigener Ansicht ihre Aufgabe erfüllt hatte und zukünftige Code-Compliance-Beschwerden über den Ombudsmann der International Association of Infant Food Manufacturers (IFM)

4.2 Rationalitätsmythen, Isomorphismus und lose Kopplung

abgewickelt werden konnten. 1999 sorgte der Whistleblower Syed Aamar Raza für Aufsehen, als er seinen ehemaligen Arbeitgeber des Verstoßes gegen die WHO-Leitlinien in Pakistan bezichtigte. Ähnliche Anschuldigungen finden sich in den IBFAN-Berichten (1994, 1998, 2001, 2004). [...] Nestlé [seinerseits, die Autoren] publizierte Berichte, in denen das Unternehmen seine Marketingaktivitäten in Übereinstimmung mit dem WHO-Code darstellt. Nestlé wird auch heute noch mit Kritik am Marketing von Babymilchprodukten konfrontiert. So rief IBFAN beispielsweise für den 02.–08. Juli 2007 eine Nestlé-Boykott-Woche aus« (Spitzek 2008, 101ff).

Dieser Fall bietet eine Fülle von Indizien, die für die Gültigkeit neo-institutionalistischer Annahmen sprechen. Wie wir schon eingangs des Kapitels mittels eines Zitats aus Meyer & Rowans Aufsatz über institutionalisierte Organisationen festgestellt haben, ist eine zentrale Annahme neoinstitutionalistischer Organisationstheorie, dass sich die formalen Strukturen von Organisationen oft weniger an den unmittelbaren Anforderungen der jeweiligen Arbeit (Produktion, Dienstleistung etc.) als vielmehr an ihrer institutionellen Umwelt, an den im gesellschaftlichen Diskurs gegebenen, sich ändernden oder neu entwickelnden Erwartungen, (Spiel-)Regeln, Normen und ggf. Gesetzen orientieren. Dabei haben wir auch gleich angemerkt, dass die betreffenden Organisationen ihre Praxis keineswegs in Gänze ändern müssen, sondern die Adaption bzw. Generierung einzelner formaler Strukturelemente ausreichen kann. M.a. W.: über Adaption, Entkopplung und Mythosbildung wird auf einer formalen Ebene reagiert, die kritisierte Praxis des Unternehmens Nestlé, die existenzbedrohliche Ausmaße hat, bleibt dabei aber potentiell bestehen (▶ Kap. 2.6). Genau dies lässt sich in dem referierten Fallbeispiel erkennen:

Die Organisation (hier: das Unternehmen Nestlé) antwortet auf die Kritik zunächst mittels bestehender Strukturen, indem Führungskräfte des Unternehmens sich zu Gesprächen bzw. Interviews mit dem Vertreter einer Nichtregierungsorganisation bereit erklären. Auch die zweite Reaktion, die juristische Klage gegen Mullers Report bzw. dessen Übersetzung ins Deutsche, verbleibt noch innerhalb der gegebenen organisationalen Strukturen. Als jedoch die öffentliche Kritik anhält und durch ihre Institutionalisierung in Form einer eigenen Organisation (1977: IN-FACT) und spezifischer WHO-Dokumente (1980: Resolution 33.32, 1981: International Code of Marketing of Breast-milk Substitutes) noch an Stärke gewinnt, bildet Nestlé schließlich eine neue (Teil-)Struktur der eigenen Organisation aus (1982: NIFAC).

Dieses neue organisationsstrukturelle Element hat keine unmittelbar der Produktentwicklung, der Produktion oder dem Vertrieb dienende, sondern einzig und allein eine *legitimatorische Funktion*. Dass die Legitimation aus Unternehmenssicht letztlich dem Vertrieb dienen soll, liegt auf der Hand. Neo-institutionalistisch entscheidend ist jedoch, dass dies nur mittelbar erfolgt; die unmittelbare Funktion ist einzig und allein die Legitimation. Dies entspricht Meyer & Rowans Postulat, dass die Legitimitätsproduktion für Organisationen noch wichtiger ist als die unmittelbare Effizienzsteigerung. Organisationen bedürfen nicht einfach nur rationalisierter formaler Strukturen, sondern diese müssen legitim sein; ihnen muss – nicht zuletzt seitens ihrer Umwelt – Legitimität zuerkannt werden. Legitim sind Organisationen, wenn sie an Erwartungen ihrer Umwelt angepasst sind.

Dabei kommt aus Sicht von Meyer & Rowan ein mythisches Moment ins Spiel. Rational werden Ziele und Mittel zur Verfolgung dieser Ziele festgelegt, im skizzierten Fallbeispiel etwa die im März 1982 verfassten Anleitungen für Marketingmanager und die wenige Wochen danach gegründete Nestlé Infant Formula Audit Commission (NIFAC). Zur Lösung des Problems der Organisation, hier genauer: zur Befriedung der Spannung zwischen einer privatwirtschaftlichen Organisation und ihrer gesellschaftlichen Umwelt, genügt in der Regel, wenn an den Erfolg dieser Zweck-Mittel-Relation – seitens der Organisation selbst, aber eben auch seitens der Umwelt – geglaubt wird (Rationalitätsmythos). Dass der Glaube an den Erfolg der Zweck-Mittel-Relation legitimatorisch genügen kann, befördert Meyer & Rowan zufolge die Trennung von Formal- und Aktivitätsebene – anders gesagt: von Struktur und Praxis – der Organisation. Wenn wir das Fallbeispiel betrachten, so spricht Einiges dafür, dass eben dies auch bei Nestlé geschehen ist. Die nach Ende des ersten Boykotts 1984 bis heute von immer wieder neuen Kritikern angezeigten Probleme sprechen dafür, dass sich die Praxis der

4.2 Rationalitätsmythen, Isomorphismus und lose Kopplung

Organisation nicht grundlegend geändert hat, sondern mittels der Ausbildung der Organisations(teil)struktur NIFAC in deren knapp zehnjähriger Existenz (1982–1991) zumindest aus Unternehmenssicht ausreichend viel Legitimität produziert wurde, so dass diese – eben nicht unmittelbar der Produktentwicklung, der Produktion oder dem Vertrieb, sondern allein der Legitimitätsgewinnung dienende – (Teil-)Struktur schließlich wieder abgebaut und aus der Organisation entfernt werden konnte.

Neben dem legitimatorischen Aspekt lässt sich an diesem Beispiel noch ein weiteres Merkmal hervorheben. Neo-institutionalistische Ansätze interpretieren die gesellschaftliche Umwelt – wie Sascha Koch und Michael Schemmann treffend feststellen –»nicht nur als ein relevantes Gegenüber, das für die produktiven Prozesse der Organisation relevant ist und mit dem ein organisationaler Akteur strategisch umgehen muss, sondern als eine Einflussgröße, welche die Grenzen der Organisation durchdringt, sich in ihr niederlässt und formenden Einfluss auf ihre Gestalt sowie ihre Handlungsoptionen nimmt« (Koch & Schemmann 2009, 22). Im Anschluss an DiMaggio & Powell, von denen ein weiterer Grundlagentext des Neo-Institutionalismus stammt, kann dies als institutioneller Isomorphismus in organisationalen Feldern fokussiert werden: »Sobald ein Set von Organisationen als ein Feld entsteht, kommt es zu einem Paradox: Rationale Akteure gestalten durch ihre Versuche, die Organisationen zu wandeln, diese zunehmend ähnlich« (DiMaggio & Powell 2009, 57). DiMaggio & Powell unterscheiden dabei erzwungene (z. B. Schadstoffkontrolle in Reaktion auf Gesetzesänderung), mimetische (z. B. mittels Arbeitskräftetransfer unabsichtlich verbreitetes Modell) und normative (z. B. sich in beruflichen Netzwerken organisationsübergreifend verbreitende professionelle Gemeinsamkeiten) Isomorphie sowie organisationsbezogene (z. B. Grad der Abhängigkeit von einer anderen Organisation) und feldbezogene (z. B. Professionalisierungsgrad des Feldes) Prädiktoren des Wandels.

Aus neo-institutionalistischer Sicht, so können wir zusammenfassend festhalten, bestehen und entstehen in der Gesellschaft (und damit in der Umwelt von Organisationen) Institutionen, d. h. im gesellschaftlichen Diskurs kommunizierte und – ggf. bis hin zur Gesetzesform – fixierte normative Erwartungen respektive (Spiel-)Regeln, die von den Organisationen mittels der Ausbildung entsprechender (Teil)Strukturen inkorporiert werden, um Legitimität, Stabilität, Ressourcen und somit höhere Überlebenschancen für die jeweilige Organisation zu erlangen. Dass die Inkorporation einer in der Organisationsumwelt entstehenden Institution in eine konkrete Organisation in mythischer Weise möglich ist, liegt an der losen Koppelung zwischen deren (Teil-)Strukturen. Der – organisationsinterne und idealerweise auch seitens der Umwelt beim Blick auf die Organisation gegebene – Glaube an die Zweck-Mittel-Relation organisationaler Strukturen genügt. Dabei folgen Organisationen vorzugsweise demjenigen organisationalen Modell, welches in dem Feld, dem sie sich selbst zurechnen, besonders erfolgreich bzw. Erfolg versprechend ist.

4.2.3 Neo-Institutionalistische Einsätze in der Organisationspädagogik

Für die Organisationspädagogik enthält der Neo-Institutionalismus mehrere Anschlussmöglichkeiten. Anders als bei der im vorangegangenen Abschnitt dargelegten systemtheoretischen Perspektive – aus der neben Hinweisen für organisationspädagogische Forschung auch organisationspädagogische Praktiken, Praktiken der Beratung in und von Organisationen, abgeleitet werden können – erscheint eine direkte Anwendbarkeit der neo-institutionalistischen Perspektive in der Organisationspädagogik als berufliche Praxis, etwa im Rahmen einer organisationsentwicklerischen Tätigkeit, kaum möglich. Anders sieht es für die organisationspädagogische Forschung aus; für diese bietet die neo-institutionalistische Perspektive durchaus verwendbare Ansatzpunkte. Exemplarisch ziehen wir hierzu zwei Arbeiten heran: Stefanie Hartz' (2011) systemtheoretisch und neo-institutionalistisch inspirierte Studie zur Akzeptanz und Wirkung der »Lernerorientierten Qualitätstestierung in der Weiterbildung« (LQW) und Andreas Schröers (2013) »Fallanalyse zur Institutionalisierung von Community based scholarship« an einer amerikanischen Universität.

Hartz' Studie geht von der Beobachtung aus, dass sich der Qualitäts(management)diskurs ab den 1990er Jahren vom Funktionssystem Wirt-

4.2 Rationalitätsmythen, Isomorphismus und lose Kopplung

schaft aus in andere gesellschaftliche Teilsysteme bzw. Diskurse ausgebreitet hat, nicht zuletzt ins Bildungs- und Sozialsystem bzw. in pädagogische Diskurse. Im Zuge dessen beschäftigen sich auch Organisationen der Weiterbildung ab den 2000ern zunehmend mit Qualität(smanagement). Im Anschluss an Peter Walgenbach, einem der explizit neoinstitutionalistisch orientierten Organisationsforscher im deutschsprachigen Raum, der für die Ausbreitung des Themas *Qualitätsmanagement* im Wirtschaftssystem nachgewiesen hat, dass das Kriterium des Legitimitätsaufbaus oder -erhalts eine zentrale Rolle spielt, untersucht Hartz am Beispiel der LQW-Implementierung, inwieweit dies auch für Weiterbildungseinrichtungen gilt. Zu den Befunden ihrer multimethodisch angelegten, beeindruckend vielschichtigen Studie gehört, dass die Annahme, dass Diffusionsprozesse in Form isomorphistischer Prozesse stattfinden, auch für den Weiterbildungsbereich gilt. Die Verbreitung des Qualitätsmanagements, hier konkret: von LQW in staatsnahen Weiterbildungseinrichtungen, zeigt, dass Organisationen – mit DiMaggio & Powell präzisiert: eines organisationalen Feldes – voneinander lernen, anders gesagt: dass sie Praktiken übernehmen, die andere Organisationen in diesem organisationalen Feld anwenden. Aber nicht nur DiMaggio & Powells neoinstitutionialistisches Theorem des Isomorphismus wird in Hartz› organisationspädagogischer Studie analytisch fruchtbar und wird von ihr belegt, sondern auch Meyer & Rowans zentrale These, dass Organisationen Strukturen ausbilden, um sich gegenüber institutionellen Ansprüchen der gesellschaftlichen Umwelt zu legitimieren.

Schröer (2013) untersucht mittels Dokumentenanalyse, teilnehmender Beobachtung in Orientierungsveranstaltungen für neu berufene Professor*innen sowie Interviews mit Reform-Verantwortlichen, wie Veränderungen der Struktur und der »Schauseite« einer Universität die in ihr praktizierten (informellen) Handlung(sroutin)en beeinflussen. Auch in dieser Studie kommen neo-institutionalistische Theoreme analytisch zum Einsatz und werden zugleich durch die Studie belegt. Zwar fand, so Schröers Ergebnis, ein organisationaler Lernprozess auf struktureller und symbolischer Ebene statt, um das Profil der Universität im Hinblick auf partizipative Praktiken in Forschung und Lehre zu schärfen. Aber diese im Profil implementierten bzw. geschärften Praktiken haben sich nicht umfassend in den Routinen der Fakultätsmitglieder verankert. Statt eines organisationsweiten Lernprozesses in Form der universitätsweiten Einführung partizipativer Praktiken beschränkt sich das einschlägige Engagement auf wenige Organisationsmitglieder. Schröer fasst dies unter Einsatz neo-institutionalistischer Theoreme – mehr Weicks Begriff der losen Kopplung als Meyer & Rowans Differenz zwischen Formal- und Aktivitätsstruktur folgend – zusammen:

»Dies führte schließlich zu einer Entkopplung von Schauseite einerseits und formaler (z. B. Budgetkürzung bei Direktoren) und informeller Seite (z. B. faktische Tenure-Entscheidungen) andererseits. Die partizipative Hochschule droht nur noch auf der *Schauseite* der Universität gepflegt zu werden, während auf der Ebene der Formalstruktur und der informalen Organisationspraxis längst die Logik des Wettbewerbs und einer ökonomisch ausgerichteten Zweckprogrammierung der Universität den Ton angibt« (Schröer 2013, 195).

Beide Studien zeigen den Erkenntniswert einer neo-institutionalistischen Perspektive für die organisationspädagogische Forschung, der insbesondere in der Fokussierung des Bedingungs- und Beeinflussungsverhältnisses von Organisation und Institution (vgl. auch Dollhausen & Schrader 2014) gründet. In Schröers Studie deutet sich zudem an, dass Entkopplungs- und Legitimierungsverfahren auch exkludierende und direkt wie indirekt beteiligten Akteuren potenziell Schaden zufügende Effekte zeitigen. Entsprechend einer dialektischen Perspektive auf das ermöglichende und zugleich zerstörende Potential von Organisationen, wie wir sie für organisationspädagogische Forschung einnehmen (▶ Kap. 2.6), schließen wir hier an, fordern aber zugleich eine noch präzisere Fokussierung auf die Bedrohlichkeit organisationaler Legitimationsverfahren. Denn der eingangs aufgerufene *Fall Nestlé* führt eindrücklich vor Augen, dass über Entkopplung, Mythosbildung und Umweltanpassung in Organisationen Prozesse der Fabrikation von Legitimität Hand in Hand gehen mit Vorgängen der Moralverdrängung (vgl. auch Ortmann 2012). Hinsichtlich der organisationspädagogischen Frage nach organisationalen Veränderungsprozessen ist zu konstatieren, dass hier der organisationale Zweck und damit verbunden konkrete Produktionsverfahren (hier: Produktion der Babynahrung) nicht nur nicht grundlegend verändert werden, sondern über eine nur formale Entsprechung der Umwelterwartungen die Gefahr für andere (hier: Babys in Entwicklungsländern) weiterhin in Kauf genommen wird. Eine neo-institutionalistische

Untersuchung des Wechselverhältnisses von Organisation und Institution ist organisationspädagogisch also keinesfalls auf das dadurch frei werdende Blickfeld auf Entwicklungsbedingungen von Organisationen zu beschränken, sondern sieht sich aufgefordert, immer auch nach damit einhergehenden Zerstörungspotentialen für direkt oder indirekt beteiligte Akteure zu fragen.

> **Institutionalisierte Organisationen**
>
> In einer neo-institutionalistischen Perspektive sind Organisationen soziale Akteure im Sinne juristisch geregelter operativer Einheiten, die in der Umwelt der Organisation entstehende bzw. bestehende Institutionen (Regelsysteme mit gesellschaftlicher Geltung) inkorporieren, um Legitimität, Stabilität, Ressourcen, d. h.: höhere Überlebenschancen zu erlangen. Organisationen wirken so an der Erhaltung von Institutionen mit, können allerdings (durch die Emergenz eigener Praxismuster, ▶ Kap. 4.4) auch zu ihrer Veränderung beitragen. Mittels dieser Perspektive lässt sich die Frage des organisationalen Wandels im Verhältnis zur institutionalisierten Organisationsumwelt in den Blick nehmen.

4.3 Steuerungsfaktor, normatives Fundament oder Deutungsgeflecht – Organisationspädagogische Anschlüsse an Theorien der Organisationskultur

Die organisationswissenschaftliche Diskussion um Kultur hat eine lange Tradition. Bereits in den 70er Jahren des letzten Jahrhunderts existieren zahlreiche organisationstheoretische Bemühungen, die weichen und unsichtbaren Faktoren und Prozesse organisationalen Wandels mittels *Kultur* zu beschreiben. Anfänglich dominierte eine funktionalistische Debatte, deren einer Strang Kultur als internes Konzept der Unternehmenssteuerung fasste, während der andere Strang Kultur als erklärende Umweltvariable annahm (vgl. Smircich 1983). Beiden Ansätzen liegt ein essentialistisches Konzept von Kultur zu Grunde. Ein dritter Zugang, der sogenannte *root-metaphor*-Ansatz (Smircich 1983), der eine bis heute andauernde interpretative Betrachtungsweise von Organisationen als Kultur in Gang setzte, entwickelte sich in den 1980er und 1990er Jahren. Zu allen drei Ansätzen liegen daran anschließende pädagogische Arbeiten vor, wobei explizit organisationspädagogische Arbeiten insbesondere an den zweiten und dritten Ansatz anschließen.

4.3.1 Organisationskultur als Steuerungsfaktor

Vielen betriebswirtschaftlichen Ansätzen zur Organisationskultur- bzw. Unternehmenskultur-Forschung liegt die Annahme zu Grunde, dass Kultur eine von mehreren Variablen darstellt, die Organisation ausmachen (exemplarisch Neuberger & Kompa 1987). Organisationskultur wird dabei essentialistisch als ein äußerst stabiler Orientierungsrahmen verstanden (etwa Peters & Waterman 1983), dem die Mitglieder einer Organisation folgen (sollen). In solch instrumenteller Unternehmenskulturforschung wird Organisationskultur als Wettbewerbsfaktor relevant. So geht es vordergründig darum, starke von schwachen Unternehmenskulturen zu unterscheiden. Kulturvergleichende Organisationsforschung fasst Kultur als externe Variable, mittels der die Funktionslogik von Unternehmen aus Kulturunterschieden des jeweiligen Standortlandes erklärt wird (siehe hierzu Hofstede & Hofstede 2009).

Organisationskultur gilt, so essentialistisch verstanden, als managerial steuerbarer Faktor für Change-Prozesse; dementsprechend wird organisationaler Wandel durch Organisationskultur dann als technokratisches Projekt angelegt (etwa Lattmann 1990). Innerhalb des pädagogischen Diskurses existieren eine Reihe von Arbeiten, die an das Konzept der Unternehmenskultur anschließen (für die schulpädagogische Diskussion, Seibert 1997; für die betriebspädagogische Diskussion, Dürr 1989 und Arnold 1997). Prominent ist dabei der Versuch einer lerntheoretischen Begründung des wirtschaftswissenschaftlichen Konzepts der Unternehmenskultur. Zweifellos kann es als Verdienst dieser Arbeiten angesehen werden, das Feld der Organisationsentwicklung für den pädagogischen Diskurs mit aufgeschlossen und damit nicht zuletzt auch einer organisationspädagogischen Forschung den Weg bereitet zu haben. Aus heutiger Sicht sind Unternehmungen dieser Art, die das Konzept der Unternehmenskultur und betriebswirtschaftliche Gestaltungsperspektiven mit der Frage nach neuen Lernkulturen in Betrieb und Schule verbinden, jedoch kritisch zu betrachten, da ihnen teils essentialistische Denkfiguren zu Grunde liegen oder sie Gefahr laufen, in der Adaptation des Unternehmenskulturansatzes pädagogische Positionen zu verkürzen (vgl. Engel 2018a).

4.3.2 Organisationskultur *sensu* Edgar H. Schein

Die Abkehr von einer funktionalistischen und Hinwendung zu einer interpretativen Perspektive in der Organisationskulturforschung tritt zuerst in den Arbeiten Edgar H. Scheins zu Tage. In seinem zentralen Werk »Organizational Culture and Leadership« (2004/1985) nimmt Schein eine gegenstandstheoretische Bestimmung von Organisationskultur vor. In Form eines Dreistufenmodells definiert er Organisationskultur als eine in drei Ebenen zu differenzierende Entität (Schein 2004, 26): »artifacts« (sichtbare, aber interpretationsbedürftige Ebene), »espoused beliefs and values« (Ebene expliziter Werte); »basic assumptions« (Ebene impliziter und somit schwer erkennbarer Annahmen). Den eigentlichen Gehalt der Organisationskultur bilden dabei die kollektiven, jedoch unreflektierten Grundannahmen, die Mitglieder einer Organisation in umweltbezogenen Anpassungs- und internen Problemlösungsprozessen erlernen (Schein 2004, 84). Dabei verstrickt sich Schein aber in Widersprüche, wenn er einerseits eine präzise Definition formuliert, in der er Kultur als »a pattern of shared basic assumptions« (Schein 2004, 17) fasst, d. h. Kultur als in einer Gruppe bzw. Organisation geteilte grundlegende normative Überzeugung versteht, auf der anderen Seite aber ein Schaubild mit dem Titel »The Levels of Organizational Culture« (ebd., 26) konzipiert, in dem die *basic assumptions* nur eine von drei

Ebenen der Organisationskultur darstellen. Somit bleibt bei Schein letztlich unklar, ob er unter Kultur allein normative Überzeugungen oder eine Kombination aus normativen Überzeugungen, geäußerten Werten, und sichtbaren Artefakten versteht. Mats Alvesson und Per Olof Berg versuchen das Problem dieses Widerspruchs pragmatisch zu lösen, indem sie Organisationskultur »as an overall label for a number of cultural phenomena in an organization« (Alvesson & Berg 1992, 78) bestimmen und diese Phänomen entlang von fünf Kategorien konkretisieren »culture as an collective entity, artifacts (physical artifacts, visual artifacts), collective mental frameworks and manifestations (sagas, legends, myths, stories), collective action patterns (rites, rituals, ceremonies, celebrations)« (ebd.). Das mag zwar etwas weniger stringent als das Dreiebenenmodell Scheins aussehen, hat aber nicht zuletzt für die organisationspädagogische Forschung den Vorteil, verschiedene kulturelle Phänomene in einer Organisation in ihrem Wechselspiel und hinsichtlich ihrer pädagogische Prozesse ermöglichenden und zugleich restringierenden Funktion zu fokussieren. Dass eine solche Perspektive pädagogisch anschlussfähig ist, wird deutlich, wenn man diese primär auf Unternehmen bezogenen organisationstheoretischen Positionen mit Werner Helspers‹ – im schulpädagogischen Diskurs der letzten beiden Jahrzehnte stark rezipierte – Theorie der Schulkultur abgleicht: so zeigt sich denn, dass auch Helspers‹ Schulkultur-Modell sich nicht auf normative Überzeugungen beschränkt, hingegen für eine Rekonstruktion der Schulkultur als Zusammenspiel zwischen Realem, Symbolischem und Imaginärem der jeweiligen Schule plädiert wird und entsprechend Rekonstruktion der Diskurse, Praktiken und Artefakte in ihrer Verwobenheit eingefordert wird.

Wenngleich eine Kritik ans Scheins Modell auch unter pädagogischen Gesichtspunkten gerechtfertigt scheint, erfeut sich selbiges innerhalb der Pädagogik großer Beliebtheit. Der systematische Entwurf von Organisationskultur als erlerntes, routinenbildendes und identitätsstiftendes Set an impliziten Regeln dient der organisationspädagogischen Diskussion als Bezugspunkt für empirische Studien (Feld 2007) sowie zur lerntheoretischen Begründung von Organisationsentwicklung (Geissler 2005). Exemplarisch kann auch auf den Beitrag »Organisationskultur der Schule als Schlüsselkonzept der Schulentwicklung« von Wolfgang Schönig

4.3 Steuerungsfaktor, normatives Fundament oder Deutungsgeflecht

(2002) verwiesen werden. Mittels des Entwurfs einer Organisationskultur der Schule sucht Schönig auf die Frage zu antworten, wie eine »Qualitätserhöhung durch Schulentwicklung gekennzeichnet« (Schönig 2002, 828) sein muss. Im Gegensatz zur – den schulischen Alltag mitunter euphemisierenden – Rede von Schulkultur impliziert der Begriff der Organisationskultur Schönig zufolge, dass Lernen in Organisationskulturen »reaktiv und routinebildend« (Schönig 2002, 825) ist. Als organisationspädagogischer Erkenntnisgewinn einer Rezeption des Schein'schen Organisationskulturansatzes erscheint demnach, Prozesse des Lernens in und der Entwicklung von pädagogischen Organisationen als durch spezifische kulturelle Eigenheiten der Organisationen geprägt anzusehen. Die Schein'sche Perspektive besitzt also insofern organisationspädagogische Relevanz, als sich pädagogische Prozesse in Organisationen mittels ihr – kontextsensibler und dadurch adäquater – als durch die Organisation nicht nur strukturell, sondern auch kulturell bedingte Prozesse beschreiben lassen. Konstatiert werden muss aber auch, dass die Organisationskulturtheorie von Schein nicht widerspruchsfrei ist und zudem die Idee der Kultur als Variable nicht vollständig überwunden wird, verfolgt das Modell doch letztlich das Ziel einer managerialen Gestaltung von Unternehmen (zur Kritik siehe auch Alvesson & Sveningsson 2008).

4.3.3 Organisation als Kultur

Nicht zuletzt im Anschluss an und in Auseinandersetzung mit Scheins Organisationskulturtheorie entwickelte sich im Verlauf der 90er Jahre des letzten Jahrhunderts eine Debatte, die – in deutlicher Abkehr von funktionalistischen Denkweisen – Organisation *als* Kultur analysiert (Alvesson & Berg 1992). Im deutschsprachigen Raum können die Vertreter*innen einer interpretativen Organisationskulturforschung in der Soziologie (Franzpötter 1997), in der Ethnologie (Helmers 1993) und mit zeitlicher Verzögerung auch in der Pädagogik (Cloos 2008, Mensching 2008, Fahrenwald 2011) verortet werden. Bezugspunkte sind hier aber weniger die Überlegungen von Alvesson und Berg, hingegen vor allem der Kulturmetapher-Ansatz von Gareth Morgan (2002) sowie die Kulturanthropologie von Clifford Geertz (1987). Dem von Morgan

4 Organisationstheorien und Organisationspädagogik

wirksam im Diskurs platzierten metaphorischen Bild der *Organisation als Kultur* liegt die phänomenologische Perspektive zu Grunde, dass Organisationen als (inter-)subjektive Realitätskonstruktionen zu verstehen sind (Morgan 2002, 181). Als Konstruktionen der Wirklichkeit existieren Organisationen in Form eines kognitiv-symbolischen Bedeutungsgewebes, welches von den Mitgliedern immer wieder aktiv hergestellt wird. In der Verschränkung dieser Perspektive mit dem narrativen Ansatz der Organisationsforschung (Cziarniawska 1998) und mit dem Begriff der Lernkultur arbeitet Claudia Fahrenwald heraus, dass »Geschichten, die in einer Organisation erzählt werden«, als »Speicher und Medien« (Fahrenwald 2011, 161) der Herstellung organisationaler Wirklichkeit eine lernkulturelle Funktion übernehmen. So wirken beispielsweise Erzählungen und die Kultur des Erzählens sinnstiftend und innovationsförderlich bezüglich des Wissensmanagement einer Organisation (Fahrenwald 2011, 176–186). Hinsichtlich der Frage, an welche dezidiert pädagogischen Kulturtheorien organisationspädagogische Forschung anschließen kann, gibt der Beitrag von Fahrenwald mit dem Bezug auf das Konzept der Lernkultur eine mögliche Antwort.

Eine kulturtheoretische Organisationsanalyse im Anschluss an Geertz' Verständnis von Kultur als symbolisches Deutungsgewebe wird von Reiner Franzpötter (1997) konzeptionell und im Anschluss daran von Peter Cloos (2008) methodologisch ausgearbeitet. Das interpretative Paradigma gründet auf der kulturtheoretischen Position, dass Kulturen nicht mit »ontologischen Realitätsannahmen« zu fassen, sondern als »flottierende Zeichen- und Bedeutungssysteme« (Franzpötter 1997, 76) zu verstehen sind, deren Deutung und Interpretation von einzelnen Akteuren ständig neu vorgenommen wird. Organisation in diesem kulturtheoretischen Verständnis zu untersuchen, bedeutet, die Hervorbringung, Aufrechterhaltung und Veränderung von »kollektiven Selbst- und Wirklichkeitsinterpretationen« und deren Niederschlag in »symbolischen Ausdrucks- und Darstellungsformen« zu analysieren (Franzpötter 1997, 14). Die durch diese forschungsprogrammatische Auslegung des gegenstandstheoretischen Verständnisses radikale Veränderung der Forscher*innenperspektive hin zu einer ethnographischen Forschungsstrategie zeigt sich auch innerhalb des organisationspädagogischen Diskurses. Neben der Entwicklung einer dokumentarischen Organisationskul-

4.3 Steuerungsfaktor, normatives Fundament oder Deutungsgeflecht

turforschung, die »organisationale Alltagskommunikationen jenseits einer ausschließlich auf Entscheidungen fokussierenden Haltung« (Mensching 2008, 92) erforschbar werden lässt, bedarf die Studie von Peter Cloos (2008) besonderer Erwähnung. In der Beschreibung von Organisationskulturen zweier Einrichtungen der Jugend- und Kinderarbeit rekonstruiert Cloos nicht nur eindrucksvoll die organisationale Bedingtheit pädagogisch-beruflichen Handelns, sondern bereitet auch eine pädagogische Ethnographie organisationalen Lernens vor (vgl. auch Engel 2014a). Die Studie stellt die Frage in den Mittelpunkt, wie berufliche Professionalität und professionelle Teamarbeit in Organisationen hergestellt wird und inwiefern berufliches Handeln organisationskulturell verfasst ist (Cloos 2008, 54). Einerseits wird Organisationskultur dabei als Habitualisierung von praktischen Gewohnheiten, andererseits als *Aushandlungsarena* zwischen verschiedenen professionellen Interessen und organisationalen Positionierungen beschrieben. Demnach interessieren organisationsspezifische Habitualisierungen nicht nur als bloße Wiederholungen, sondern auch bezüglich ihrer Verhandelbarkeit und Instabilität. Für die organisationspädagogisch zentrale Frage nach der Praxis organisationalen Lernens liefert Cloos' Studie den Hinweis, dass sich organisationale, d. h. überindividuelle Routinen und Praxen nicht nur in den Köpfen der Organisationsmitglieder formieren, sondern in informellen Praktiken kollektiv ausgehandelt – und in ethnographischer Forschungsperspektive sichtbar – werden. Wenn auch von Cloos nicht explizit als organisationales Lernen benannt, wird hier eine Perspektive erkennbar, die über die subjektfokussierte kultursoziologische Annäherung an den Gegenstand hinausgeht und mittels der Fokussierung auf Teams die Ebene der kollektiven bzw. kollaborativen organisationalen Praxis berücksichtigt.

In den Kontext solch kulturtheoretischer Organisationsanalyse fallen auch eigene Studien, die unter Verwendung des kulturwissenschaftlichen Konzepts der Übersetzung die Frage untersuchen, wie sich programmatisch-grenzüberschreitende Organisationen als kulturelle Praxis selbst übersetzen und die weiterführende Fallbeispiele beinhalten (vgl. Engel 2014a, Engel et al. 2014; für Fallbeispiele siehe v. a.: Engel & Göhlich 2019). An der Schnittstelle einer theoretischen Perspektive auf Kultur als Praxis der Übersetzung und einem praxistheoretischen Verständnis von organisationalem Lernen als kollaborative Herstellung organisationskultureller Praxis wird organisationales Lernen als eine praktisch in Ritualen, Routinen und Praxismustern hervorgebrachte kulturelle Übersetzungsleistung analysiert (Engel 2014a). Organisationskultur, oder genauer: die Organisation als Kultur interessiert hier in ihrer akteurs- und arenenförmigen Gestalt, mittels der bestimmte kulturelle Vorstellungen und Praktiken reproduziert, übertragen, eingefordert, auferlegt, aber auch irritiert und ein binäres Identitätsdenken unterlaufen wird. Die hier vorgestellte Sicht auf Organisation als kulturellen Verständigungsrahmen und/oder kulturelle Entität stehen in einer unmittelbaren Beziehung zur nachfolgend (▶ Kap. 4.4) vorgestellten Praxistheorie bzw. zu organisationspädagogischen Anschlüssen an Praxistheorie.

> **Organisationskultur**
>
> Unter Organisationskultur verstehen wir die für die betreffende Organisation als soziales Gebilde charakteristische Kombination aus Praktiken, Artefakten, Diskursen samt der darin aufgeführten, selten expliziten, aber stets wirksamen grundlegenden normativen Prämissen.

4.4 Artefakte, Praktiken, Praxismuster – Organisationspädagogische Anschlüsse an Praxistheorie

Einer Gegenstandsbestimmung von Organisation aus Sicht (kulturwissenschaftlicher) Praxistheorien liegt eine im Vergleich zu den skizzierten systemtheoretischen und neo-institutionalistischen Perspektiven gänzlich andere Denkfigur zu Grunde. Zentraler Referenzpunkt ist hier nicht die Frage nach dem Verhältnis von Organisation (System) und Umwelt, sondern vielmehr die Frage nach dem praktischen Vollzug der

Organisation und nach ihrer praktischen Eigendynamik. In einer praxistheoretischen Optik können Organisationen daher als in und durch gemeinsame Aktivitäten hergestellte Sozialgebilde begriffen werden. Wie in den Abschnitten zu Systemtheorie und Neo-Institutionalismus dient uns ein Fallbeispiel dazu, (hier: praxis-)theoretische Perspektivierungen des Gegenstands Organisation zu skizzieren. Daran anschließend werden ausgewählte Ansätze organisationspädagogischer Forschung vorgestellt, die praxis- und kulturtheoretisch ausgerichtet sind.

4.4.1 Fallbeispiel: Soziale Roboter in der Pflege

Schon seit geraumer Zeit wird in der Altenpflege der Einsatz von Robotik erprobt (vgl. Evans et al 2018). Soziale Roboter in tier- oder menschenähnlicher Gestalt werden in verschiedenen Pilotprojekten eingesetzt. In Deutschland nutzen derzeit über 40 Einrichtungen soziale Roboter in der Betreuung und Pflege alter Menschen. Im Februar 2019 berichtet der Deutschlandfunk über den Einsatz eines tierähnlich gestalteten Roboters in einem Kölner Seniorenzentrum:

> Rosie ist eine weiße Roboter-Robbe, das Modell ist erhältlich in den Farben braun, rosa und grau. Sie ist zirka einen halben Meter lang und wiegt fast drei Kilogramm. Es handelt sich um einen therapeutischen Roboter des Modells Paro: Paro verfügt über Sensoren und künstliche Intelligenz, um ein lebendiges Robbenbaby zu simulieren. Laut des Entwicklers Takanori Shibata ist Paro eine medikamentenfreie Alternative, um die Stimmung von Patienten zu verbessern. Er reduziere Angstzustände und Schmerzen, verbessere die Schlafqualität und verringere das Gefühl von Einsamkeit. »Manchmal bin ich schon ein bisschen traurig. Aber wenn ich sie hier sehe, dann vergeht das« (Gisela Müller, 83 Jahre – Name verändert). Paro gilt als Vorreiter auf dem Gebiet der sozialen Roboter. Seit 1993 wird an ihm geforscht. Mittlerweile sind weltweit über 4.000 Paro-Robben in Krankenhäusern und Pflegeeinrichtungen im Einsatz. In mehr als 30 Ländern wird er in der Palliativbetreuung von Krebspatienten oder bei Kindern mit Autismus eingesetzt – vor allem aber bei demenz-

kranken Menschen und Senioren. Das Einsatzfeld ähnelt jenem von Tiertherapien, nur dass lebendige Tiere eben oft nicht dorthin dürfen, wo Paro mit seinem speziellen antibakteriellen Fell den Hygienestandards genügt. »Wir haben im Haus auch Hunde, aber das ist mir zu gefährlich«, sagt Gisela Müller (Deutschlandfunk 2019).

Mithilfe dieses Fallbeispiels soll zunächst heuristisch Antwort auf die Frage gegeben werden, was in den Blick gerät, wenn man praxistheoretisch auf Organisation schaut. Im Fokus stehen dann Praktiken der Pflege, wie sie sich in Verflechtung mit materiellen Gegebenheiten des Umfelds vollziehen. Im Gegensatz zu Theorieangeboten, die Organisation als selbstreferentielle Kommunikation (▶ Kap. 4.1) oder als lose gekoppelte Gebilde (▶ Kap. 4.2) fassen, zielt ein praxistheoretischer Blick auf die Wechselwirkung von Struktur und praktischem Geschehen sowie auf die Verflechtung menschlicher Praxis mit Dingen.

Das skizzierte Fallbeispiel verweist darauf, dass Pflegeeinrichtungen ihre pflegerische Praxis vermehrt mithilfe eines Roboters realisieren. Der Einsatz des Roboters erfolgt unter Maßgabe pflegepädagogischer Zielsetzungen (z. B. Verringerung des Gefühls von Einsamkeit, Verbesserung der Schlafqualität, etc.) sowie organisationaler Anforderungen (z. B. Einhaltung der Hygienestandards). Der Roboter wird zum nicht-menschlichen Akteur, zum Mitspieler alltäglicher organisationaler Praxis. Dabei wird menschliche Praxis nicht überflüssig; vielmehr transformiert sie sich, da nun ein produktiver und ethischer Umgang mit neuen Materialitäten (hier: die Materialisierung intelligenter Technologie in Form einer Roboter-Robbe) im alltäglichen Miteinander-Arbeiten gesucht werden muss. Es ist ein Leichtes sich vorzustellen, dass in der Anwendung neuer Technologien Organisationen der Pflege sich der ethischen, pädagogischen und strukturellen (rechtlichen wie alltagsorganisatorischen) Herausforderung ausgesetzt sehen, ein neues organisationsspezifisches praktisches Wissen über die Möglichkeiten und Grenzen des Einsatzes sozialer Robotik zu entwickeln. Praxistheoretisch gesehen wird dieses praktische Wissen – das womöglich treffender als *Können* zu bezeichnen wäre – in seiner Aufführung, in der gekonnten Verflechtung von körperlicher Praxis und Artefakten, wirksam. Die Frage, wie ein solches Wissen bzw.

Können entsteht und wie sich dabei und dadurch eine bestimmte organisationale Praxis der Pflege herstellt, lässt sich mit Hilfe ausgewählter praxistheoretischer Überlegungen konkretisieren.

4.4.2 Praxistheoretische Perspektiven auf Organisation(en)

Anders als in den vorangegangenen Abschnitten stellt sich bei dem Versuch einer Verhältnisbestimmung von Praxistheorie und Organisation(en) zunächst das Problem terminologischer Unschärfe. Die Praxistheorie im engen Sinne (als einheitliches Begriffssystem) gibt es nicht, vielmehr versammeln sich unter diesem Label verschiedene theoretische Strömungen, deren Gemeinsamkeit darin besteht, dass sie ihr Augenmerk auf Praxis als »Kernkonzept für das Verständnis und für die Erklärung sozialer Wirklichkeit« (vgl. Elven & Schwarz 2018, 250) richten. Wir konzentrieren uns im Folgenden auf zwei Positionen (siehe auch Engel 2021): auf Anthony Giddens' Strukturationstheorie sowie auf Andreas Reckwitz' Forschungsprogramm einer Theorie sozialer Praktiken.

Bezugspunkt für die erstgenannte Position, die in gewisser Weise eine Praxistheorie avant la lettre darstellt, ist das Werk »The Constitution of Society: Outline of the Theory of Structuration« (dt. Konstitution der Gesellschaft: Grundzüge einer Theorie der Strukturierung, Giddens 1997), in dem Giddens den Versuch unternimmt, eine Gesellschaftstheorie zu entwickeln, die den Dualismus von Objektivismus und Subjektivismus, von Handlung versus Struktur überwindet. Hierfür zentral setzt er die Figur der *Dualität von Struktur*. Dies bedeutet: »weder das handelnde Subjekt, noch das soziale Objekt haben kategorialen Vorrang. Vielmehr werden beide in rekursiven, sozialen Handlungen oder Praktiken konstituiert« (Kießling 1988, 288). Strukturen existieren nicht an sich – so ließe sich konkretisieren –, sie werden durch Praxis hervorgebracht und sind überhaupt erst in der Praxis als solche erkennbar.

Den Ausgangspunkt der Theorie der Strukturierung bildet die Annahme, dass kompetente Akteure ihr Handeln nicht nur auf eigenes Verhalten und auf das Verhalten anderer, sondern auch auf die strukturellen Bedingungen des Handlungsfeldes beziehen (Giddens 1997, 68). Die Bedingungen des Handlungskontextes sind Regeln und Ressourcen, die die interaktiven Beziehungen über Raum und Zeit stabilisieren, als Strukturmomente aber nur insofern existent sind, als sie in Erinnerungsspuren vorhanden sind und sich in sozialen Praktiken (re-)produzieren (ebd., 69). Wenn Akteure interagieren, geschieht dies in einem räumlich-zeitlich situierten Kontext, der sich durch die Kopräsenz von Akteuren sowie den reflexiven Gebrauch der durch die Kopräsenz ermöglichten Wahrnehmung sprachlicher, körperlicher und gestischer Ausdrucksmittel auszeichnet (ebd., 336). Die Bezugnahme auf strukturelle Handlungsbedingungen geschieht, indem die Akteure situativ Regeln zu Modalitäten ihres eigenen Handelns machen. Diesen Gedankengang haben Günther Ortmann und Kollegen (Ortmann et al. 1997) auf Organisationen übertragen und geschlussfolgert, dass »organisationales Handeln […] den Rekurs auf ein Set organisationaler Deutungsmuster und Normen, organisatorischer Regeln und Ressourcen [impliziert, die Autoren], die einer Organisationsstruktur entstammen, die auf diese Weise – durch Anwendung der organisationalen Regeln und Ressourcen – rekursiv reproduziert, unter Umständen dabei modifiziert wird« (ebd., 324).

In Sinne der Gidden'schen Figur der Dualität von Struktur verweist der Begriff »Organisation« zum einen auf den Prozess des Organisierens, zum anderen auf die Organisiertheit, das Resultat des Organisierens (ebd.; vgl. auch Mensching 2018). Demnach sind Organisationsstrukturen als Handlungskontexte zu verstehen und zugleich Ergebnis wie Medium organisationaler Praxis. So schreiben organisationale Praktiken Strukturen fort und verändern diese in ihrer wiederholten Anwendung. Organisationen erscheinen dann nicht als formalistische, durch explizite institutionelle Normen zusammengehaltene, starre Gebilde, sondern als Praxisensembles, die im Prozess praktischen Organisierens Strukturen produzieren und reproduzieren. Aus dieser Perspektive konstituiert sich der für den organisationalen Alltag konstitutive Zusammenhang des Miteinander-Arbeitens, -Lebens und -Lernens über die Praktiken kompetenter Akteure, die – in Anwendung organisationaler Regeln und Ressourcen – Routinen und Praxismuster (Modalitäten) herausbilden und damit den Handlungskontext (Strukturen, darunter wiederum Regeln) (re)produzieren.

Beziehen wir diese Überlegungen auf das eingangs skizzierte Fallbeispiel: Die Integration sozialer Robotik in einer Pflegeeinrichtung führt

4.4 Artefakte, Praktiken, Praxismuster

zu einer grundlegenden Veränderung der Ressourcen, auf denen die Praxis kompetenter Akteure basiert. Die Anwendung einer robotischen Robbe zur Verminderung eines Einsamkeitsgefühls von Patient*innen modifiziert möglicherweise Regeln organisationaler Praxis, die sich bis dato auf andere Einsamkeit reduzierende Ressourcen (Spieleabende, Vorlesen, etc.) bezogen haben. Zudem werden mit dem Einsatz von Robotern nicht nur bestehende Ressourcen verändert, sondern auch der Kreis der in einer Einrichtung praktizierenden kompetenten Akteure wird erweitert: Der Roboter ist nicht nur eine neue Ressource, sondern ein aktiver Mitspieler, in dem sich (neue) Strukturmomente der Praxis objektivieren. Der Einsatz der Robotik strukturiert den Handlungskontext und bringt den Rahmen, in dem die Einrichtung zukünftig Pflege praktiziert, erst hervor. Dieser letzte Punkt lässt sich noch klarer sehen, wenn wir aktuellere Überlegungen zur Konstitution sozialer Praktiken hinzunehmen, wie sie von Reckwitz vorgelegt wurden.

In »Grundelemente einer Theorie sozialer Praktiken« entwickelt Reckwitz (2003, 2008) ein praxistheoretisches Forschungsprogramm, das für eine organisationspädagogische Gegenstandsbestimmung anschlussfähig erscheint. Bevor seine Perspektive auf den Gegenstand Organisation bezogen wird, sollen zunächst auch hier die Kernaspekte des Programms skizziert werden. Ausgangspunkt ist die Annahme, dass soziale Praxis untrennbar mit der Materialität der Welt gekoppelt ist (Reckwitz 2008, vgl. auch Elven & Schwarz 2018): Der Ort des Sozialen ist nicht der Geist, nicht ein Konglomerat von Texten und Symbolen – hier grenzt er sich von textualistischen, mentalistischen und handlungstheoretischen Ansätzen ab – und auch nicht ein Konsens von Normen, sondern der Ort des Sozialen sind die sozialen Praktiken. Diese werden als Know-How-abhängige und im praktischen Verstehen zusammengehaltene Verhaltensroutinen begriffen, deren zugrundeliegendes Wissen einerseits von kompetenten Körpern verinnerlicht und angewandt, andererseits in mitspielenden Artefakten materialisiert und repräsentiert wird. Als »Nexus wissensabhängiger Verhaltensroutinen« (Reckwitz 2008, 115) konstituieren sich routinisierte Formen sozialer Praxis also durch das reziproke Verhältnis von körperlichem Vollzug, Artefaktverwendung und praktischem Wissen. Sie setzen sich neben der durch die Mobilisierung praktischen Wissens »gekonnten« Darstellung des Körpers auch durch den sinnhaften Gebrauch bestimmter Gegenstände zusammen (vgl. ebd., 114).

Der Blick auf soziale Praktik als »skillfull performance« (ebd., 113) interessiert sich für die performative Struktur von Praktiken und damit auch für das Wechselspiel von menschlichen Körpern und Artefakten als nicht-menschlichen Mitspielern der Praktik. So ließe sich etwa die Aneignung einer organisationstypischen Praktik – im o. g. Beispiel etwa der Umgang mit dem Robben-Roboter in der Pflege – durch (neue) Mitarbeiter einer Organisation als Inkorporieren organisationsspezifischen praktischen Wissens um die Aufführung des Körpers und um die richtige Verwendung relevanter Gegenstände beschreiben. Verbinden wir Reckwitz' Ansatz mit dem Verständnis von Organisation als menschliches Sozialgebilde (▶ Kap. 2.6), so erscheinen organisationale Praktiken als durch kompetente menschliche Körper getragene sowie in Dingen raumzeitlich materialisierte Kooperationsroutinen.

Noch weiter als Giddens' Theorie der Strukturierung ermöglicht eine praxistheoretische Perspektive sensu Reckwitz die – für Organisationspädagogik wesentliche – Inblicknahme organisationalen Wandels als Entwicklungs- bzw. Lernprozesse der Organisation. Denn entsprechend der zeitlich irreversiblen Logik der Praxis bewegen sich die Kooperationsroutinen im Spannungsfeld von »Routinisiertheit« und »Unberechenbarkeit« (ebd., 120). Die relative Geschlossenheit der Wiederholung auf der einen Seite und die prinzipielle Offenheit der Reproduktion organisationaler Routinepraktiken auf der anderen gewährleisten sowohl Beständigkeit als auch Transformation von Organisationen (vgl. ebd.). So ließe sich mit Bezug auf das Beispiel sagen, dass sich die organisationale Praxis der Pflege mittels eines neuen Mitspielers einerseits durch die Fortsetzung beständigen Routinewissens konstituiert. Der Roboter, der den einrichtungsspezifischen Hygienevorschriften entsprechen muss, wird ähnlich bekannter Gegenstände (Brettspiele, Fernsehen) als Medium der Vergemeinschaftung eingesetzt. Andererseits zeigt sich eine grundlegende Transformation bisheriger Routinen. Als nichtmenschlicher Akteur irritiert das Artefakt *Roboter-Robbe* etablierte sozioemotionale Umgangsformen zwischen Pfleger*innen und Gepflegten und führt zu einer neuen Weise organisationaler Vergemeinschaftung, die den nicht-menschlichen Akteur mit einschließt. Dabei stellt sich die für das alltägliche Miteinander-Arbeiten und -Leben herausfordernde Frage, wie es gelingen kann, in der Verflechtung menschlicher Praxis und intelligenter Technik dem für die Pflege zentralen Verhältnis von Emotionalität und Sozialität gerecht zu werden.

4.4.3 Praxistheoretische Einsätze in der Organisationspädagogik

Praxistheorien erfreuen sich innerhalb der Organisationspädagogik (zunehmend) großer Beliebtheit. So zeigt etwa Anja Mensching (2018, 204ff.), dass im organisationspädagogischen Diskurs in vielfältiger Weise auf strukturationstheoretische Überlegungen zurückgegriffen wird. Die Figur der Dualität von Struktur dient als Bezugspunkt für empirisch-rekonstruktive Forschungen zu polizeilichen Hierarchiestrukturen (Mensching 2008) sowie für ethnographische Analysen zum Identitätslernen grenzüberschreitend-agierender Organisationen (Engel 2014c). Darüber hinaus finden sich Arbeiten, die mittels Strukturation ein pädagogisches Konzept der Netzwerkentwicklung modellieren (Weber 2005). Julia Elven & Jörg Schwarz (2018) haben kürzlich gezeigt, dass eine praxistheoretische Perspektive im Anschluss an Theodore Schatzki, Davide Nicolini und Andreas Reckwitz für eine analytische Einstellung auf die Materialität sozialer Praxis organisationspädagogisch fruchtbar gemacht werden kann. Darüber hinaus kann auf eine beträchtliche Anzahl an Arbeiten verwiesen werden, die – im Sinne einer Praxistheorie als kulturwissenschaftliches Paradigma – die Rolle kultureller Differenzen im Kontext von Bildungsorganisationen (vgl. etwa Gomolla & Radtke 2009, Diehm et al. 2013) fokussieren. Einerseits finden sich also Arbeiten, die in soziokultureller und kulturanthropologischer Perspektive eine Abkehr von einem mentalistisch geprägten hin zu einem praxistheoretischen Organisationsverständnis forcieren (1). Anderseits gewinnen Ansätze an Einfluss, die (Organisations-)Kultur sozialkonstruktivistisch und machtkritisch als praktische Herstellung von Differenz oder praxistheoretisch als eine Sache des Tuns diskutieren (2).

1. Während die deutschsprachige Organisationskulturdebatte vornehmlich akteurszentriert geführt wird, ist es die Leistung der anglo-

amerikanischen Debatte und darin nicht zuletzt (organisations-)pädagogischen Beiträgen, die Perspektive auf organisationales Lernen um die Ebene des Kollektiven zu erweitern und in Form eines *socio-cultural-approach* ein Verständnis von organisationalem Lernen als sozial-kulturelle Praxis zu entwerfen. Ein erster Bezugspunkt sind hier die sozialanthropologisch fundierten Arbeiten von Jean Lave & Etienne Wenger (1991) und darauf aufbauend Wenger (1998), der mittels des Konzeptes der *communities of practice* ein pädagogisches Verständnis von Organisationen als durch kollektive Aktivität zusammengehaltene Sozialgebilde vorschlägt. Im Anschluss an Wenger plädiert die Managementwissenschaftlerin Dvora Yanow (2000) für eine Abwendung vom kognitiven Paradigma der organisationalen Lernforschung und für eine kulturtheoretische Perspektive, die nach der Funktion von organisationalen Artefakten für die Bildung organisationaler Gemeinschaften fragt (vgl. auch Engel 2016). Ein zweiter Bezugspunkt sind Arbeiten der kulturhistorischen Schule im Anschluss an den russischen Psychologen Lew S. Vygotsky. Dieser gründet seine Entwicklungspsychologie auf der These, dass psychologische Funktionen, etwa solche der Wahrnehmung und der Erinnerung, zunächst nur elementar vorhanden sind und sich in Verbindung mit soziokulturellen Praktiken im Kontext gemeinsamen Arbeitens und Lebens zu höheren Funktionen oder Tätigkeiten ausbilden. Exemplarisch für die Ergiebigkeit einer praxistheoretischen Inblicknahme organisationaler Lernprozesse kann an dieser Stelle das Forschungsprojekt der schottischen Pädagog*innen Nick Boreham & Colin Morgan angeführt werden (Boreham & Morgan 2004, Boreham 2008). In Verschränkung strukturations- und praxistheoretischer Perspektiven untersuchen Boreham & Morgan in multimethodischer Vorgehensweise (teilnehmende Beobachtung und halb-standardisierte Interviews), wie Problemlösungspraktiken im alltäglichen Betriebsablauf einer schottischen Ölraffinerie (weiter-)entwickelt werden. Im Gegensatz zu kognitionstheoretischen Modellen organisationalen Lernens geht es Boreham nicht um die*den Einzelne*n, die*der im Namen der Organisation ein Problem untersucht und damit die kognitiven Strukturen der Organisation herausfordert oder verändert, sondern organisationales Lernen wird als »object-oriented activity carried out collaboratively« (Boreham 2008, 228), als ein an den materiellen Arbeitsprozess gekoppelter Vorgang defi-

4.4 Artefakte, Praktiken, Praxismuster

niert. Grundlage des Lernprozesses einer Organisation ist demnach die praktische und artefaktbezogene Partizipation aller Organisationsmitglieder an organisationalen Untersuchungen. Prozesse des organisationalen Lernens geraten als kollektiv-kooperativ vollzogene Bearbeitung von implementierten *procedures* zur Dokumentation von Problemlösungen in den Blick. In der untersuchten Ölraffinerie existieren Manuale über Verfahren (*procedures*), wie Probleme gelöst und dokumentiert werden sollen. Im Fokus der Untersuchung steht die Verflechtung menschlicher Praxis (hier: in/von Teams) mit Dingen (hier: Manuale). Als Ergebnis der Studie wird festgehalten, dass organisationales Lernen bei einem kollektiven Akteur seinen Ausgangspunkt nimmt und dieser kollektive Akteur im Namen der Organisation ein Problem löst. Die Problemlösung erfolgt als kollaborative Verhandlung des Problems und als Verhandlung der Frage, wie dieses Problem bzw. seine Lösung bestenfalls dokumentiert wird. Das Ergebnis der kollaborativen Arbeit (hier: die Veränderung des Manuals) wird in Form von Strukturvorschlägen allen organisationalen Akteuren zur Verfügung gestellt. Dies kennzeichnet eine doppelte Bewegung, die strukturationstheoretisch eingeholt wird: »Organisational learning«, so heißt es, »empowers both the organization concerned and its individual members« (ebd.). Eine strukturationstheoretische Perspektive auf organisationales Lernen als Ermächtigung zeigt, dass die kollektive Arbeit an der organisationalen Struktur, in Bezug auf die Effizienz betrieblicher Arbeitsabläufe, immer an die Verbesserung der Arbeitsbedingungen gekoppelt ist, m.a.W.: die kollaborativ hervorgebrachte organisationale Strukturveränderung bedeutet einen Kompetenzzuwachs der Organisationsmitglieder. Die Studie eröffnet damit einen Blick auf den Lernprozess der Organisation als praktische und artefaktbezogene Partizipation aller Organisationsmitglieder an organisationalen Untersuchungen. Zugleich deutet sich hier bereits eine Verschränkung praxis- und kulturtheoretischer Perspektiven an, die eine Fokussierung auf das Überindividuelle (hier: die kollaborative Praxis und das Artefaktische) organisationalen Lernens als materiellen Vorgang mit der Thematisierung organisationaler Veränderung als Praxis der Differenz analysierbar werden lässt.

2. Bezüglich der (organisations-)pädagogischen Forschung zum Verhältnis von Organisation und kultureller Differenz finden sich ethno-

methodologisch und praxistheoretisch interessierte Arbeiten. Diesen Studien liegt grundsätzlich das Interesse an einer machtvollen Produktion von Praktiken kultureller Differenzen in und durch Organisationen zu Grunde. Für die Untersuchung der Herstellung (kultureller) Differenzen und Ungleichheiten in Organisationen des Bildungswesens hat die Rezeption des ethnomethodologischen Theorems des *Doing Difference* (Fenstermaker & West 2001) eine gewisse Tradition. Dabei sieht das ethnomethodologische Forschungsprogramm eine Konzentration auf die Mikroebene, auf die Analyse von alltäglichen Interaktionen vor. Im Fokus stehen nicht Ergebnisse sozialer und kultureller Ungleichheit, sondern vor allem »Mechanismen, die Ungleichheit im Ergebnis hervorbringen« (Fenstermaker & West 2001, 239). Entsprechend dieser methodologischen Prämissen wurde die Produktion ethnischer Differenzen und eine damit einhergehende Hervorbringung von Ungleichheitsverhältnissen im Alltag von Bildungsinstitutionen vor allem ethnographisch erforscht (Breidenstein & Kelle 1998, Diehm et al. 2013). Die Reduktion einer ethnomethodologisch fundierten Differenzforschung »auf die Analyse der situierten Herstellung von Differenz auf der Mikroebene der Interaktion« (Diehm et al. 2013, 35) wird mit dem Hinweis auf eine unangemessene Berücksichtigung der meso- und makrostrukturellen Bedingungen von Macht und Ungleichheit kritisiert. Die Autorinnen skizzieren – in reflexiver Auseinandersetzung mit eigenen Studien zu Macht und Ungleichheit im Elementarbereich – eine »Methodologie ethnographischer Differenzforschung im Alltag pädagogischer Organisationen« (Diehm et al. 2013, 43), die über die Analyse situierter Differenzkonstruktionen hinausgeht. Hierfür wird – neben einer konsequenten Kontextualisierung von Praktiken der Differenzherstellung durch Diskurse und durch Bezüge auf ihre sozialstrukturellen Vorbedingungen – eine »Fokussierung der Organisation, die Ungleichheit (mit)produziert« (Diehm et al. 2013, 46), vorgeschlagen. Sensibilisiert wird für eine Forschungsperspektive, die die Organisation nicht nur als Kontext, sondern als Akteur der Herstellung von Differenz betrachtet. In den Blick gerät dadurch die organisationspädagogisch bedeutsame Frage, mittels welcher organisationskultureller Praktiken »die Organisation Kindergartenkinder bzw. Schüler*innen hervor[bringt]. die Autoren]« (Diehm et al. 2013, 47) und

4.4 Artefakte, Praktiken, Praxismuster

inwiefern diese Praktiken hinsichtlich der Produktion und Manifestation sozialer und ethnischer Ungleichheit wirksam sind. Die in den soziologischen Cultural Studies entwickelte praxistheoretische Figur des »*Doing Culture*« (Hörning & Reuter 2004) entwirft Kultur als etwas zu Praktizierendes und erfährt ebenfalls organisationspädagogische Referenz. Kulturelle Differenzen sind aus dieser Perspektive eine Sache des Tuns und damit »nicht als Unterschiede zwischen Entitäten wahrzunehmen, sondern […] in der – teils routinisierten, teils konflikthaften – aktiven interpretativen Aneignung unterschiedlicher Sinn- und Aktivitätselemente […] zu suchen« (Reckwitz 2005, 100). Diese praxeologische Perspektive auf Kultur findet sich im organisationspädagogischen Diskurs, wenn in Verbindung mit einem praxeologischen Organisationsverständnis »die praktische Hervorbringung kultureller Differenz in Organisationen« (Elven & Weber 2013, 41) analysiert oder organisationales Lernen als ein Prozess der Verhandlung von kulturellen Differenzen rekonstruiert wird (Engel & Göhlich 2013, Engel 2014a, Engel 2021).

Organisationen als eigendynamische Sozialgebilde

Organisationen lassen sich als Sozialgebilde begreifen, die im Zusammenspiel von menschlichen und nicht-menschlichen Akteuren Routinen, Rituale, Regeln und Praxismuster des Miteinander-Arbeitens und -Lebens (auch des Gegen- und Nebeneinander) generieren. In praxistheoretischer Optik sind Organisationen eigendynamische, normativ verfasste, soziale Gebilde, die sich im Spannungsfeld der relativen Geschlossenheit der Wiederholung von Praktiken und ihrer prinzipiellen Offenheit für Neues reproduzieren. Organisationaler Wandel vollzieht sich aus dieser Perspektive in und durch Praktiken des Organisierens der Organisation, in denen/durch die Organisationen auch zu Arenen und Akteuren der Hervorbringung und Verhandlung gesellschaftlicher Transformationsdynamiken werden.

5 Das Feld der Organisationspädagogik

Im folgenden Kapitel wird das Feld der Organisationspädagogik in theoretischer und praktischer Hinsicht, d. h. als Forschungsfeld sowie als berufliches Arbeitsfeld aufgeschlossen. Vor dem Hintergrund der Erläuterung theoretischer Perspektiven auf organisationales Lernen (▶ Kap. 5.1) geht es darum, eine dezidiert pädagogische Sicht auf organisationales Lernen auszuarbeiten und anhand eines Fallbeispiels aus eigenen Forschungen zu erläutern (▶ Kap. 5.2). In einer darauf gründenden Auseinandersetzung mit Modellen der Organisations- und Personalentwicklung weisen wir Organisationsentwicklung (▶ Kap. 5.3) und Personalentwicklung (▶ Kap. 5.4) als pädagogische Arbeitsfelder aus.

5.1 Theoretische Perspektiven auf Organisationales Lernen

5.1.1 Organisationales Lernen als Lernen *in* und *von* Organisationen

Einen ersten maßgeblichen Bezugspunkt für ein pädagogisches Verständnis von organisationalem Lernen sehen wir in der systematischen Unterscheidung zwischen dem Lernen *in* Organisationen sowie dem Lernen *von* Organisationen.

Im ersten Fall (Lernen in Organisationen) erscheint die Organisation als Bedingung und Kontext von Lernprozessen ihrer Mitglieder bzw. in

5.1 Theoretische Perspektiven auf Organisationales Lernen

ihr agierender Akteure. Im Fokus stehen dann Veränderungsprozesse des Wissens und des Könnens individueller Akteure (z. B. Mitarbeitende bzw. Mitglieder) und kollektiver Akteure (z. B. Teams) sowie die Frage, wie diese Veränderungen organisational bedingt und verfasst sind. In Organisationen lernende individuelle oder kollektive Akteure sind dabei immer zugleich als Subjekte und als Objekte organisationaler Veränderungen zu begreifen (Schlüter 2018). Das Lernen individueller und kollektiver Akteure, sei es im Kontext von Schule, im Prozess der Arbeit oder im Rahmen einer betrieblichen Weiterbildung, vollzieht sich immer auch im Dienst der Organisation, teils als explizites Bildungs- oder Qualitätsmanagement, teils als impliziter Prozess der Herstellung von organisationaler Identität (Stichwort: Corporate Identity). Deutlich wird hier, dass das Lernen in Organisationen Prozesse betrifft, die immer schon auf eine bestimmte Weise zum Kontext der Organisation in Relation stehen, die eben jenen Kontext nicht unberührt lassen. Vielmehr gerät die Organisation als Kontext von Lernprozessen selbst in Bewegung: durch Lernprozesse individueller oder kollektiver Akteure wird der organisationale Kontext (potentiell) verändert.

Um diese Wechselwirkung genauer in den Blick zu bekommen, macht es aus gegenstandstheoretischer Sicht Sinn, das Lernen *in* Organisationen systematisch von einem Lernen *von* Organisationen zu unterscheiden. In diesem zweiten Fall (Lernen von Organisationen) interessiert die Organisation nicht als Kontext, sondern als soziales Gebilde (im Sinne eines praktischen Arbeits-, Lebens- und Lernzusammenhangs), das sich selbst verändert und weiterentwickelt. Im Fokus stehen damit einerseits Prozesse der Entwicklung und Implementierung von konkreten Strukturen und Programmen, die oftmals top-down oder mittels extern intervenierender Beratungsprozesse initiiert und begleitet werden. Andererseits interessieren hier Praktiken des Organisierens und der Vergemeinschaftung, die sich im Vollzug des alltäglichen Miteinander-Arbeitens und -Lebens ergeben und die Organisationen als soziale Entität hervorbringen und in Bewegung halten.

Das Verhältnis zwischen dem Lernen *in* und dem Lernen *von* Organisationen kann als Übersetzungsverhältnis konkretisiert werden, insofern individuelle und kollektive Lernprozesse (z. B. die Generierung oder Aneignung eines Problemlösungswissens) in organisationale Lernvor-

5 Das Feld der Organisationspädagogik

gänge (z. B. die Veränderung von kollaborativen Routinen des Umgangs mit Problemen und Widerständen) überführt werden, dies aber nicht linear passiert, sondern sich die drei Lernebenen (Individuell, kollektiv, organisational) auf komplexe Weise verbinden, überlagern und gegenseitig bedingen. Von einem komplexen Übersetzungsverhältnis sprechen wir auch deshalb (dazu ausführlicher ▶ Kap. 5.2), weil die Relationierung von Prozessen des Lernens in und von Organisationen verschiedene pädagogische, etwa sozialisatorische, erzieherische und bildende Dimensionen impliziert: Das organisationale Lernen erfolgt weder unbedingt widerstands- und risikolos noch selbstläufig alle (beteiligten) Organisationsmitglieder ermächtigend, sondern immer auch als ein Prozess, der über die Herausbildung von Ordnungen, Routinen sowie Strategien, Instrumenten und Techniken der Kontrolle die Autonomie und Identität individueller und kollektiver Akteure in den Organisationen sowie die Organisationen selbst als menschliche Sozialgebilde betrifft und bedrohen kann.

Für ein pädagogisches Verständnis von organisationalem Lernen ist die Unterscheidung in ein Lernen *in* und ein Lernen *von* Organisationen ein erster Bezugspunkt, wenngleich die gegenstandstheoretische Arbeit damit nicht abgeschlossen ist. Bei einer organisationspädagogischen Gegenstandsbestimmung ist nämlich zu beachten, dass es sich bei dem *Terminus organisationales Lernen* keineswegs um einen einzig dem pädagogischen Diskurs zuzurechnenden Begriff handelt, vielmehr um ein interdisziplinär vielseitig diskutiertes Konzept, das im Verlauf der letzten Jahrzehnte verschiedene bezugstheoretische Imprägnierungen erhalten hat.

5.1.2 Ausgewählte Theorien organisationalen Lernens

Es bedarf daher – darin sehen wir einen zweiten maßgeblichen Bezugspunkt für die Entwicklung eines pädagogischen Verständnisses von organisationalem Lernen – einer historischen und systematischen Aufarbeitung und pädagogisch perspektivierten Erörterung diesbezüglicher Theorien. Im vorliegenden Abschnitt beschränken wir uns zunächst auf einige knapp gehaltene Hinweise zu prominenten Fassungen des organisationalen Lernens.

5.1 Theoretische Perspektiven auf Organisationales Lernen

Im Diskurs zum organisationalen Lernen lassen sich Autor*innen bzw. deren Publikationen identifizieren, die auch im organisationspädagogischen Diskurs besonders häufig als Referenzliteratur verwendet werden (vgl. auch Göhlich 2018). Einige Ansätze sollen im Folgenden besprochen und für eine pädagogische Begriffsarbeit fruchtbar gemacht werden. Dies passiert, indem wir nach den Stärken und Schwächen der jeweiligen theoretischen Modellierung fragen.

James G. March und *Johan P. Olsen* (1975) beschreiben organisationales Lernen als – durch typische Widerstände gebrochenen – Erfahrungskreislauf (▶ Abb. 1): Mitglieder einer Organisation erkennen eine Diskrepanz zwischen Ist- und Soll-Zustand der (für die Organisationsmitglieder relevanten) Welt (1); auf diese Feststellung folgt ein auf Differenzabbau zielendes individuelles Verhalten; dieses wiederum transformiert in überindividuellen Entscheidungen zu organisationalem Verhalten (2); auf dieses Organisationsverhalten reagiert die (für die Organisationsmitglieder relevante) Welt (3), was dann wiederum von Organisationsmitgliedern bzw. deren individuellen Kognitionen, d. h. interpretierend, festgestellt wird (4).

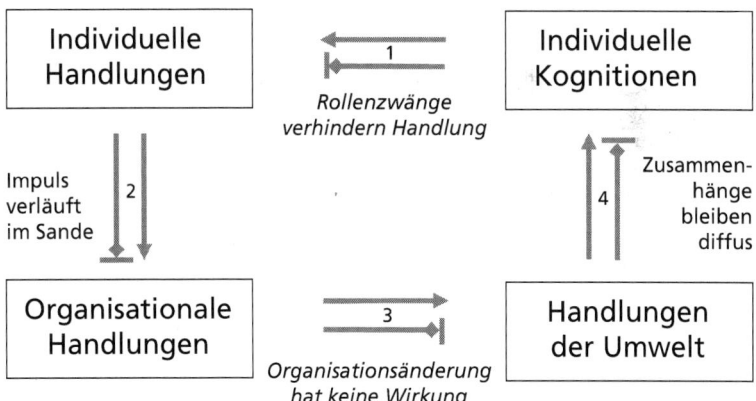

Abb. 1: Organisationales Lernen als Erfahrungskreislauf nach March & Olsen (eigene Darstellung der Autoren unter Rückgriff auf mehrere Schaubilder aus March & Olsen 1975, S. 150 und 158ff.).

5 Das Feld der Organisationspädagogik

Die Stärken des Modells von March & Olsen liegen darin, dass organisationales Lernen als kontinuierlicher Prozess vorstellbar wird und dass sowohl der Übergang vom individuellen zum organisationalen Lernen als auch die Brüchigkeit organisationalen Lernens ausgewiesen wird. Die Unterscheidung von Lernphasen ermöglicht zudem, phasenspezifische Widerstände anzugeben, z. B. die Rollenbeschränkungen, die ein Organisationsmitglied in der ersten Phase daran hindern können, die erkannte Ist-Soll-Differenz durch eigenes Handeln zu bearbeiten. Ein Problem des Ansatzes kann darin gesehen werden, dass organisationales Lernen zwar als *experiential* bezeichnet wird, die Erfahrung jedoch auf die Rezeption von Stimuli reduziert wird, anstatt sie als spezifisch menschliche Praxis zu reflektieren. Damit geht die pädagogisch wichtige anthropologische Dimension von Lernen verloren; ein Verständnis organisationalen Lernens als Prozess eines überindividuellen sozialen Körpers, etwa in Form der Entwicklung von Mustern kooperativer Praxis als für die betreffende Organisation charakteristische Praxismuster, ist so nicht möglich.

Der Ansatz von *Chris Argyris* und *Donald A. Schön* (1978, 1996) war sicherlich die einflussreichste Theorie organisationalen Lernens in den 1980er bis 2000er Jahren und ist bis heute populär. Deutlicher noch als March & Olsen markieren Argyris & Schön das individuelle Organisationsmitglied als Initiator*in und zentrale*n Akteur*in organisationalen Lernens. So beginnt ihre Definition mit den Worten »Organizational learning occurs when individuals within an organization experience a problematic situation and inquire it on the organization's behalf« (Argyris & Schön 1996, 16), auch wenn sie anschließend konstatieren: »In order to become organizational, the learning that results from organizational inquiry must become embedded in the images of the organization held by its members' minds and/or in the epistemological artefacts (the maps, memories, and programs) embedded in the organizational environment« (Argyris & Schön 1996, 16). Der Ansatz von Argyris & Schön bietet zweifellos eine Reihe von Vorteilen. So bieten die Unterscheidung von in der Kommunikation vertretenen Theorien (*espoused theories*) und – bestimmten Verhaltensweisen bzw. Handlungen implizit zugrundeliegenden – verwendeten Theorien (*theories-in-use*) wie auch die Unterscheidung von Einschleifen-, Zweischleifen- und Deutero-Lernen

5.1 Theoretische Perspektiven auf Organisationales Lernen

(▶ Abb. 2) Ansatzpunkte für organisationales Lernen unterstützende Interventionsarbeit. Nicht zuletzt mittels der Differenzierung von latenten und expliziten Auffassungen über die Organisation bzw. deren Struktur und (Kommunikations- bzw. Kooperations-)Regeln und mittels der Unterscheidung zwischen persönlichen Organisationsbildern (*private images*) und Organisationslandkarten (*public maps*) ermöglicht der Ansatz, das Organisational-Werden des organisationalen Lernens kenntlich zu machen. Argyris & Schöns theoretischer Trick ist die Annahme, dass individuelle Organisationsmitglieder bei der für den Lernprozess nötigen Untersuchung im Namen der Organisation agieren. Mittels dieser Annahme können Argyris & Schön organisationales Lernen im Sinne einer kognitivistischen Handlungstheorie modellieren. Die Schwäche des Ansatzes von Argyris & Schön liegt insbesondere darin, dass sie die nicht-kognitiven Aspekte des Lernens vernachlässigen und damit die Ebene der von individuellen und kollektiven Akteuren inkorporierten Praktiken sowie die Ebene kollaborativ erzeugter und geteilter Artefakte nicht in den Blick bekommen.

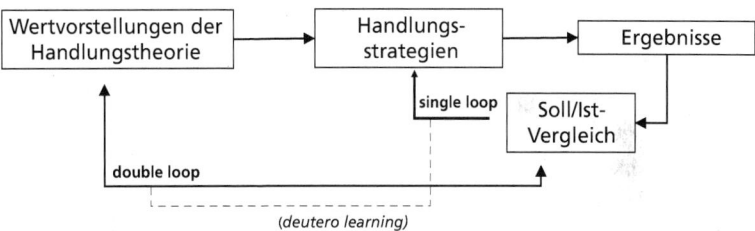

Abb. 2: Organisationales Lernen nach Argyris & Schön (eigene Darstellung der Autoren)

Karl Weick (Daft & Weick 1984, Weick 1995) begreift Organisationen als Interpretationssysteme. Er unterscheidet vier Modi organisationaler Interpretation: ungesteuertes Sehen, bedingtes Sehen, aktiv Werden und Entdecken. Sie unterscheiden sich darin, ob die Annahmen über die (Um-)Welt analysierbar sind und ob die Organisation auch über ihre Grenzen hinausschaut. Weick fokussiert die Sinnerzeugung (*sensemaking*) in Organisationen, die er als eine Feedbackschleife von Datensammlung (*scanning*), Bedeutungszuschreibung an die Daten (*interpreting*) und darauf gründenden Handlungen (*learning*) modelliert. Weicks Ansatz stärkt ein prozessuales Verständnis von Organisation und ermöglicht, organisationales Lernen als Entwicklung von Vorstellungen über Beziehungen zwischen organisationaler Aktivität und Umwelten zu verstehen. Auch Weick vernachlässigt jedoch die Muster innerorganisationaler Kooperation, die Routinen kooperativer Praxis. Zudem geraten mit der Konzentration auf die Sinngenerierung bezüglich der Organisation-Umwelt-Beziehung innerorganisationale Dynamiken eher aus dem Blick. Mit Blick auf das Anliegen dieses Kapitels, organisationales Lernen als Gegenstand der Organisationspädagogik auszuweisen, ist besonders problematisch, dass Weick den Prozess des Organisierens dem des Lernens gegenüberstellt (Weick & Westley 1996) und damit die organisationspädagogisch zentrale Verbindung von Organisation und Lernen nicht beschreiben kann (vgl. Engel 2021).

Ikujirō Nonaka (1994, Nonaka & Takeuchi 1995) fasst organisationales Lernen als Kreation organisationalen Wissens. Unter Rekurs auf Polanyis Begriff des impliziten Wissens unterscheidet er vier Modi der Wissenskreation (► Abb. 3), im Einzelnen den Transfer von implizitem Wissen in implizites Wissen (*Sozialisation*), von implizitem in explizites Wissen (*Externalisierung*), von explizitem in implizites Wissen (*Internalisierung*) und von explizitem in explizites Wissen (*Kombination*).

Organisationales Lernen findet Nonaka zufolge aber nicht nur in dieser epistemologischen Dimension (von implizitem zu explizitem Wissen und viceversa) statt, sondern auch in der ontologischen Dimension der Wissensebenen (vom Individuum über die Gruppe und die Organisation zum interorganisationalen Netzwerk und viceversa). Zu den Stärken dieses theoretischen Ansatzes gehört, dass die Körperlichkeit organisationalen Lernens in den Blick kommt und kognitive (Reflektion) und körperliche (Praxis) Aspekte wechselseitig verbunden werden. Trotz des Einbezugs körperlicher Aspekte wird allerdings deren Performativität nicht theoretisch eingeholt. Als Schwäche kann auch angesehen werden, dass Nonaka eher die Modi bzw. Phasen der (individuellen) Sozialisation und Externalisation als der (kollektiven) Kombination und Internalisation fokussiert.

5.1 Theoretische Perspektiven auf Organisationales Lernen

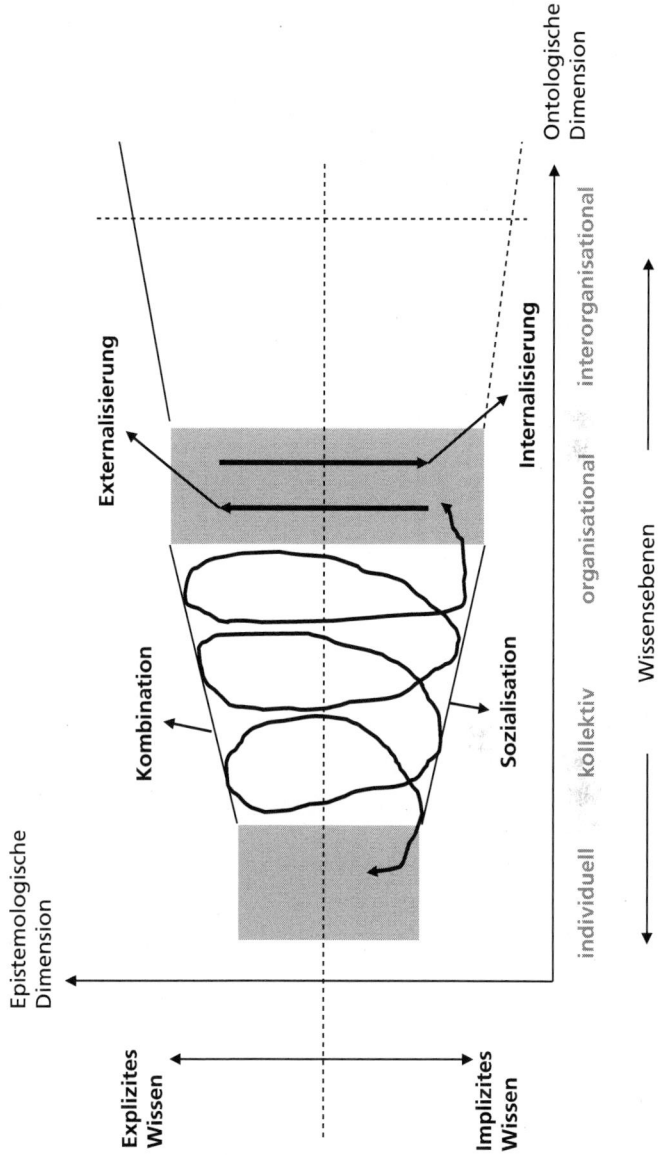

Abb. 3: Organisationales Lernen als Wissenskreation nach Nonaka (eigene Darstellung der Autoren in Anlehnung an Nonaka 1994, 20)

Dass *Jean Laves* und *Etienne Wengers* (1991; Wenger 2009) Konzeption im Diskurs um organisationales Lernen stark aufgegriffen wird, obwohl sie selbst das organisationale Lernen anfangs nicht im Blick haben, liegt vermutlich an der Übertragbarkeit ihrer Fokussierung des Lernkontextes (*situated learning*) auf die Organisation als Kontext. Sie betrachten Lernen nicht als kognitiven, sondern als sozialen Prozess, genauer: als legitime Teilnahme an Praxisgemeinschaften. Organisationen interessieren dabei zunächst nur als Lernsituationen. Später stellt Wenger jedoch einen expliziten Bezug zum organisationalen Lernen her: »[...] for organizations, it means that learning is an issue of sustaining the interconnected communities of practice through which an organization knows what it knows and thus becomes effective and valuable as an organization« (Wenger 2009, 213). Die Stärken des Ansatzes von Lave und Wenger liegen in der Wende zur Praxis (hier: der Organisationen). Dies stellt auch Gherardi heraus, wenn sie darauf hinweist, dass der zentrale Beitrag des Ansatzes in der Betonung der Untrennbarkeit von »knowing« und »doing« bei der Entstehung sozialer Praxis besteht (Gherardi 2012, 30). Eine Schwäche des Ansatzes von Lave & Wenger ist, dass zwar die Lernsituation näher ausgeführt wird, nicht aber die Tatsche Berücksichtigung findet, dass sich der Lernkontext (hier: Organisation) im Zuge der Teilhabe einzelner Akteure an Praxisgemeinschaften selbst verändert. Problematisch ist schließlich auch, dass der potentiell Harmonie suggerierende Begriff *community* ohne machtanalytische Reflexion verwendet wird und damit die – organisationalen Vergemeinschaftungsprozessen prinzipiell zugrunde liegende – Dialektik von Ermöglichung und Bedrohung (▶ Kap. 2.6) ausgeblendet wird (vgl. auch Engel & Göhlich 2019).

Yryö Engeströms Theorie expansiven Lernens zielt auf Aktivitätssysteme. Sofern Organisationen als Aktivitätssysteme angesehen werden, liegt die Möglichkeit der Nutzung dieses Ansatzes für ein Verständnis organisationalen Lernens auf der Hand. Das Kreismodell expansiven Lernens (Engeström & Sannino 2010, 8) wirkt nicht sonderlich neu. Die Feedbackschleife aus Fragen, Analyse, Modellierung einer neuen Lösung, Testung und Implementation der neuen Lösung, Festigung und Generalisierung der neuen Praxis und dann ggf. erneuter Fragen entspricht der in der pädagogischen und psychologischen Literatur

5.1 Theoretische Perspektiven auf Organisationales Lernen

schon lange vor Engeström vorliegenden Konzipierung von Lernen als Problemlösen. Neu hingegen ist – bzw. war bei dessen Erstveröffentlichung – sein Modell des Aktivitätssystems (▶ Abb. 4), das er als Dreieck aus Subjekt, Objekt und Gemeinschaft und zugleich als deren Beziehungen verbindendes Dreieck aus Regeln, Instrumenten und Arbeitsteilung konzipiert.

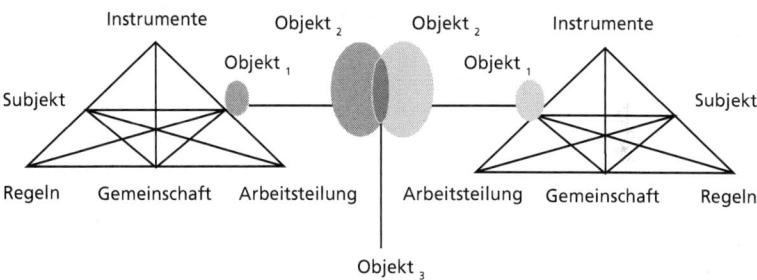

Abb. 4: Organisationales Lernen als Ko-Konfiguration nach Engeström (eigene Darstellung der Autoren in Anlehnung an Engeström 2018, 49)

Diesem Modell folgend können Organisationen als kooperierende Aktivitätssysteme angesehen werden, die nicht durch Subjekte (z. B. Mitglieder), sondern durch ihre Objekte, Instrumente und Arbeitsteilung verbunden sind. Organisationales Lernen ist dann weder das Lernen von Individuen in einer Organisation noch das Lernen in bzw. von organisationalen Communities-of-Practice, sondern ein durch Objekte (Ziele und/oder Gegenstände des Lernens), Werkzeuge und Arbeitsteilung bzw. Kokonfiguration getriebener Prozess.

»Co-configuration presents a twofold learning challenge to work organizations. First, co-configuration work itself needs to be learned (learning for co-configuration). [...]. Second, within co-configuration work, the organisation and its members need to learn constantly from interactions between the user, the product/service, and the producers (learning in co-configuration). [...]. These two aspects – learning for and learning in – merge in practice« (Engeström 2004, 16).

5 Das Feld der Organisationspädagogik

Ein besonderes Plus von Engeströms Theorie ist die Präsenz des Objekts (Ziel bzw. Gegenstand) im Modell des Aktivitätssystems, da sich mit ihr ein Weg aus der Kontroverse zwischen individuum- und gemeinschaftsbasiertem organisationalen Lernen eröffnet. Als weitere Stärke kann angesehen werden, dass das Modell die Kontinuität von Lernen und zugleich dessen Verwurzelung in sozialer Praxis, insbesondere in Zusammenarbeit, unterstreicht. Allerdings bleibt die Besonderheit von »organized activity systems« (Engeström & Sannino 2010, 14) im Vergleich zu anderen Aktivitätssystemen unklar. Eine Auseinandersetzung mit den spezifischen Zielen und Gegenständen von Organisationen und organisationalem Lernen findet nicht statt. Damit läuft die Theorie Gefahr, auf einer nutzungsorientierten Beschreibungsebene zu verharren und ethische Fragen außer Acht zu lassen.

Als jüngste der im einschlägigen Diskurs als Referenz verwendeten Theorien soll noch der Ansatz von *Ranaan Lipshitz, Victor J. Friedman* und *Micha Popper* (2007) erörtert werden. Ausgehend von einer knappen, aber entschiedenen Kritik an der Mystifikation organisationalen Lernens (durch Senges Konzept der lernenden Organisation sowie durch unzulässige Generalisierungen des Zweischleifenlernens durch Fehldeutungen einiger Adepten des Ansatzes von Argyris & Schön) konzentrieren Lipshitz et al. ihre Theorie organisationalen Lernens auf das Lernen der Organisationen, das sie als »learning by organizations« scharf dem »learning by individuals« (Lipshitz et al. 2007, 9) gegenüber stellen. Um dem Anthropomorphismus der Analogie von Individuum und Organisation als Akteur des Lernens zu entgehen, suchen sie in die Organisationskultur eingebettete Strukturen der Organisation zu identifizieren, die deren Mitglieder in die Lage versetzt, Wissen zu sammeln, zu analysieren, zu verbreiten und anzuwenden. Sie bezeichnen diese Strukturen als »organizational learning mechanisms« (Lipshitz et al. 2007, 25-44) und charakterisieren sie als organisationskulturelle Inseln, deren Normen stärker lernorientiert sind als die der gesamten Organisation. Die Explikation organisationaler Lernmechanismen stärkt die Theorie organisationalen Lernens, indem dieses deutlicher als in anderen Ansätzen von individuellem Lernen unterschieden wird. Allerdings geht mit der Fokussierung organisationaler Lernmechanismen eine Priorisierung der Strukturen einher, die die Sicht auf Organisation als kul-

5.1 Theoretische Perspektiven auf Organisationales Lernen

turelle Praxis und auf organisationales Lernen als Modifikation der für die betreffende Organisation spezifischen Muster der Kooperationspraxis versperrt oder zumindest behindert. Zudem wird zwar – im Postulat der »issue orientation« als einer der fünf von Lipshitz et al. (2007, 48–63) unterschiedenen Normen des organisationskulturellen Kontextes organisationaler Lernmechanismen – erwähnt, dass organisationales Lernen kein Selbstzweck, sondern auf einen Gegenstand ausgerichtet ist. Aber eine genauere Betrachtung des Gegenstandsbezugs organisationalen Lernens erfolgt nicht.

Die in aller Kürze erörterten Theorien zusammenfassend lässt sich feststellen, dass organisationales Lernen sowohl als das Lernen einzelner – im Namen der Organisation ein Problem untersuchender – Organisationsmitglieder als auch als Lernen in der Teilnahme an und im Austausch der Praxisgemeinschaften der Organisation als auch als Lernen der Organisation in organisationalen Lernmechanismen bestimmt werden kann. Während das organisationale Lernen im ersten Fall als kognitives Problem erscheint, zeigt es sich im zweiten Fall als praktisches und im dritten als strukturelles Problem. Diese Differenzierung allein macht das organisationale Lernen aber nicht speziell zu einem pädagogischen Gegenstand, denn auch Organisationspsychologie und Managementwissenschaften fragen danach, wie organisationales Lernen erfolgt und wer dessen Akteur bzw. Agent ist. Dabei folgen sie durchaus den oben skizzierten theoretischen Modellierungen des organisationalen Lernens. Aus pädagogischer Sicht hingegen ist ergänzend bzw. darüberhinausgehend zu fragen, was dieses Lernen mit der Organisation als menschliches Sozialgebilde macht und wem dies nützt. Es ist nach dem Gegenstand (und dem ggf. in den Gegenstand eingebauten Zweck bzw. Ziel) organisationalen Lernens zu fragen, danach, was dieser Gegenstand für die Spezifik des Prozesses und für die lernende Einheit – sei es ein Individuum oder eine Gruppe in einer Organisation oder sei es eine Organisation als menschliches Sozialgebilde – bedeutet, und somit letztlich auch, was das organisationale Lernen mit den Menschen macht (Engel 2014b).

5.2 Organisationales Lernen aus pädagogischer Sicht

Wir kommen also zurück zur oben angelegten Frage nach der organisationspädagogischen Gegenstandsbestimmung. Die Organisationspädagogik tut fraglos gut daran, sich die – in den soeben erörterten Ansätzen angelegten – verschiedenen Optionen des Verständnisses von organisationalem Lernen offen zu halten, um damit eine möglichst breite theoretische Klaviatur zur Dechiffrierung organisationalen Lernens nutzen zu können. Festzuhalten ist dabei aber, dass aus pädagogischer Sicht organisationales Lernen nicht nur als Reflexion und Veränderung mentaler Modelle, sondern auch und vor allem als erfahrungsreflexive Bearbeitung organisationsspezifischer Praktiken zu verstehen ist. Solche Praktiken sind in Form von Strategien und Mustern, weniger in Handlungen einzelner Organisationsmitglieder als vielmehr im Interaktionsgeflecht der Organisationsmitglieder sowie der Praxisgemeinschaften der Organisation zu finden, insbesondere in deren zur organisationsspezifischen Aufgabenbewältigung erforderlichen Kooperationen und Kommunikationen. Die Inblicknahme organisationalen Lernens aus pädagogischer Sicht fokussiert vor allem auf die jeweilige Praxis (in) der betreffenden Organisation und sieht sich damit in einer Linie mit jenen Ansätzen, die organisationale Veränderungsprozesse als praktisches Problem thematisieren (▶ Kap. 4.4). Diese Fokussierung geht pädagogisch mit der Frage nach den Inhalten des organisationalen Veränderungsprozesses einher. In dieser Frage nach den Inhalten, genauer nach dem Lerninhalt und dessen Bedeutung für den Modus des Lernens, geht die organisationspädagogische Betrachtung über die oben vorgestellten Modellierungen hinaus. Die pädagogische Perspektive auf die Verbindung von Inhalt und Modus begründet sich nicht nur in der curricularen Frage nach den für eine menschliche Entwicklung wichtigen Wissens- und Könnens-Beständen, sondern auch und insbesondere darin, dass der Inhaltsbezogenheit menschlichen Lernens und seiner Unterstützung ein Verantwortungsverhältnis zum Gegenstand bzw. zu dem in der Auseinandersetzung mit dem Gegenstand *erlernten* Wissen und Können innewohnt. Ein solches, dem menschlichen Lernen eigenes Verantwortungs-

5.2 Organisationales Lernen aus pädagogischer Sicht

verhältnis entsteht auch beim organisationalen Lernen, anders gesagt: in Lernprozessen von Organisationen als menschlichen Sozialgebilden. Wenn wir organisationales Lernen also organisationspädagogisch bestimmen wollen, müssen wir dessen Inhalt mit in den Blick nehmen, erstens weil die (Un-)Menschlichkeit des Lernens von der (Un-)Menschlichkeit des Lerninhalts abhängt und zweitens weil die dialogischen Beziehungen zum Gegenstand, zu Anderen und zu sich selbst, in denen sich das lernende menschliche Wesen (hier: die Organisation als menschliches Sozialgebilde) befindet, sowohl je spezifische Modi des Lernens als auch die Verantwortung für die im Lernprozess eingegangenen Beziehungen mit sich bringt. Die hiermit angesprochenen Aspekte – Inhaltsbezogenheit und Dialogizität – markieren die beiden zentralen Parameter, entlang derer organisationales Lernen als pädagogisches Problem bestimmt werden kann.

5.2.1 Inhaltsbezug und Dialogizität des organisationalen Lernens

Was den Lerninhalt betrifft, so lassen sich – nicht nur systematisch, sondern auch historisch begründbar durch die unterschiedlichen Zeiten und Formen der Institutionalisierung ihrer pädagogischen Unterstützung – vier Dimensionen des Lernens unterscheiden (Göhlich 2001, Göhlich & Zirfas 2007): *Wissen-Lernen* (seit der Antike in Schulen institutionalisiert; Wissen als vom Körper des Wissenden trennbarer Lerngegenstand, in Form schriftlicher Dokumente entäußerbar und mittels der Lektüre schriftlicher Dokumente erlernbar); *Können-Lernen* (seit dem Mittelalter in der handwerklichen Lehrzeit in Werkstätten institutionalisiert; Können als mit dem Körper des Könnenden untrennbar verbundener Lerngegenstand; primär durch Nachahmung und Übung erlernbar); *Leben-Lernen* (seit dem 20. Jahrhundert in Beratungseinrichtungen institutionalisiert; Leben als je eigene Daseinsform und Identität, die im unsicheren Kontext der Moderne bzw. Postmoderne, vor allem in expliziten Krisen und Übergängen durch ggf. beratungsgestützte Reflexion neu erlernt bzw. weiterentwickelt werden muss); *Lernen-Lernen* (seit der Aufklärung in Schulen, später auch in Erwachsenenbildungseinrichtungen institutionalisiert; geht implizit mit jedem Wissen-, Können- und/oder Leben-Lernen einher).

Wenn wir diese inhaltsorientierte Perspektive zur Betrachtung organisationalen Lernens nutzen, anders gesagt: wenn wir die Gegenstandsspezifik organisationalen Lernens berücksichtigen, finden wir spezifische Formen organisationalen Lernens (▶ Abb. 5). Bei Fokussierung des Wissen-Lernens der Organisation sowie ihrer Untereinheiten, Praxisgemeinschaften und Mitglieder kommen Details der Produktion und des Wandels organisationalen Wissens oder des innerorganisationalen Wissenstransfers ans Licht. Dabei ist gerade die Unterscheidung eines Lernens *in* und *von* Organisationen relevant, weil dann darauf aufmerksam gemacht werden kann, dass der Transfer von Wissen in Organisationen immer auch ein Übersetzungsvorgang ist, der den Kontext der Vermittlung (also die Organisation) selbst als Bedingungsgefüge der Wissensproduktion tradiert oder transformiert (vgl. Engel & Köngeter 2014; Engel 2018b). Die Fokussierung des Können-Lernens der Organisation legt die Erforschung aufgabenbezogener Simulationen oder Szenariolernprozesse, aber auch von (Projekt-)Kooperationen kompetenzdifferenter Teams bzw. Untereinheiten der Organisation nahe, in denen organisationseigene Muster kooperativer Praxis aufgeführt und ggf. nuancierend weiterentwickelt, d. h. von der Organisation bzw. einer ihrer Untereinheiten mimetisch, d. h. nachahmend (und ggf. reflexiv) gelernt werden. Hier gerät etwa das Organisieren als pädagogische Praktik in den Fokus (▶ Kap. 2.3), durch die nicht nur Handlungskorridore für individuelle und kollektive Akteure in der Organisation erzeugt werden (Feld & Seitter 2017), sondern durch die sich die Organisation selbst hervorbringt (Engel 2021). Die Fokussierung des organisationalen Leben-Lernens kommt etwa in der Erforschung der Produktion oder des Wandels der Identität einer bestimmten Organisation oder in der Erforschung der Entwicklung eines für die betreffende Organisation charakteristischen Lebens- und Arbeitsstils zum Ausdruck. Dies berührt nicht zuletzt die eigene organisationale Sozialisations- und Erziehungsfunktion: zu denken ist dabei z. B. an betriebliche Handlungslogiken (vgl. Harney 2007), die im Rahmen von Weiterbildungsprogrammen ein betriebsbezogenes Wissensmanagement ermöglichen, oder an organisationsbezogene Regularien, die eine bestimmte Arbeits- und Lebensweise in Orga-

5.2 Organisationales Lernen aus pädagogischer Sicht

nisationen (Klöster, Schulen, Psychiatrien etc.) einfordern oder sanktionieren, wenn diese nicht eingehalten werden (vgl. Hunold 2019). Bei Fokussierung des organisationalen Lernen-Lernens werden wir vor allem Aspekte der organisationalen Lernkultur entdecken, also welche Lerngelegenheiten die betreffende Organisation explizit und implizit vorhält und wie sie ihr eigenes Lernen den sich wandelnden Problemstellungen und Kontextuierungen anpasst.

Tab. 1: Inhaltliche Dimensionen organisationalen Lernens (eigene Darstellung)

	... *in* Organisationen	... *von* Organisationen
Wissen-Lernen ...	z. B. Aneignung von Sach- und/oder Expert*innenwissen Einzelner im Kontext spezifischer organisationaler Bedingungen	z. B. Entwicklung organisationaler Bedingungen zur Aneignung von Sach- und Expert*innen-Wissen; Entwicklung des expliziten organisationalen Gedächtnisses
Können-Lernen ...	z. B. situative bzw. Szenario-Lernprozesse Einzelner oder von Teams im Kontext der Bearbeitung organisationsspezifischer (ggf. simulierter) Probleme	z. B. Entwicklung einer kollaborativen Routine (Praxismuster) im Umgang mit bestimmten Problemen; Entwicklung des impliziten organisationalen Gedächtnisses
Leben-Lernen ...	z. B. organisationale Sozialisation bzw. Entwicklung einer spezifischen organisationalen Identität von Mitgliedern einer Organisation (ggf. in Auseinandersetzung mit ihrer jeweiligen beruflichen bzw. professionellen Identität)	z. B. Entwicklung von Logiken, Strukturen und Prozeduren organisationalen Zusammenarbeitens und Zusammenseins, die Einfluss nehmen auf die organisationale Sozialisation der Organisationsmitglieder; Entwicklung der Organisationskultur
Lernen-Lernen ...	z. B. Generierung und Reflexion individueller und kollektiver Lernformen und -techniken im spezifischen Organisationskontext	z. B. Reflexion und Veränderung der organisationalen Lernkultur

5 Das Feld der Organisationspädagogik

Diese inhaltsorientierte Perspektive hat Konsequenzen für den Blick auf die Modalität organisationalen Lernens, da sie dessen dialogische Verfasstheit zum Vorschein bringt. Dialogisch ist organisationales Lernen als in Bewegung befindliches Verhältnis in mehrerlei Hinsicht (▶ Abb. 5): erstens als ein Verhältnis der lernenden Akteure in Organisationen (Individuen, Teams) zum Kontext des Lernens (der Organisation), das als – beide am Dialog beteiligte Einheiten transformierendes – Übersetzungsverhältnis bestimmt werden kann (Dialog A); zweitens als ein Übersetzungsverhältnis zwischen der Organisation (als lernendes menschliches Sozialgebilde) und dem Gegenstand ihres Lernens (Dialog B1). Für beide Verhältnisbestimmungen braucht Lernen ein Gegenüber, ein Anderes, Fremdes. Das Gegenüber kann ein Mensch, ein anderes Lebewesen oder ein Ding, eine Idee, eine Imagination des Zukünftigen, genauso wie eine Norm oder ein Ritual, eine Prozedur, ein bestimmtes Wissen oder eine Fertigkeit sein, ebenso eine andere Organisation oder eine gesellschaftliche Institution (▶ Kap. 2); kurz: über die lernende menschliche Entität hinaus muss immer ein Gegenstand da sein, damit Lernen stattfinden kann. Diese Dialogizität erfordert die Anerkennung des betreffenden Gegenstands als Gegenüber, d. h. als ein Anderer bzw. ein Anderes, und impliziert damit die Verantwortung für die Beziehung zu diesem Gegenüber bzw. Anderen. Wenn eine Organisation als menschliches Sozialgebilde etwas lernt, geht sie somit in einen Dialog mit diesem Anderen, muss darauf antworten und sowohl den Dialog als auch dessen Resultat *ver*antworten (vgl. Engel 2020). Ein dialogisches Übersetzungsverhältnis im organisationalen Lernen besteht darüber hinaus drittens bezüglich des lernenden menschlichen Sozialgebildes zu sich selbst, genauer bezüglich der vorgängigen Versionen der Organisation, auf die sie sich im Lernprozess bezieht (Dialog B2). Es geht hier um die Frage danach, was das Lernen mit der lernenden Einheit (hier: der Organisation), was es mit (hier: organisations-)biographisch früheren Erfahrungen der lernenden Einheit (hier: der Organisation) und was es mit der Identität der lernenden Einheit (hier also: mit der Organisationsidentität) macht, die auf der (organisations)biographisch früheren Erfahrung beruht.

5.2 Organisationales Lernen aus pädagogischer Sicht

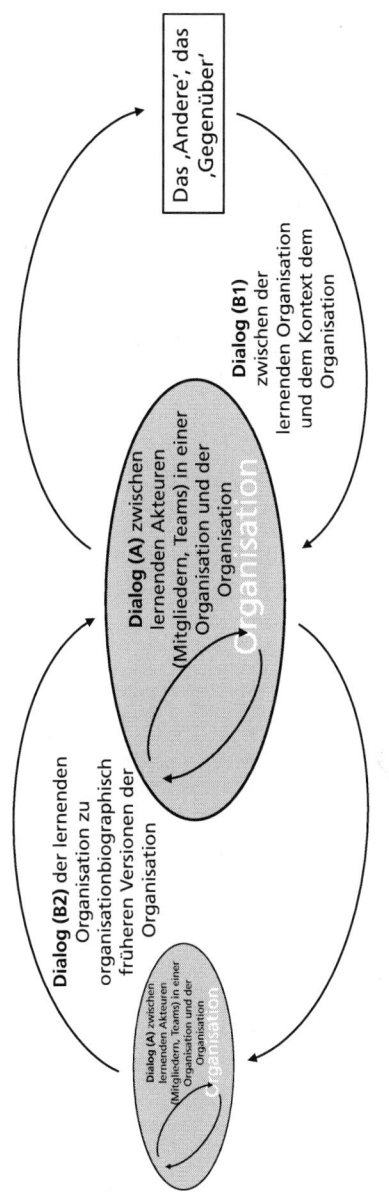

Abb. 5: Organisationales Lernen als Dialog

Die somit theoretisch vorgenommene organisationspädagogische Gegenstandsbestimmung organisationalen Lernens als dialogisches Übersetzungsverhältnis möchten wir im Folgenden anhand empirischer Befunde konkretisieren.

5.2.2 Fallbeispiel –»Halt, Foto fehlt noch«

Der im Folgenden beschriebene empirische Ausschnitt geht zurück auf ethnographische Forschungen zur Herstellung von Gemeinschaft und Identität grenzüberschreitend agierender Organisationen des deutschtschechischen Grenzraums, wie wir sie im Rahmen eines Forschungsverbunds im Zeitraum von 2009 bis 2012 durchgeführt haben.[1] Anhand dieser Vignette geht es uns nun darum, organisationales Lernen entlang der Dimensionen Inhaltsbezogenheit und Dialogizität empirisch nachzuvollziehen und sodann modal als strategischen und musterförmigen Vorgang der Übersetzung, d. h. der Tradierung und/oder Transformation organisationaler Praxis näher zu qualifizieren.

»Halt, Foto fehlt noch!« ruft der Leiter einer Einrichtung des deutschtschechischen Kulturmanagements – im Rahmen einer repräsentativen Veranstaltung unter Beteiligung deutscher und tschechischer Repräsentant*innen aus Kultur und Politik – laut und zeigt damit an, dass er ein Gruppenbild mit den Repräsentant*innen aufnehmen möchte. Dieser Ausruf hat exemplarischen Gehalt, weil er auf eine Praxis der Organisation verweist, die sich in den umfangreichen ethnographischen Daten als eine bedeutsame Praxis des Arrangierens und des fotografischen Objektivierens deutsch-tschechischer Grenzüberschreitung konkretisieren lässt (vgl. auch Engel 2014c). In strukturverwandter, die Aufführung lediglich nuancierender Form wiederholt sich diese Praxis in sämtlichen Veranstaltungskontexten der Einrichtung: Vertreter*innen aus Kultur und Politik beiderseits der deutsch-tschechischen Grenze, die als Gäste oder Expert*innen zu bestimmten Veranstaltungen geladen sind, werden

---

1 Das BMBF-Verbundprojekt »Komplexitätsmanagement geisteswissenschaftlicher Expertise« untersuchte unter Beteiligung von Soziologie, Linguistik und Pädagogik Übersetzungszwänge und -herausforderungen deutsch-tschechischer Grenzorganisationen (siehe Engel et al. 2014).

5.2 Organisationales Lernen aus pädagogischer Sicht

in den Räumlichkeiten der Einrichtung und vor dem Hintergrund einschlägiger Symboliken (meistens bayerische und tschechische Flaggen) zu einem Gruppenbild arrangiert. Eine bedeutende Rolle spielen hierbei nicht nur die Mitarbeitenden, die alle in der Lage und dazu angehalten sind, solche Arrangements zu kreieren und zu dokumentieren, sondern auch die Fotokamera der Einrichtung. Ihr wird ein besonderer Platz im Hauptbüro zugewiesen, und offensichtlich verbinden sich mit ihr organisationale Regeln, die die Mitarbeitenden gründlich verinnerlicht haben. Eine Gesamtschau sämtlicher Szenen, in denen unter Verwendung der Kamera deutsch-tschechische Grenzüberschreitung inszeniert und dokumentiert wird, lässt einen organisationalen Lernprozess erkennen, der sich als erfahrungsbezogener und dialogischer Vorgang zwischen expliziter Strategie und routinierter Musterförmigkeit aufspannt und dabei ein spezifisches Wissen und Können der Einrichtung tradiert. Im Anschluss an organisationsgeschichtlich Früheres – vermittelt durch und von individuellen Akteuren und Artefakten – lebt hier eine Praxis der Einrichtung fort, die selbige als menschliches Sozialgebilde erkennbar werden lässt: Ein Gebilde, das sich eben durch diese überindividuellen Praktiken organisiert und damit den Fortbestand eines spezifischen Miteinander-Arbeitens und -Lebens sichert.

Verdeutlichen lässt sich dieser Zusammenhang anhand folgender Vignette. Sie beschreibt eine Szene, die sich am Ende eines Interviews mit dem Leiter der Einrichtung ereignet.

> Als *Petr* (Mitarbeitender) den Raum betritt, in dem ich (N.E.) gemeinsam mit meinen Kollegen seit etwa 90 Minuten ein narratives Interview mit *Erwin* führe, endet dieses abrupt. Beim Anblick *Petrs* unterbricht der Leiter seine Erzählung, wendet sich von uns ab und gibt seinem Mitarbeiter die Anweisung, ein Foto von ihm und den »Forschern« zu machen. Nach etwa fünf Minuten erscheint *Petr* erneut, nun mit einer Kamera. Der Leiter unterbricht seine in der Zwischenzeit wieder aufgenommene Erzählung erneut, rückt etwas vom Tisch ab und bittet auch uns um eine seitlichere Positionierung, die uns einen Blick Richtung Kamera ermöglicht. Er korrigiert noch ein-, zweimal unsere Sitzhaltung, prüft den Hintergrund (Anmerkung: wir sit-

zen in einem Ausstellungsraum, an dessen Ende zwei Banner – eines in tschechischen und eines in bayerischen Landesfarben – von der Decke hängen). Als wir uns entsprechend der Anweisung Erwins ein Stück positioniert haben und seitlich Richtung *Petr* schauen, entwickelt sich folgender Dialog, dessen genaue Wiedergabe aufgrund der laufenden Aufzeichnung möglich ist. *Petr* legt den Fotoapparat an und möchte abdrücken, dann stellt er fest:

Petr: Äh is der Akku leer (.) bei? uns?

Er hält die Kamera verwundert vor sich und scheint diese nochmals aus und an zu schalten. *Erwin* ist sichtlich irritiert (man könnte sagen nervös) und fragt verwundert

Erwin: Was?
Petr: Is der Akku leer?

Erwin deutet auf die Kamera und kommentiert als *Petr* wieder im Begriff ist, die Kamera anzulegen:

Erwin: Äh de:r (.) da muss mer immer den Akku äh (.) äh machst Du des gscheit? @(.)@ ähm dass du ja: Du musst Dich so stelln dass Du alle drauf krieg- wenn dus wenn

Petr: ᴸ es sind aber alle drauf
Erwin: Nja Du kannst net alle ham Du Du hast (.) äh d- äh Du musst Dich mehr in die Mitte. Ja (..) ä::hm und ja, dass ma halt so a bissl gstafflt sind genau

Die ständige Korrektur *Erwins* scheint *Petr* zu verunsichern und zögert die gesamte Sache in die Länge. Es wirkt so auf mich, als funktioniere hier eine eingespielte Sache nicht. Nachdem *Petr* dann endlich das erste Bild auf der Kamera betrachtet, fragt er:

Petr: ᴸ okay (6) noch mal? Oder
Erwin: Ja kannst gleich noch eins machn ja (11) Hast uns? okay (.) dann hängts bitte glei den Akku dran.

5.2 Organisationales Lernen aus pädagogischer Sicht

Augenscheinlich ist, dass der Leiter dem Gespräch mit den *Forschern* eine wichtige Bedeutung zuweist; denn die Anweisung, die Interviewkonstellation zu fotografieren, erfolgt prompt und bei erster Gelegenheit eines Zugriffs auf einen Mitarbeitenden. Interessant ist aber vor allem die dem eigentlichen Fotografieren vorangehende Umsortierung unserer Positionen und die Korrespondenz zwischen Leiter und Mitarbeitenden aufgrund von Problemen im Ablauf. Die Umsortierung unserer Interviewposition in ein Gruppenbild ist interessant, da hier eine für einen anderen Zweck – hier: Interview – einvernehmlich hergestellte Raum- und Interaktions-Konstellation ohne Bedenken unterbrochen wird. Die Selbstverständlichkeit, mit der dies passiert, verweist darauf, dass es sich hierbei um eine eingespielte, zumindest nicht unbekannte Intervention handelt. Die Korrespondenz zwischen Leiter und Mitarbeitenden ist interessant, da in der fragenden Feststellung Petrs, ob der Akku der Kamera leer sei, sowie in der überraschenden Reaktion Erwins und in der strengen Aussage »da muss mer immer den Akku« eine Irritation zum Ausdruck kommt. Der mögliche Funktionsausfall der Kamera ist das eigentlich überraschende Moment, etwas von den beteiligten Organisationsmitgliedern Unvorhergesehenes, das ihnen sogar als Missachtung einer Organisationsregel erscheint.

Wir möchten gleich auf die in der Vignette sichtbaren Aspekte der Selbstverständlichkeit eines praktischen Vollzugs des Arrangierens und des Fotografierens zurückgehen, vorab jedoch einige Informationen einstreuen, die das beschriebene Geschehen in einen breiteren Kontext stellen. Die hier am *eigenen Leibe erfahrene* Konstellierung zu einem Gruppenbild wirkte für den Ethnographen (N.E.) irritierend und bereitete die Grundlage für eine Spurensuche, die sich an der explorativen Frage orientierte, was es eigentlich mit dieser Kamera auf sich hat. Die hier ansetzende Suche führte zur Beobachtung und Beschreibung zahlreicher Szenen, in denen der Leiter und Mitarbeitende – nicht selten in Kollaboration – Gruppenkonstellationen arrangierten und fotografisch dokumentierten. Die Kamera war im Zuge der Veranstaltungen immer im Spiel, genauer: sie wechselte je nach Bedarf von Organisationsmitglied zu Organisationsmitglied, die sich alle untereinander darin zu verstehen schienen, wie das Arrangieren und Dokumentieren vonstattengehen soll. Die auf diese Weise angelegten Fotografien füllen nicht nur eine üppige organisationseigene Datenbank, in der sortiert nach Veranstaltungen die Bilder aufbewahrt werden, sondern sie dienen der Organisation auch im Alltag als Anker und Referenzpunkt der eigenen Praxis. Letzteres verdeutlicht sich, wenn die im Kontext des praktischen Vollzugs entstandenen Fotografien unter dem artefaktanalytischen Gesichtspunkt der Logik ihrer Verwendung betrachtet werden. Die Verwendung der Fotografien als Teil der organisationalen Öffentlichkeitsarbeit erfolgt zunächst einmal in journalistischer Hinsicht. Der Blick in das Zeitungsartikelarchiv der Organisation macht deutlich, dass Berichte, die von der Einrichtung selbst verfasst worden sind, sehr häufig ein Gruppenfoto mit »wichtigen Personen« zeigen. Die organisationseigene journalistische Berichterstattung konzentriert sich hier – so könnte man sagen – weniger auf die Vermittlung von Inhalten als vielmehr auf die Veranschaulichung und Demonstration der regional-politischen Einbindung der Einrichtung gegenüber einer breiteren Öffentlichkeit. Die Fotos fungieren in erster Linie als Legitimation der Organisation bzw. der organisationseigenen Aufgabe: Ihre Veröffentlichung dient dem Nachweis, dass die Organisation ihren gesatzten Zweck, grenzüberschreitende Vernetzungsarbeit in Kultur und Politik zu leisten, erfüllt. Interessant erscheint neben dieser expliziten – man könnte sagen: strategischen – Verwendungsform der Fotografien eine Vergegenwärtigungsfunktion derselben, die eher implizit wirkt. Bei Streifzügen durch die Räumlichkeiten der Einrichtung machte der Ethnograph im Großraumbüro der Einrichtung – zugleich das öffentlich zugängliche Informationszentrum für Besucher*innen – eine Entdeckung, die sich in eine mittelbare Beziehung zur beschriebenen Vignette setzen lässt. An einer Wand, die sowohl für alle Hinausgehenden als auch von den Arbeitsplätzen gut sichtbar ist, befindet sich eine Fotocollage mit dem Titel »Impressionen aus den Jahren 2007 und 2008«. Sie zeigt eine Anzahl von Gruppenfotos, die große Ähnlichkeiten in der Komposition des Bilds und hinsichtlich der Position und Haltung des Leiters zeigen. Das Ausstellen dieser Auswahl an Gruppenfotos unter der Überschrift *Impressionen* an einem Ort, der jeden Tag mehrmals von allen Mitarbeitenden passiert wird und beinahe selbstläufig ins Blickfeld gerät – und, von der Perspektive der Arbeitsplätze betrachtet, ständig im möglichen Blickfeld bleibt – ist für die alltägliche Identitätspraxis der Einrichtung und insbesondere für die Herausbildung

5.2 Organisationales Lernen aus pädagogischer Sicht

der beschriebenen Praxis von fundamentaler Bedeutung. Durch die Präsenz der Bilder und die damit fixierte Praxis des Arrangierens wird einerseits die Funktion der Fotografien abgebildet und vergewissert, andererseits die mit dem Artefakt *Fotografie* verbundene Praxis ständig vergegenwärtigt. In Form einer Erinnerungsspur (vgl. Giddens 1997, 69) materialisiert sich hier die Praxis des Arrangierens zum Zweck der Dokumentation in den Fotografien. Wir wollen sagen: die besondere Positionierung der Fotografien im Raum wirkt dabei als Referenzpunkt und als Vorbild für die Praxis, die sich nicht zuletzt dadurch hervorbringt und in ihrer Sinnhaftigkeit bestätigt – die bisherigen Ausführungen zur organisationsspezifischen Praxis des Arrangierens sollen ausreichen, um nun eine pädagogische Qualifizierung organisationalen Lernens fortzusetzen. Wir beziehen uns nun auf jene Aspekte der Inhaltsbezogenheit und Dialogizität, die wir im vorangegangenen Abschnitt (▶ Abb. 5 und ▶ Abb. 6) als zentrale Aspekte organisationalen Lernens dargelegt haben.

Zunächst können wir über die detaillierte Bestimmung der *Inhaltsbezogenheit* der oben exemplarisch skizzierten Praxis diese als Wissen-, Können- und Leben-Lernen einer Organisation (hier konkret: einer deutsch-tschechischen Kulturmanagement-Einrichtung) konkretisieren: Ein wichtiger inhaltlicher Bezugspunkt ist die Kamera und damit verbundene Verwendungsregeln. In Regeln des Umgangs menschlicher Akteure mit der Kamera, aber auch hinsichtlich des die praktische Situation miterzeugenden Mitspielens des nicht-menschlichen Akteurs *Kamera* zeigt sich, dass hier ein organisationsrelevantes Wissen hinsichtlich der *richtigen* Verwendung der Kamera besteht, das organisationsweit aufrecht erhalten werden soll. In obiger Vignette zeigt sich dies exemplarisch in der Irritation, dass die Kamera nicht ganz funktionstüchtig ist, und in der im weiteren Dialog erfolgenden Aufrufung und Vergewisserung des Regelwissens, dass die Kamera immer aufgeladen sein muss. Dies ist Garant für einen reibungslosen Vollzug der Praxis des Arrangierens zum Zwecke der fotografischen Dokumentation. Dass es sich um einen innerorganisationalen Wissenstransfer handelt, zeigt sich nicht nur in Szenen, in denen neue Mitarbeitende explizit in die Handhabung und Platzierung der Kamera eingeführt werden, sondern auch die im Büro hängenden Fotos (als visuelle von den Körpern der Lernenden getrennte und zugleich erlenbare Dokumentationen des

Wissens) können als – nonverbal explizit erinnernder – Wissensspeicher begriffen werden. Sichtbar für alle wird hiermit auf ein Prinzip und damit verbundenes Regelwissen verwiesen. Man könnte von einer besonderen Form des organisationalen Wissensmanagement sprechen, dass zugleich auch auf die Bedeutung des *Können-Lernens* verweist. Denn die Praxis des Arrangierens und des fotografischen Objektivierens ist ein in mehrere Hinsichten körperlicher bzw. verkörperlichter Vorgang: So vollzieht sich der Transfer des Regelwissens bzgl. dieser Praxis in einem mimetischen Prozess, der sich in Bezug auf das sichere Mitspielen der Kamera in Form der Aufführung, der Kollaboration und der Nachahmung als organisationale Routine stabilisiert. Dabei ist das Zusammenspiel von menschlichen Akteuren (hier: Organisationsmitglieder) und nicht-menschlichen Akteuren (hier: Kamera, Fotografien) entscheidend. Denn dieses Zusammenspiel bringt eine Objektivation der Praxis zum Vorschein, die selbst wiederum als Medium oder dingliche Erinnerungsspur (in Form der hängenden Bilder) die körperliche Praxis sichtbar hält, anleitet, einübt und eine Aktivierung des Wissens unterstützt. Schließlich lässt sich mit Blick auf den Aspekt des *Leben-Lernens* eine weitere Inhaltsbezogenheit der Praxis ausmachen. So vollzieht sich die Praxis in der Anwendung von Wissen nicht nur als ein Können der Organisation, sondern es zeigt sich darin zugleich eine bestimmter Stil des grenzüberschreitenden Arbeitens, der sich im Vollzug nuancierend entwickelt, in der Produktion von Bildern und deren fortlaufender Veröffentlichung sowie in der Anlage eines umfangreichen Archivs auf eine explizite Selbstdarstellung der Organisation verweist, die sich mittels dieser Bilder als eine Grenzüberschreitung-Könnende Organisation im öffentlichen Raum platziert und fortwährend wiedererzeugt. In der relativen Geschlossenheit der Wiederholung der Praxis des Arrangierens und fotografischen Dokumentierens lernt die Organisation *Leben*, insofern sie sich eines bestimmten Stils der Selbstdarstellung und der Kontingenzbearbeitung vergewissert. Zudem impliziert die Praxis auch eine selbstbezogene Legitimationsfunktion. Im Zeigen der Bilder wird öffentlich sichtbar dem organisationalen Zweck der grenzüberschreitenden Vernetzungsarbeit entsprochen. Andeutungsweise lässt sich an diesem Beispiel auch das organisationale Lernen-Lernen bzw. die Erzeugung einer spezifischen Lernkultur zeigen, nämlich dann, wenn das spezifische

5.2 Organisationales Lernen aus pädagogischer Sicht

Zusammenspiel menschlicher und nicht-menschlicher Akteure reflexiv eingeholt wird, um neue Mitarbeitende in die Praxis einzuüben.

Der Verweis auf das mit der Praxis des Arrangierens eingehende Wissen-, Können-, Leben- und Lernen-Lernen der Organisation lässt sich noch deutlicher als organisationales Lernen qualifizieren, wenn wir die Überlegungen zur *Dialogizität* hinzunehmen. Die mit dem Wissenstransfer, der Entwicklung von Routinen und Arbeitsstil vollzogene Bewegung erfolgt in dreierlei Hinsicht als eine dialogische Bewegung. Erstens vollzieht sich das organisationale Lernen (hier: die Entwicklung einer organisationalen Praxis) als Auseinandersetzung der organisationalen Akteure mit der (für die Organisation relevant erscheinenden) Umwelt, insofern als Nicht-Mitglieder (hier: Besucher*innen, nicht zuletzt eingeladene Gäste aus der regionalen Politik) in ein kooperatives Arrangement mit Mitgliedern (hier meist: dem Leiter) der Organisation gebracht werden. Die Konstellierung von Gruppenbildern ist dabei keine von der Organisation erfundene Praxis, sondern eine, die sich in Verwendung gesellschaftlich anerkannter Modi (z. B. Fotokonstellation bei Treffen politischer Repräsentant*innen) konstituiert. Die Organisation bindet hier institutionalisierte, d. h. gesellschaftlich erprobte und erwartete Vorstellungen hinsichtlich der Repräsentation von Vernetzung und Kooperation in die eigene Einrichtungspraxis ein und formt diese spezifisch aus. Dialogisch ist diese Bewegung also nicht nur in Bezug auf eine Relationierung menschlicher und nicht-menschlicher Akteure, sondern auch in Bezug auf Organisationsexternes (hier: Kooperationspartner, regionale Institutionen, Repräsentant*innen des Gemeinwesens). Schließlich zeigt sich in der inhaltsbezogenen Konkretisierung der Praxis des Arrangierens auch, dass es sich bei Regeln, Routinen und Stilen um Gegenstände handelt, die von der Organisation hervorgebracht werden und an die im alltäglichen Miteinander-Arbeiten und Miteinander-Leben immer wieder angeschlossen wird. Als organisationales Lernen schließt die Praxis des Arrangierens damit an organisationsgeschichtlich Früheres an, d. h. sowohl an vorangegangene Versionen der Praxis als auch an bestimmte Erfahrungsmomente, die im Zuge der Entwicklung dieser Praxis gemacht wurden.

Diese auf die Empirie bezogenen theoretischen Überlegungen bringen uns nun an eine Stelle, an der wir das organisationale Lernen modal konkretisieren können. Dies unternehmen wir im Folgenden mittels der beiden Begriffe *Strategie* und *Muster*.

5.2.3 Strategie und Muster – Tradierung und Transformation

Setzen wir die beschriebene organisationale Praxis des Arrangierens und der fotografischen Objektivation nun in den Kontext bisheriger theoretischer Überlegungen zu Organisation als menschliches Sozialgebilde: In den Blick geraten dann strategische und musterförmige Anteile der Praxis. So ließe sich sagen, dass sich organisationales Lernen hier im Sinne der Generierung und Vermittlung von Wissen, Können und Stil als eine strategische Praktik des (Wieder-)Herstellens oder des Veränderns von Ordnungen (z. B. der explizite Hinweis auf die Regeln zum Umgang mit Kameras oder die journalistische Verwendung der Fotos zur Legitimierung des Organisationszwecks) sowie als ein weitgehend routinierter überindividuell musterförmiger Vorgang (hier: die selbstverständliche Umkonstellierung einer sozialen Situation zum Zwecke der Produktion legitimatorisch nutzbarer Bilder in das Praxis) vollzieht. In Organisationen entwickeln sich überindividuelle Gewohnheiten insofern, als dass diese routinemäßig zwar von Subjekten vollzogen werden, aber nur im spezifischen Kontext eines menschlichen Sozialgebildes aufgeführt und wirksam werden können.

Routinierte Abläufe, die selten explizit organisiert werden, lassen sich als überindividuelle Praxismuster begreifen (vgl. Engel & Göhlich 2019, Göhlich 2014b). Gleiches gilt also mit Blick auf die etwas komplexere Praxis des Arrangierens aus obigen Fallbeispiel, die sich als überindividueller Prozess qualifizieren lässt, weil hier Routinen im kollaborativen Zusammenspiel menschlicher und nicht-menschlicher Akteure entwickelt und fortgesetzt werden. Hinsichtlich des organisationalen Lernens interessieren neben der expliziten Seite, der bewussten, also strategischen Herstellung von Ordnungen, genau jene Praxismuster, weil sie das – organisationsgeschichtlich ggf. selbst aus Praxismustern generierte, in Strukturen institutionalisierte, die alltägliche Praxis der jeweiligen Organisation jedoch nicht zuletzt aufgrund ihrer Latenz mehr noch als Struk-

5.2 Organisationales Lernen aus pädagogischer Sicht

turen prägende – performative Material darstellen, aus dem Organisationen gemacht sind. Diese beiden modalen Seiten des organisationalen Lernens – die strategische Planmäßigkeit und die performative Musterförmigkeit – verweisen auf einen unterschiedlichen Grad an Reflexivität.

Praxisstrategien (der Organisation und des organisationalen Lernens)

Praxisstrategien verstehen wir als zweckrationale und intentionale Vollzüge. Sie zielen auf eine bestimmte Wirkung – nach innen insbesondere auf Identität, nach außen insbesondere auf Legitimität. Nach innen geht es um die Integration auseinanderstrebender Teilkulturen der Organisation, um die (auch gewalthaltige) Bindung einzelner Mitglieder, um die Aufrechterhaltung organisationaler Traditionen, um die Vergegenwärtigung, dass das Ganze mehr ist als die Summe seiner Teile. Nach außen geht es um ein gutes Bild vom Ganzen, um die Sicherung des Fortbestehens der (»gemeinschaftlichen«, d. h. dissensfrei präsentierten oder den Dissens als Partizipation aufführenden) Organisation in einer sich wandelnden (Um-) Welt.

Praxismuster (der Organisation und des organisationalen Lernens)

Praxismuster hingegen sind sichtbare, wiederkehrende, zeiträumlich begrenzte, für die Beteiligten selbstverständliche, organisationale Identität stiftende, unter Beteiligung mehrerer Organisationsmitglieder erzeugte bzw. aufgeführte, formal weitgehend festgestellte Kommunikations- bzw. Kooperationssegmente. In ihren Wiederholungen (aus Sicht der Forschenden und ggf. aus Sicht reflexiver Praktiker*innen) erscheinen sie als charakteristische, die weitere Praxis prägende – und damit organisationales Lernen betreibende, fördernde oder hemmende – Modi der Praxis der betreffenden Organisation. Praxismuster wirken grundsätzlich vergemeinschaftend, indem sie das Ineinandergreifen mehrerer Organisationsmitglieder immer wieder

> aufs Neue in unzähligen Nuancen aufführen. Sie verschaffen den Organisationen damit jene Stabilität, die zur Herstellung und Bearbeitung der für Organisationen bedeutsamen Differenzen (Organisation-Umwelt, Mitglieder-Nichtmitglieder, Programm-Praxis, Geschichte-Gegenwart, Standard-Einzelfall etc.) erforderlich ist.

Unter Hinzunahme des Begriffes der Übersetzung, den wir bereits eingangs zu diesem Kapitel in der Formulierung des *organisationalen Lernens als dialogisches Übersetzungsverhältnis* eingeführt haben, möchten wir abschließend eine Perspektive aufzeigen, die einerseits (1) eine konstitutive Verwicklung beider Momente – des Strategischen und des Musterförmigen – berücksichtigt und andererseits (2) organisationales Lernen prozessual zwischen zwei Bewegungsrichtungen der Übersetzung – der Tradierung und der Transformation – verortet:

(1) Jede Form – sowohl strategisch wie auch musterförmig – organisationaler Praxis impliziert Setzungen sprachlicher und materieller Art, die in Form sichtbarer Ordnungen (von der performativen Äußerung einfacher Kooperationsregeln bis hin zu gesatzten Ordnungen) wirken. Zugleich wird in der Setzung, also in der Fixierung oder Sichtbarmachung bestimmter Strukturmomente einer organisationalen Praxis, das Implizite der Praktik, das performative Material aufgeführt und musterförmig fortgeführt. Das performative Material ist in den Routinen und Regeln, im organisationsspezifischen Wissen über das Wie des alltäglichen Miteinander-Arbeitens eingeschrieben. Mit dem Begriff der Übersetzung lässt sich die Wechselwirkung beider Momente betonen: Muster und Strategie sind modal nicht eindeutig trennbare Mechanismen; vielmehr stehen sie in einem spannungsvollen und sich mitunter bedingenden Übersetzungsverhältnis, da sie sich wechselseitig hervorbringen, bedingen oder negieren. Diese Spannung ist theoretisch produktiv, um das organisationale Lernen als pädagogische Bewegung näher zu bestimmen: Sie verweist erstens auf die Brüchigkeit strategischen Organisierens, wenn etwa die Betonung von Regelhaftigkeit als strategischer Einsatz letztes Mittel zu sein scheint, um musterförmige, also bis zur Prozessgewissheit eingespielte oder einverleibte Prozesse der Vergemeinschaftung in Organisationen zu unterbrechen oder zu kontrollieren.

5.2 Organisationales Lernen aus pädagogischer Sicht

Die Spannung zwischen Muster und Strategie wird zweitens dann in organisationalen Praxen sichtbar, wenn an einem organisationalen Praxismuster (hier: Herstellung organisationslegitimatorisch einsetzbarer Fotos) beteiligte Akteure (hier: anlässlich eines Funktionsausfalls der Kamera) die Gewohnheit explizieren und damit das Musterförmige als Regelhaftigkeit einfordern oder ablehnen. Drittens verweisen strategische Praktiken des Organisierens (etwa die Herstellung einer bestimmten pädagogischen Ordnung, die Wissensvermittlung ermöglichen soll) immer auch auf das Problem der Bewährung. Ausgehend von der Differenz zwischen Strategie und Muster erscheint das Bewährungsproblem als ein Problem riskanter Balance zwischen einer strategischen Herbeiführung und einer performativen Verhandlung pädagogischer Ordnung.

(2) Mithilfe des Übersetzungsbegriffs lassen sich also einerseits die Verwicklungen der strategischen und musterförmigen Modalität organisationaler Praxis in den Blick nehmen. Andererseits lässt sich mit Übersetzung die prozessuale Spannungsgeladenheit fokussieren, wie sie sich einerseits durch ihre rekursive Begründung auf Früheres sowie andererseits durch das permanente *Zwischen* einer relativen Geschlossenheit der Wiederholung und einer prinzipiellen Offenheit für Neues kennzeichnen. Um diesen Gedanken zu erläutern, sind Überlegungen Walter Benjamins hilfreich (vgl. ausführlich Engel 2019). Mit Benjamin lässt sich Übersetzung als Stadium des *Fortlebens* von Vorgängigem beschreiben, das nicht ohne das Vorgängige existent sein kann, dieses aber in einer gewaltigen Bewegung überlebt (Benjamin 1921/1963). Benjamin spricht von der »Übersetzbarkeit« des Originals (ebd., 9): Die Übersetzbarkeit des Originals und nicht das Original selbst ist der Ausgangspunkt für die Übersetzung. So bezieht sich die Übersetzung als Form des Fortlebens nicht auf die Idee einer authentischen Reproduzierbarkeit. Vielmehr verweist sie einerseits auf die Grenzen und die Unmöglichkeit der Übersetzung, die niemals treu oder äquivalent sein kann, will sie denn mehr als bloß informieren, andererseits markiert sie eine Aufgabe im Sinne eines geschichtlichen Auftrags, der sich der den Originalen innewohnenden Übersetzbarkeit annimmt.

Wenden wir uns der Frage zu, wie organisationales Lernen im Lichte dieser übersetzungstheoretischen Hinweise als pädagogische Bewegung zu fassen ist, dann lassen sich drei Aspekte festhalten. *Erstens* kann mit Übersetzbarkeit die prinzipielle Unabschließbarkeit organisationalen Lernens fokussiert werden, das als Übersetzung an Früheres oder Anderes anschließt, dabei Bedeutungen und Strukturmomente produziert, behauptet und zugleich weitere Übersetzungen erfordert und einfordert. Gekoppelt werden kann dies an die Dialogizität des organisationalen Lernens, da dieses sich als fortwährende Auseinandersetzung mit Vorgängigem und Gleichzeitigem (kurz: Differentem) vollzieht. Damit ist *zweitens* auch die Unmöglichkeit einer dauerhaften Herstellung von Ordnung durch organisationales Lernen angesprochen. Organisationales Lernen muss sich immer wieder praktisch bewähren. Dieses Bewährungsproblem verweist auf die ihm eingeschriebene pädagogische Normativität, die sich zwischen den Bedingungen und Möglichkeiten strategischer Herbeiführung und performativer Verhandlung von Inhalten, Regeln, Zielen und Wegen zur Erreichung selbiger aufspannt. Schließlich kann Organisationales Lernen als Form des geschichtlichen Fortlebens des Früheren (konkret: einer früheren Form der Praktik) konkretisiert werden: Praktiken des Organisationalen Lernens bemühen sich um das Fortleben-Lassen von Geschichte (genauer: der Organisationsgeschichte), das aber doch immer eine Bearbeitung der Geschichte im Lichte gegebener Zustände und eines zukünftigen möglichen Anders-Seins bedeutet. Damit lässt sich übersetzungstheoretisch ein *drittes* Moment des Pädagogischen organisationalen Lernens ausmachen: die *Zeitlichkeit oder Übersetzbarkeit*. Denn es handelt sich um einen Vollzug, der – im Zeichen möglicher oder gewollter Tradierung und/oder Transformation – prinzipiell auf Veränderung und Entwicklung angelegt ist.

Organisationales Lernen als Dialog

Organisationales Lernen ist ein praktischer Prozess der kollaborativen Herstellung und Erneuerung einer Organisation als menschliches Sozialgebilde, der sich strategisch oder musterförmig auf ein inhaltliches Anderes bezieht (Dialog), indem es dieses an die bisherige Organisationspraxis anschließt und in diese, sich dabei ändernde, Organisationspraxis übersetzt (siehe Abb. 6). Bei Vorgängen organisa-

> tionalen Lernens werden also nicht nur Inhalte zwischen lernenden Einheiten transportiert, sondern auch die Modalität der pädagogischen Übersetzung sowie der Referenzrahmen bzw. der Kontext selbst – auf den sich das Übersetzte bezieht – können tradiert oder transformiert werden.

Diese Definition von organisationalem Lernen ist mit der Verhältnisbestimmung von Organisation und Institution (▶ Kap. 2) zusammen zu denken, der zufolge Organisationen nicht nur Räume der Aneignung und Umsetzung von Normen, Werten und Inhalten, sondern durch menschliche Praxis in Kollaboration – auch mit nichtmenschlichen Akteuren – geschaffene Gebilde sind, die ihrerseits Normen, Praktiken, Strukturen und Rollen hervorbringen und auf diese Weise für gesellschaftliche Transformationsdynamiken von hoher Relevanz sind. Dieser Gedanke führt zum nächsten Abschnitt. Denn gerade in der Annahme, dass Organisationen von Menschen hergestellte Sozialgebilde sind und prinzipiell durch menschliche Praxis verändert werden können, liegt die Möglichkeit, Organisationsentwicklung – im Sinne von Interventionen bzgl. der organisationalen Aufführung und Produktion von Normen, Praktiken, Strukturen und Rollen – als ein pädagogisches Arbeitsfeld zu begründen.

5.3 Organisationsentwicklung als organisationspädagogisches Arbeitsfeld

Wenn im Folgenden Organisationsentwicklung (kurz: OE) als organisationspädagogisches Arbeitsfeld ausgewiesen wird, geschieht dies vor dem Hintergrund der bisher angelegten organisationspädagogischen Gegenstandsbestimmung von Organisation (▶ Kap. 2) und organisationalem Lernen (▶ Kap. 5.1 und ▶ Kap. 5.2).

5.3.1 Fallbeispiele Firma Global und Hochschule X – Organisationsentwicklung top-down oder partizipativ?

Schauen wir uns zunächst einmal an, wie Organisationsentwicklung in Organisationen unterschiedlicher Art praktisch erfolgt. Die folgenden Beispiele basieren auf prozessbegleitenden bzw. retrospektiven Studien von Masterstudierenden am Lehrstuhl für Pädagogik mit dem Schwerpunkt Organisationspädagogik der FAU Erlangen-Nürnberg, wurden jedoch so modifiziert, dass kein Rückschluss auf die jeweilige reale Organisation möglich ist.

Fall 1: Firma Global – Umstrukturierung des Personalbereichs eins Industrieunternehmens

Nachdem der Aufsichtsrat Mitte der 2010er Jahre angesichts des schlechten Aktienkurses der Firma (global operierendes Industrieunternehmen mit mehreren tausend Mitarbeiter*innen) einen neuen CEO eingesetzt und dessen Organisationsanalyse die Eigenständigkeit der zum Unternehmen gehörenden Marken als Ursache mangelnder Zusammenarbeit und fehlende Abstimmung bei alle betreffenden Themen ausgemacht hat, wurde entschlossen, die bis dahin dezentral strukturierte Organisation zentral zu strukturieren.

Dies betraf nicht zuletzt auch den Personalbereich, in dem bis dahin verschiedene HR-Abteilungen für die verschiedenen Marken existierten, so dass zwar die gleichen HR-Aufgaben zugleich von verschiedenen Mitarbeiter*innen bearbeitet und gegebenenfalls verschieden oder sogar widersprüchlich bearbeitet wurden. Der Personalvorstand wurde beauftragt, den HR-Bereich zentral zu organisieren. Die vom Vorstand konzipierte neue Organisationsstruktur sah global und markenübergreifend operierende HR Business Partner vor, so dass z. B. für Forschung-und-Entwicklung-Themen seitens des Personalbereichs weltweit für das gesamte Unternehmen nur ein HR Business Partner zuständig ist. Das schon vor der Neustrukturierung global angelegte, aber nur für sehr wenige Aufgaben zuständige Learning-

5.3 Organisationsentwicklung als organisationspädagogisches Arbeitsfeld

Team musste im Zuge der Neustrukturierung alle – vorher jeweils lokal länderbezogen bzw. markenbezogen organisierten – Schulungsangelegenheiten übernehmen, überprüfen und ggf. neu ausrichten. Bei der Belegschaft, hier konkret bei den HR-Mitarbeiter*innen, kam diese Organisationsentwicklung nicht gut an. Kritisiert wurde zum einen, dass Beschaffung, Einrichtung und Erläuterung des für die neue Arbeitsstruktur nötigen technologischen Equipments sich lange verzögert hatten, die Mitarbeiter*innen dann jedoch »holterdipolter« in der neuen Arbeitsstruktur mit dem neuen Equipment fehlerfrei arbeiten sollten, zum anderen und vor allem aber, dass die Neuerungen vom Vorstand mit einem externen Berater erarbeitet bzw. geplant wurden, ohne die Mitarbeiter*innen einzubeziehen, d. h. ohne Kenntnisse, Wissen, Erfahrungen und Erwartungen der Mitarbeiter*innen zu berücksichtigen. Zudem wurden die neuen Rollen nur grob zugeschnitten, Schnittstellen zwischen ihren Aufgaben aber nicht im Detail geklärt, was zu erheblichen Reibungen, informellen Klärungsversuchen und teils eskalierendem Widerstand führte.

Fall 2: Hochschule X – Aufbau eines akademischen Auslandsamtes

Konkret ging es bei der Organisationsentwicklung in diesem Fall (aus den frühen 2010er Jahren) um den Aufbau eines akademischen Auslandsamtes einer Hochschule mit mehreren Standorten. Auslöser war ein ministerieller Erlass, dass Fachhochschul-Studiengänge zukünftig sieben Semester, d. h. ein Semester mehr als bis dahin dauern müssen. In Reaktion darauf beschloss die Leitung der Hochschule, das zusätzliche Semester als Auslandssemester zu konzipieren. Zur Koordination dieses Auslandssemesters wurde die Einrichtung eines akademischen Auslandsamtes nötig, das sowohl Partnerschaften mit anderen Hochschulen als auch die einzelnen in- und outgoing-Studierenden administrativ koordiniert. Bedingt durch die teils weit voneinander entfernten Standorte der Hochschule musste sichergestellt werden, dass die einzelnen akademischen Auslandsämter bzw. das akademische Auslandsamt an den verschiedenen Standorten immer auf demselben Kenntnisstand sind, so dass die Auskunftserteilung einheitlich erfolgt.

Die Hochschulleitung bestimmte für jeden der sechs Standorte jeweils eine*n zukünftig für das Auslandssemester bzw. die Auslandsamtangelegenheiten zuständige*n Mitarbeiter*in. Eine dieser Mitarbeiter*innen wurde zur Koordinatorin ernannt. Ihre erste Tätigkeit war, am zentralen Standort der Hochschule ein dreitägiger Workshop aller sechs zukünftig an den verschiedenen Standorten der Hochschule zuständigen Mitarbeiter*innen zu organisieren. Der erste Tag diente dem Sich-Kennenlernen und dem informellen Austausch und zielte auf die Herstellung eines Gemeinschaftsgefühls sowie auf ein Commitment zur engen Zusammenarbeit. Zudem wurde das bei einzelnen oder mehreren der sechs Mitarbeiter*innen bereits durch Auslandsaufenthalte o. a. existierende Vorwissen zusammengetragen und übersichtlich dargestellt. Soweit möglich, sollten die so erkannten Wissensbestände und Interessen Einzelner bei der späteren Aufgabenverteilung berücksichtigt werden. Am zweiten Tag des Workshops wurde auf Basis von Unterlagen anderer Abteilungen der Hochschule erarbeitet, welche Aufgaben die Mitarbeiter*innen des akademischen Auslandsamtes an den verschiedenen Standorten zukünftig zu bewältigen haben und welche Probleme dabei zu erwarten sind. Zudem wurde vereinbart, wie die weitere Kommunikation zwischen den Standorten erfolgen soll. Am dritten Tag des Workshops wurden die für die kommenden drei Semester, bis die ersten Studierenden ins Ausland gehen würden, erforderlichen Schritte herausgearbeitet.

Auf diesen face-to-face-Workshop folgten wöchentliche Telefonkonferenzen der sechs für die verschiedenen Standorte zuständigen Mitarbeiter*innen, die anfangs meist auf inhaltliche Fragen fokussiert waren und sich später zunehmend mit Herausforderungen der Kommunikation mit Studierenden befassten. Zwischen diesen Telefonkonferenzen entstehende Fragen wurden gesammelt und im jeweils nächsten Treffen strukturiert bearbeitet; so generierte Lösun-

5.3 Organisationsentwicklung als organisationspädagogisches Arbeitsfeld

gen wurden von der Koordinatorin notiert. Nach Erstellung eines Grundstocks an Unterlagen erfolgte ein Besuch jedes Standortes, bei dem den Studierenden wie auch den Mitarbeiter*innen der einzelnen Standorte die Informationen zum Auslandssemester vor Ort präsentiert wurden.

Als Problem erwies sich, dass die Mitarbeiter*innen jeweils nur mit einer halben Stelle dem Auslandsamt und mit ihrer anderen halben Stelle in ganz anderen Abteilungen angesiedelt waren, was unter anderem mit sich brachte, dass ihre Arbeitsbelastung über das Semester hinweg sehr unterschiedlich verteilt war. Zudem maßen die Vorgesetzten an den jeweiligen Standorten den Auslandsamt-Angelegenheiten wenig Bedeutung zu und hatten dementsprechend wenig Verständnis dafür, dass ihre Mitarbeiter*innen nun in wesentlichem Umfang Aufgaben für das akademische Auslandsamt zu erledigen hatten. Während dies als strukturelles Hindernis für den Erfolg der Organisationsentwicklung angesehen werden kann, kann als Vorteil zumindest des Ausgangspunkts bzw. Prozessbeginns angesehen werden, dass die Hochschulleitung – über die Bestimmung der personellen Rahmenbedingungen hinaus – keine detaillierten Anforderungen an die internen Strukturen des akademischen Auslandsamtes gestellt hat. Das ermöglichte den Mitarbeiter*innen, selbst über ihre Vorgehensweise bzw. den Aufbau von Strukturen zu entscheiden.

Die beiden Fälle zeigen einige Gemeinsamkeiten, die sich auch in anderen Fällen von Organisationsentwicklung häufig finden. Zu diesen Merkmalen gehören,

1. dass von entscheidungsmächtigen Organisationsmitgliedern eine – als den Fortbestand der Organisation möglicherweise gefährdend angesehene – Unzulänglichkeit der bestehenden Organisationsstruktur diagnostiziert wird: Eine Unzulänglichkeit resultiert im Fall *Global* aus der fehlenden Attraktivität des Unternehmens für Aktionäre, im Fall *Hochschule* daraus, dass die bis dahin gegebene Hochschulorganisation nicht zur veränderten Rechtslage passt. Neo-institutionalistisch gesehen ist die Unzulänglichkeit in beiden Fällen auf Legitimations-

probleme der Organisationen gegenüber ihren Umwelten zurückzuführen (▶ Kap. 4.2).
2. dass die Organisationsentwicklung in mehreren Schritten erfolgt; Fall *Global*: a. initiale Entscheidung für eine Änderung der Organisation durch den CEO; b. Beauftragung des Personalvorstands als für die Organisationsentwicklung zuständigen Koordinator; c. Planung der neuen Organisationsstrukturen und -prozesse sowie der zur Transformation einzusetzenden Maßnahmen durch den Vorstand gemeinsam mit einem Berater bzw. Beratungsunternehmen; d. Umsetzung der neuen Organisationsstrukturen und -prozesse durch die Mitarbeiter*innen; e. Widerstände von Mitarbeiter*innen, die in eine hohe Fluktuation münden; Fall *Hochschule*: a. initiale Entscheidung für eine Änderung der Organisation durch die Hochschulleitung; b. Beauftragung einer Mitarbeiterin als für die Organisationsentwicklung zuständige Koordinatorin; c. Planung der neuen Organisationsstruktur und vor allem der neuen Organisationsprozesse durch diese zukünftig realisierenden Mitarbeiter*innen; d. Information potentiell interessierter Organisationsmitglieder vor Ort; e. Umsetzung der neuen Organisationsstrukturen und -prozesse durch die Mitarbeiter*innen; f. Widerstände von Vorgesetzten, die die Relevanz und das Ausmaß der Auslandsamtaufgaben nicht anerkennen und daraus resultierende Überlastung der Mitarbeiter*innen);
3. dass die Planung und die Realisierung der Transformation der Organisation deutlich auseinanderklaffen, was nicht zuletzt am mangelnden Einbezug von Stakeholdern liegt (Fall *Global*: mangelnder Einbezug von Mitarbeiter*innen; Fall *Hochschule*: mangelnder Einbezug von Vorgesetzten).

Die beiden Fälle lassen aber auch Unterschiede erkennen. Im Fall *Global* erfolgt die Organisationsentwicklung als top-down-angeordnete Änderung. Diese Form ist bis heute in vielen Organisationen gängige Praxis: die Leitung erkennt ein Problem, sie sucht selbst nach Lösungen oder beauftragt ihren Stab oder externe Expert*innen damit, sie wählt die aus ihrer Sicht beste Lösung aus, sie plant die Umsetzung der Lösung oder beauftragt ihren Stab damit, sie bestimmt den Starttermin

5.3 Organisationsentwicklung als organisationspädagogisches Arbeitsfeld

der Umsetzung durch die Mitarbeiter*innen, sie gewährt diesen evtl. noch eine Phase der Umgewöhnung und erklärt die von ihr gewählte neue Regel, Prozedur bzw. Verhaltensweise schließlich zur Pflicht. Es ist nicht verwunderlich, dass diese Form von Organisationsentwicklung – wie im ersten Fall erkennbar – Widerstand erzeugt, werden doch aufgrund fehlender Partizipationsmöglichkeiten von Mitarbeitenden deren Arbeitsgewohnheiten und Orientierungsmuster entwertet. Im Fall *Hochschule* erfolgt die Organisationsentwicklung eher im Sinne der frühen, an Human-Resources-Theorie orientierten OE-Ansätze: im Fokus steht die aktive Teilnahme an Planung und Vorbereitung der Neuerung für diejenigen, die die Veränderung zukünftig bewerkstelligen sollen. Für diesen OE-Ansatz wird – und dies kann in der frühen OE-Tradition als paradigmatisch gelten – die Gruppe zum Medium des Wandels gemacht. Wie die hier bei weiteren Stakeholdern auftretenden Widerstände zeigen, ist die Dynamik einer Gruppe jedoch für eine umfassende Organisationsentwicklung nicht unbedingt ausreichend *(s. u. Kritik an einer Vorstellung von Organisationsentwicklung, die sich auf Lewins gruppenbezogenes Drei-Schritte-Modell stützt)*. Partizipative Organisationsentwicklung erfordert, möglichst alle Betroffenen zu Beteiligten zu machen.

5.3.2 Modelle der Organisationsentwicklung

Organisationsentwicklung wurde historisch unterschiedlich konzipiert. Grob unterscheiden lassen sich die Konzepte *Organisationsänderung*, *OE im frühen Sinne* und *organisationales Lernen*. Klassischen Organisationsmodellen wie z. B. Taylors Scientific Management zufolge besteht Organisationsentwicklung lediglich aus top-down-angeordneten Organisationsänderungen, z. B. aus einer von der Unternehmensleitung beschlossenen Änderung eines Produktionsprozesses. Im Sinne der an Human-Resources-Theorie und Sozialtechnologie orientierten frühen OE-Ansätze erfolgt Organisationsentwicklung unter Einsatz von Berater*innen, Befragungsinstrumenten und angeleiteten gruppendynamischen Prozessen. Richard Beckhard (1969, 9) definiert Organisationsentwicklung dementsprechend als »[...] an effort (1) planned, (2) organization-wide, (3) managed from the top, to (4) increase organization effectiveness and health through (5) planned interventions in the organization's ›processes‹, using behavioral-science knowledge«.

Aus Sicht der seit den 1990er Jahren auch im deutschsprachigen Raum präsenten Modelle organisationalen Lernens erfolgt die Weiterentwicklung einer Organisation weder in jedem Falle noch notwendigerweise als von oben angeordneter oder von außen angeleiteter Prozess, sondern auch eigendynamisch als in betriebsalltäglicher Wiederaufführung erfolgende Nuancierung und schließlich dauerhafte Modifikation von Strukturen, Regeln und Praxismustern der betreffenden Organisation. Professionelle Organisationspädagog*innen verstehen sich vorzugsweise als Unterstützende eigendynamischer organisationaler Lernprozesse. Erinnert sei an das in Abschnitt 4.2 (▶ Kap. 4.2) vorgestellte Konzept systemischer Organisationsberatung von König & Volmer (2004, 2018) und an das dort ebenfalls schon erwähnte, die Eigendynamik des Systems und seiner Veränderung betonende, Organisationsentwicklungsmodell von Schiersmann & Thiel (2014). Beide Ansätze greifen allerdings die Theorie organisationalen Lernens nicht explizit auf und werden deshalb hier nicht weiter ausgeführt. Als Unterstützende eigendynamischer organisationaler Lernprozesse können professionelle Organisationspädagog*innen bzw. organisationspädagogisch ausgebildete Führungskräfte und/oder Mitarbeiter*innen auch in solchen Fällen wirken, in denen Organisationsentwicklung zunächst als bloße top-down-Änderung oder als sozialtechnologische OE betrieben wird. Dies ist nicht zuletzt deshalb zu erwähnen, weil Berichte aus der Praxis zeigen, dass Organisationsentwicklung immer noch häufig in solch – organisationsentwicklungstheoretisch früheren – Form realisiert wird.

Die Modellierungen von Organisationsentwicklung – als Organisationsänderung, OE im frühen (gruppendynamischen und sozialtechnologischen) Sinne und oganisationales Lernen – befassen sich insbesondere mit dem zweiten der in der Analyse der beiden Fallbeispiele genannten Merkmal (Organisationsentwicklung erfolgt in mehreren Schritten). Fast alle Modellierungen sehen eine – je nach Ansatz etwas anders zugeschnittene – Schrittfolge vor. In Folgenden stellen wir ausgewählte Modelle vor, die sowohl in theoretischen und empirischen Arbeiten zur Organisationsentwicklung als auch in Ratgeberliteratur zur Organisationsentwicklung und von professionellen Organisationsentwickler*-

Kurt Lewin – *Unfreezing, Moving, and Freezing of Group Standards*

Das älteste bis heute wissenschaftlich erörterte (z. B. Bartunek & Woodman 2015, Hussain et al. 2018, Burnes 2020) und praktisch genutzte (z. B. Zelsniack & Grolman o. J.) Modell stammt von Kurt Lewin. Wie der Titel seines Aufsatzes »Changing as Three Steps: Unfreezing, Moving, and Freezing of Group Standards« (Lewin 1947) verrät, ging es ihm zwar eigentlich nicht um Organisationsentwicklung im umfassenden Sinne, sondern speziell um den Wandel kollektiver Normen, aber da Organisationen als überindividuelle Sozialgebilde wesentlich auf für alle Mitglieder geltenden Regeln bzw. von allen geteilten Normen basieren, lag es nahe, den von Lewin konstatierten Dreischritt grundsätzlich auf Organisationsentwicklung anzuwenden. Organisationsentwicklung in diesem Sinne beginnt mit – etwa durch Feedback und Austausch verschiedener Wirklichkeitssichten erzeugte – Irritation und ggf. kathartische Lockerung (»unfreezing«). Die zweite Phase – von Lewin als »moving«, in der jüngeren Literatur meist als »change« bezeichnet – ist vor allem durch Wissensaustausch, Alternativensuche, Probehandeln und Ermutigung geprägt. In der dritten Phase – dem »freezing« – geht es darum, das neu Entdeckte und Ausprobierte in kollektive Gewohnheit zu überführen. Das Modell ist pädagogisch anschlussfähig, macht Organisationsentwicklung als pädagogisches Arbeitsfeld denkbar, sind doch Feedback bzw. die Moderation von Feedback, die Förderung von Wissensaustausch sowie die Ermöglichung und Ermutigung von Probehandeln gängige pädagogische Aufgaben. Problematisch an Lewins Modell bzw. an seiner Verwendung für die Entwicklung von Organisationen ist jedoch, dass es die Organisationsumwelt (und damit das organisationspädagogisch bedeutsame Verhältnis von Organisation und Institution (▶ Kap. 2.2) nicht berücksichtigt. Der Fokus beschränkt sich auf organisationsinterne Beziehungen, Einstellungen und Verhaltensweisen. Diese Fokussierung erlaubt Detailansichten zwischenmenschlicher Kommunikation, allerdings um den Preis, dass sowohl Umwelten (gesellschaftliche Erwartungen, politische Programmatiken etc.) als auch die Rolle nicht-menschlicher Akteure bzw. Aktanten in Organisationen (▶ Kap. 4.4) ausgeblendet wird. Eine weitere Schwachstelle des Ansatzes ist, dass Entwicklung als begrenzte Episode, als Zwischenphase zwischen zwei Gleichgewichtszuständen, statt als andauernder, wenngleich in seiner Kraft und Dynamik variierender Prozess angesehen wird.

Neuere Modelle wie etwa John Kotters 8-Schritte- oder Otto Scharmers 5- bzw. 7-Schritte-Modell bauen – bei Kotter (1996) implizit, bei Scharmer (2007) explizit – auf Lewin auf, differenzieren die Schrittfolge von Organisationsentwicklung jedoch weiter aus. Beide Modelle sind – auch wenn zumindest Scharmer den Anspruch erhebt, damit eine »Theorie« vorzulegen – vornehmlich an Organisationsentwicklung beauftragende Führungskräfte und Praktiker*innen der Organisationsentwicklung, d. h. Organisationsberater*innen und Change Manager*innen gerichtet.

John Kotter – *Leading Change*

Blicken wir zunächst auf das Modell Kotters (1996). Ihm zufolge benötigt eine Organisationsentwicklung – Kotter spricht meist von »organizational change« – acht Schritte: Zunächst (1) gilt es, ein Gefühl von Dringlichkeit zu erzeugen, also ein Gefühl dafür zu entwickeln, wo – an welcher Struktur, in welchem Prozess der Organisation – dringend etwas geändert werden muss; dann (2) eine »guiding coalition« zu schaffen, d. h. Führungskräfte und/oder Mitarbeiter*innen zu einem die Veränderung betreibenden Projektteam zusammenzustellen; (3) eine Vision und eine Strategie für den Weg dorthin zu entwickeln; (4) die Vision organisationsintern zu kommunizieren und dabei um Verständnis und Akzeptanz für das Neue zu werben; (5) die Mitarbeiter*innen zu breit abgestütztem Handeln zu befähigen und zu ermächtigen und diesbezügliche organisationsinterne Hindernisse aus dem Weg zu räumen; (6) zeitnahe Erfolge generieren, nicht zuletzt auch, um die Änderungsbereitschaft hoch zu halten bzw. zu erhöhen; (7) den Wandel sowohl zu konsolidieren als auch zu stärken, die Organisationsentwicklung also in Schwung zu halten; (8) das Neue in der Organisationskultur zu verankern, so dass es schließlich zur Gewohnheit wird. Auch wenn man nicht sämtliche Phasen einander zuordnet – wie dies Ruth Alas & Sudi

5.3 Organisationsentwicklung als organisationspädagogisches Arbeitsfeld

Sharifi (2002) tun; sie ordnen Kotters Schritte 1–4 Lewins Unfreezing, Kotters Schritte 5–7 Lewins Moving und Kotters Schritt 8 Lewins Refreezing zu –, sind die Ähnlichkeiten zu Lewins Modell zumindest im ersten und im achten Schritt von Kotters Modell offensichtlich. Anders als bei Lewins Modell wird von Kotter die organisationale Umwelt und der von ihr ausgehende (Entwicklungs- bzw. Anpassungs-)Druck mitbedacht. Empirisch hält die von Kotter postulierte Ausdifferenzierung der (Organisationsentwicklungs-)Schritte allerdings nicht durchweg stand (Alas & Sharifi 2002, 320).

Otto Scharmer – *Theory U*

Scharmer (2007) unterteilt Organisationsentwicklung bzw. *change* mal in fünf (co-initiating, co-sensing, [co-]presencing, co-creating, co-evolving), mal in sieben (downloading, seeing, sensing, presencing, crystallizing, prototyping, performing) oder gar in neun Schritte (Scharmer in Pichler 2016). Dies wirft ebenso Zweifel bezüglich der empirischen Validität des Modells auf wie die von der ersten Publikation des siebenphasigen U-Modells (Jaworski & Scharmer 2000) partiell abweichenden Bezeichnungen der anderen Phasen. Auch die theoretische Basis des Modells ist fragwürdig (Heller 2019, Kühl 2016; s. u.). Angesichts der international starken Rezeption und Verwendung des Modells im Diskurs um Organisationsentwicklung soll es hier dennoch behandelt werden, zumal aus der Kritik des Modells Hinweise für die organisationspädagogische Konturierung von Organisationsentwicklung als Arbeitsfeld resultieren. Scharmers Bezeichnungen der von ihm unterschiedenen Schritte lassen die Betonung emotionaler Prozesse und – kritisch gesagt – auch eine gewisse esoterische Tendenz erahnen. Obwohl er sich auch auf Lewin bezieht, waren die – von ihm selbst ebenfalls erwähnten – Einflüsse Rudolf Steiners und Fritjof Capras offenbar stärker. Wandel, der in der ersten Fassung des Modells als individueller Prozess und erst später als Organisationsentwicklung gedacht wird, beginnt Scharmer zufolge mit (1) *downloading*, bei dem die Beteiligten (Organisationsmitglieder) nach Bestätigung für ihre Denk- und Verhaltensmuster suchen, somit gegenüber Neuem verschlossen sind. Im (2) *seeing* konstatieren sie Gemeinsamkeiten und Unterschiede ihres Wissens, fühlen sich jedoch nicht in den Anderen ein, bringen kein Verständnis für andere Wirklichkeitssichten auf. Beim (3) *sensing* setzt das Bemühen um Empathie ein, die Beteiligten fokussieren nicht nur auf Fakten, sondern interessieren sich dafür, was das vom Anderen Geäußerte für ihn bedeutet. Mit (4) *presencing* – ein Neologismus aus »presence« (Anwesenheit) und »sensing« (Fühlen) – geht es darum, sich mit inneren Ressourcen wie auch zukünftigen Möglichkeiten in Verbindung zu setzen, nach der eigenen Aufgabe und damit auch nach sich selbst zu fragen. Am Anfang des *presencing* steht laut Scharmer das Loslassen und Zulassen (»letting go«), in seinem Zentrum ein »innerer Ort der Stille«, an seinem Ausgang das Entstehen-Lassen (»letting come«), in dem man mit der »inneren Quelle« verbunden ist. Im (5) *crystallizing* werden die aus der »inneren Quelle« entstandenen Visionen, Imaginationen, Ideen verdichtet. Im (6) *prototyping* werden sie ausprobiert und im Falle eines Scheiterns nuanciert wieder ausprobiert. Zukunft soll hier durch praktisches Tun gemeinsam erkundet und entwickelt werden. Der letzte Schritt (7) *performing* beinhaltet, das Neue im Alltag zu praktizieren, letztlich also eine neue Alltagspraktik zu etablieren.

Organisationssoziologische und -pädagogische Kritik

Aus organisationssoziologischer Sicht erfährt das Modell *Theory U* eine kritische Einordnung, der wir prinzipiell folgen und organisationspädagogisch einige Aspekte hinzufügen. Stefan Kühl (2016) kritisiert *erstens*, dass Scharmer annimmt, dass Veränderungen in Organisationen die Gesellschaft als Ganzes bessern, und dabei die Differenz der Systemlogiken – zwischen Organisationen und Gesellschaft wie auch zwischen face-to-face-Interaktion und globalem Markt – außer Acht lässt (Kühl 2016, 25). Sein *zweiter* Kritikpunkt ist, dass Scharmer seinen Ansatz als wissenschaftliche Erkenntnis mit spirituellen Elementen verbindende Theorie oder gar »neue Wissenschaft« bezeichnet, sich jedoch der wissenschaftlich üblichen Anforderung seitengenauer Referenzen auf Texte Anderer entzieht (Kühl 2016, 25). *Drittens* kritisiert Kühl die Suggestion einer Aufhebung der Interessenkonflikte in einer Gemeinschaftsideologie:

»Organisationen sind darauf angewiesen, ihre organisationale Schauseite herzurichten, weil ansonsten Konflikte in der Umwelt der Organisation zu stark

5.3 Organisationsentwicklung als organisationspädagogisches Arbeitsfeld

an die Kernprozesse der Organisation herangetragen würden. […] Wenn aber die Organisationen zu stark an diese Schauseite glauben, dann verhindern sie damit, dass Interessengegensätze überhaupt artikuliert werden können, organisationale Lernprozesse werden so unterbunden. Die starke Gemeinschaftsorientierung der Theorie U birgt also die Gefahr, dass dieses Konzept zu einer Lernverhinderungstheorie degeneriert« (Kühl 2016, 27).

Und *viertens* kritisiert Kühl Scharmers mit esoterischer Terminologie angereicherte Steuerungsphantasie:

»Auf den ersten Blick ist die Theorie U erst einmal ein ganz normales Phasenmodell. Wie die meisten Phasenmodelle führt auch die Theorie U eine Fortschrittssuggestion mit sich. Der Mensch, das Team, die Organisation, der Staat oder gleich die gesamte Gesellschaft – alle sollen nach dem Durchlaufen der verschiedenen Phasen geläutert sein. […] Die Attraktivität der Theorie U besteht darin, dass sie die im Management gehandelten klassischen Phasenmodelle aufgreift und sie mit den in Teilen der Change-Management-Szene populären esoterischen Begriffen und Konzepten auflädt. […] Was angesichts der poetischen Sprache Scharmers leicht übersehen wird, ist, dass es sich bei der Theorie U letztlich um eine esoterische Variante klassischen zweckrationalen Denkens handelt. Auch wenn Scharmer betont, dass das U als ein *ganzheitliches Feld*, nicht als ein *linearer Prozess* funktioniere, dann erkennt man doch, wie ähnlich es dem PULM-Phasen-Modell, den *Plan-Do-Check-Act*-Zyklen oder dem *Unfreezing-Moving-Freeze*-Modell von Kurt Lewin ist. Letztlich geht es auch in der Theorie U darum, die Ist-Situation zu analysieren, Probleme zu identifizieren, gemeinsam Ziele zu formulieren, neue Möglichkeiten zu entwickeln, diese auszuprobieren und dann umzusetzen« (Kühl 2016, 27f.).

Organisationspädagogisch ist dieser letzte Kritikpunkt besonders zu beachten, unterliegen doch gerade pädagogische Praxiskonzeptionen – aufgrund der pädagogischen Praxis stets inhärenten Frage, in welche Richtung bzw. auf welches Ziel hin Entwicklung zu fördern ist – leicht der Gefahr, das gegebene Problem der Normativität durch schlichte Normsetzung eines vom Pädagogen bzw. von der Pädagogin angenommenen »Besseren« zu lösen. Kritisch ergänzen wollen wir, dass ein auf Fortschrittssuggestion – bei Scharmer wie schon bei Lewin und Kotter zu finden – aufbauendes OE-Phasenmodell verführerisch für die Konzeption pädagogischer Praxis ist, da sie Planbarkeit und Steuerbarkeit nahelegt und damit Machbarkeitsphantasien zulässt bzw. verstärkt (vgl. Göhlich 2008; Engel 2016). Auf dieser Kritik gründet unser Verständnis von Organisationsentwicklung (s. nachfolgender Kasten).

Organisationsentwicklung

Unter Organisationsentwicklung verstehen wir aus organisationspädagogischer Perspektive einen zeitlich strukturierten, erfahrungsreflexiv und dialogisch angelegten und ggf. von externen Expert*innen moderierten Prozess organisationalen Lernens (▶ Abb. 6). Ausgehend von der ersten Annahme, dass Organisationen als menschliche Sozialgebilde bestimmte Zwecke verfolgen, die durch menschliche Praxis produziert und somit auch durch menschliche Praxis verändert werden können, und von der zweiten Annahme, dass Organisationen als Arenen gesellschaftlicher Transformationsprozesse fungieren, basiert eine pädagogische Organisationsentwicklung auf der wissenschaftlichen Analyse (A) organisationaler Praktiken des Umgangs mit Krisen, Problemen und Differenzen sowie auf der Übersetzung (B) eines so wissenschaftlich produzierten Wissens in Konzepte und Formen organisationaler Lernunterstützung. Organisationaler Lernunterstützung (C) liegt dabei der theoretisch-empirische Anspruch zu Grunde, über Möglichkeiten, Bedingungen und Bedrohungen des Lernens in und von Organisationen im Kontext gesellschaftlicher Transformationen aufzuklären und auf Basis eines reflexiven Dialogs organisationales Lernen anzuregen und zu stabilisieren.

5.3 Organisationsentwicklung als organisationspädagogisches Arbeitsfeld

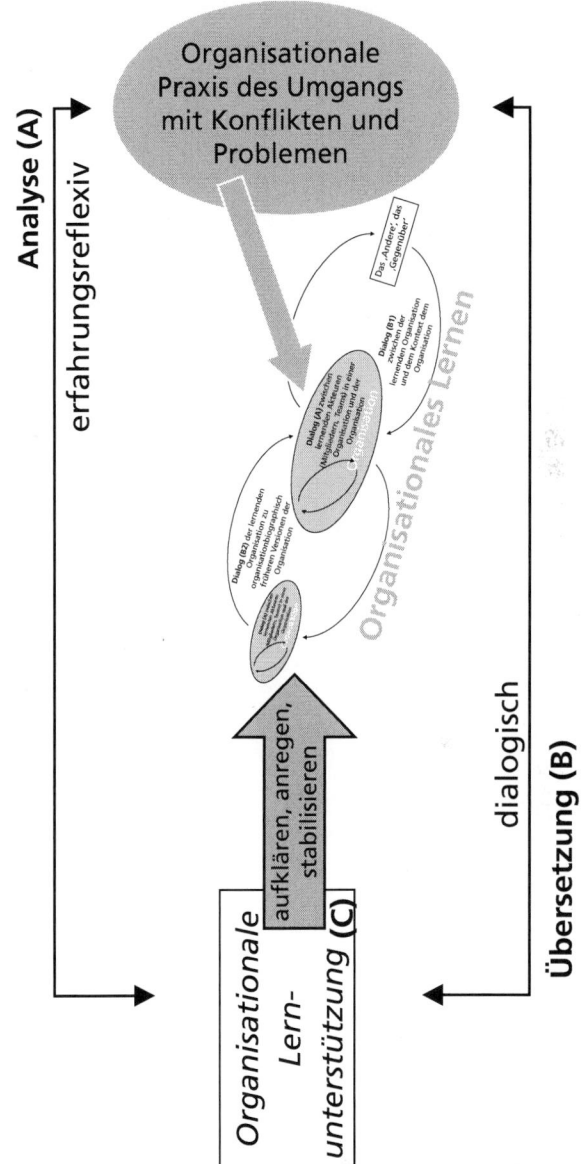

Abb. 6: Pädagogische Organisationsentwicklung

5.3.3 Agilisierung als OE-Antwort auf Bedingungen des 21. Jahrhunderts?

Sowohl die technischen als auch die sozialen Rahmenbedingungen, in denen sich Organisationen bewegen und zu denen sie sich verhalten müssen, wandeln sich seit Ende des 20. Jahrhunderts nicht nur erheblich, sondern auch – und das ist für Organisationsentwicklung bedeutsamer, da sie darauf mittels Anpassung ihrer eigenen Formen bzw. Modi antworten muss – rapide (vgl. Jürgens et al. 2017). In technischer Hinsicht sticht die Digitalisierung hervor: das Angebot betrieblicher Client-Server-Software, z. B. SAP R/3 (ab 1991), die Entwicklung von HTML und HTTP sowie Freigabe des World Wide Web (1993), die Gründung von Google (1998), der Start von Wikipedia (2001), die Verbreitung von Cloud Computing (ab den 2000ern), die Markteinführung von sozialen Netzwerken, z. B. Facebook (2004), und von Kollaborationssoftware, z. B. Microsoft Teams (2017). Die exponentielle Entwicklung digitaler Optionen setzt zuvorderst die – aufgrund ihrer Gewinnorientierung besonders effizienzsensiblen – privatwirtschaftlichen Unternehmen, aber auch – zumal vor dem Hintergrund der seit den 1990er Jahren zu beobachtenden Ökonomisierung des Sozialen – Sozial- und Bildungseinrichtungen der öffentlichen Hand und des dritten Sektors unter Druck, sich ebenfalls zu digitalisieren (vgl. Apt 2016 et al.). Da digitale Lösungen die vorige analoge Praxis oft nicht eins zu eins übersetzen, sondern neue Strukturen und Abläufe implizieren, erfordert die Digitalisierung in vielen Fällen eine – über die Installation einer Software und die entsprechende Schulung des Personals hinausgehende – Organisationsentwicklung (bzgl. des Verhältnisses Wissensmanagement und Lernende Organisation z. B. Harteis & Fischer 2020). Angesichts der enormen Geschwindigkeit der Entwicklung neuer digitaler Optionen – bis hin zur Künstlichen Intelligenz im Sinne lernfähiger technischer Systeme, die ggf. problematische Situationen selbstständig erfassen, daraus Schlüsse ziehen und ggf. Problemlösungen entwickeln – ist davon auszugehen, dass Organisationen diesbezüglich derzeit und in nächster Zukunft unter besonderem Entwicklungszwang stehen, dass also Digitalisierung ein zentrales Moment von Organisationsentwicklung im 21. Jahrhundert ist bzw. sein wird.

5.3 Organisationsentwicklung als organisationspädagogisches Arbeitsfeld

Neben dem aus technischen Rahmenbedingungen resultierenden Druck auf Organisationen, sich weiter zu entwickeln, entsteht solcher Druck auch aus sich ändernden sozialen Rahmenbedingungen. Von diesen findet der demographische Wandel im interdisziplinären Diskurs zur Organisationsentwicklung schon länger Beachtung, etwa im Hinblick auf alternde Belegschaft, betriebliches Alternsmanagement (Sporket 2011) und intergenerationalen Wissenstransfer (Lippert et al. 2001, Rimser 2014), und im Hinblick auf eine nicht zuletzt globalisierungs-, migrations- und fluchtbedingt zunehmend erfahrbare kulturelle Diversität, etwa in Form von Forderungen nach interkultureller Öffnung und Diversity Management (Heidsiek 2009, Schröer 2018) oder in Form der Forderung nach eine Transnationalisierung der Organisation (Engel et al. 2020; ▶ Kap. 7.1). Eingedenk der in pädagogischer Praxis virulenten Machbarkeits- und Steuerungsphantasien ist organisationspädagogisch allerdings im Blick zu behalten, dass Diversität Organisationen Probleme bereiten kann, da Organisationen in der Regel auf Standardisierung – nicht nur des Produktions- bzw. Dienstleistungsprozesses, sondern auch der Kommunikations- und Entscheidungswege sowie der Erwartungen an ihre Mitglieder – zielen.»Diversität wird hier als Abweichung vom Standard begriffen und erscheint dementsprechend vorrangig als Problem« (Göhlich 2012, 10). Diversität evoziert und stabilisiert Mechanismen und Strukturen der Diskriminierung (Stichwort: institutionelle Diskriminierung, institutioneller Rassismus), wie verschiedene Studien zur Diskriminierung in und durch Schulen (Gomolla & Radtke 2013), in und durch Behörden (Fourutan & Dengler 2017) sowie in und durch Betriebe(n) (Scherr 2014, Dälken 2015) eindrücklich belegen.

> »Anderseits eröffnet Diversität den Organisationen Chancen zu lernen, zumal das Lernen als dialogisches Verhältnis mit einem sachlich oder personell Anderen diesen Anderen ja gerade bedarf. So gesehen ist organisationales Lernen eine organisationale Bearbeitung von Differenzen, die zu einer Neuerung des organisationalen Selbstverständnisses oder bestimmter organisationaler Strukturen und Praktiken führen kann« (Göhlich 2012, 10).

Der demographische Wandel impliziert jedoch nicht nur alternde und kulturell diverse Belegschaften, sondern bringt auch neue Haltungen jüngerer Generationen (Y, Z, ff.) mit sich, auf die Organisationen strukturell, prozedural und kulturell eingehen müssen, um neue Mitarbeiter*innen zu gewinnen und an sich zu binden (Klaffke 2014). Sowohl technisch als auch sozial sehen Organisationen sich also dem immer rascheren Wandel ihrer potentiellen – technisch z. B. digitalen, sozial z. B. generationalen – Ressourcen ausgesetzt. Das Konzept der Agilität bzw. Agilisierung kann als eine aktuelle Antwort auf diese Beschleunigung des Ressourcen- bzw. Kontextwandels verstanden werden. Hatte das Konzept der lernenden Organisation (Argyris & Schön, Senge) Ende des 20. Jahrhunderts das organisationale Lernen als kontinuierliche Weiterentwicklung der Organisation fokussiert, so rückt das Konzept der Agilität bzw. Agilisierung die Geschwindigkeit, Kurzfristigkeit, Kleinteiligkeit und Flexibilität organisationalen Wandels ins Zentrum organisationsentwicklerischer Aufmerksamkeit (dazu ausführlicher auch Kipper 2021). Im Sinne agiler Organisationsentwicklung erfolgt organisationales Lernen idealerweise so, dass es einerseits ein Resultat (ein bestimmtes Produkt bzw. die Fähigkeit der Organisation, ein bestimmtes Produkt herzustellen) erzeugt und andererseits dazu befähigt, sich von dem Resultat distanzieren, es zu ändern und zu verwerfen und sich möglichst kurzfristig der nächsten bzw. anderen Aufgabe, ggf. in Kooperation mit anderen Kolleg*innen zuwenden zu können. Charakteristisch hierfür sind *Scrum Sprints*, in denen ein Produkt bzw. ein nutzbarer Produktzuwachs hergestellt werden soll. »They are fixed length events of one month or less to create consistency. A new Sprint starts immediately after the conclusion of the previous Sprint« (Schwaber & Sutherland 2020, 7). Ursprünglich in der Softwareentwicklung zur Überwindung des dort bis in die 1990er Jahre gängigen – nicht-iterativen und somit hinsichtlich erst im Prozess sichtbar werdenden Anforderungen unflexiblen – Wasserfallmodells konzipiert, wird die Agilisierung mittels *Scrum* inzwischen – nicht zuletzt von den Konzeptbegründern selbst – über den Softwarebereich hinaus auch als Organisationsentwicklungsmodell postuliert:

> »Scrum is a lightweight framework that helps people, teams and organizations generate value through adaptive solutions for complex problems. In a nutshell, Scrum requires a Scrum Master to foster an environment where: 1. A Product Owner orders the work for a complex problem into a Product Backlog. 2. The Scrum Team turns a selection of the work into an Increment of value during a Sprint. 3. The Scrum Team and its stakeholders inspect the

5.3 Organisationsentwicklung als organisationspädagogisches Arbeitsfeld

results and adjust for the next Sprint. 4. Repeat« (Schwaber & Sutherland 2020, 3).

Dass Organisationen – zunächst Wirtschaftsunternehmen, inzwischen aber auch Sozial- und Bildungseinrichtungen und Behörden – sich seit Beginn des 21. Jahrhunderts zunehmend um Agilisierung bemühen, kann als Antwort auf die Zunahme kurzfristiger Veränderung in ihren Umwelten – Stichwort »VUCA«-Welt (volatil, unsicher, komplex, mehrdeutig) – gedeutet werden und ist als solche verständlich. Organisationspädagogisch erscheint das Konzept der Agilisierung bzw. agiler Organisationsentwicklung in einigen Aspekten anschlussfähig, in anderen eher problematisch (vgl. Kipper 2021). Anschlussfähig ist die Betonung der Selbststeuerung des Lernens (Schwaber & Sutherland 2020, 4, vgl. Dehnbostel 2018) in alltagspraktischer Auseinandersetzung mit Artefakten (Schwaber & Sutherland 2020, 4, vgl. Engel 2018a, 243) sowie wechselseitiger Unterstützung im Team (Schwaber & Sutherland 2020, 4), hierin der Idee von »communities of practice« (Lave & Wenger 1991, vgl. Göhlich 2018, 372) ähnelnd. Aus organisationspädagogischer Sicht problematisch am Konzept der Agilisierung, zumal an deren methodischer Praxis in Form von *Scrum*, ist die Ausblendung des Humanen im umfassenden Sinne und auch die Unterschätzung der Funktion träger Organisationselemente. Die strikte Effizienzorientierung agiler Organisation erhöht den Leistungsdruck auf Mitarbeiter*innen; zudem macht die den Scrum-Sprints eigene Kurzfristigkeit die Mitarbeiter*innen austauschbarer; »empowered« (Schwaber & Sutherland 2020, 6) werden Mitarbeiter*innen nur im Hinblick auf das fixierte kleinteilige Produkt (zuwachs)-Ziel; Bedürfnisse der Mitarbeiter*innen hingegen bleiben unbeachtet. Damit fällt das Konzept agiler Organisation(sentwicklung) sogar hinter die Erkenntnisse der Human-Relations- und Human-Resources-Ansätze und die darauf gründenden surveybasierten und gruppendynamischen Organisationsentwicklungskonzepte zurück. Zudem führt die dem Agilisierungskonzept eigene Prämisse, Organisationen seien heute einer volatilen, unsicheren, komplexen und mehrdeutigen Umwelt ausgesetzt, zur Unterschätzung sowohl der längerfristig stabilen Umweltbestandteile als auch der Bedeutung dauerhafter Strukturen und Prozeduren für die organisationale Identität und damit für die Stabilität des jeweiligen Unternehmens bzw. der jeweiligen Behörde, Bildungs-

oder Sozialeinrichtung als Organisation. Organisationspädagogisch gilt es, beides im Blick zu behalten. Dies gilt umso mehr angesichts dessen, dass Organisationsentwicklung heute zwar in vielen Organisationen strukturell etabliert ist, dabei jedoch häufig Personalentwickler*innen übertragen wird, die zwar für die Weiterbildung von Mitarbeitenden, aber nicht für die Entwicklung auf der Ebene der Organisation ausgebildet sind. Eben hierzu kann und muss Organisationspädagogik beitragen, so dass eine professionelle Tätigkeit als Organisationsentwickler*in stets (auch) organisationspädagogische Expertise voraussetzt.

5.4 Personalentwicklung als organisationspädagogisches Arbeitsfeld

Personalentwicklung ist – wie auch Organisationsentwicklung – ein von verschiedenen Disziplinen behandeltes Arbeitsfeld. Entgegen einer betriebswirtschaftlichen Perspektive, die Personalentwicklung auch als *Freisetzung* unrentablen Personals (Fölhs-Königslehner & Müller-Camen 2015, 350ff.) und als *Recruiting* von mehr Rentabilität versprechendem Personal auffassen und ausüben kann, fokussiert der pädagogische Blick auf Personalentwicklung anders.

5.4.1 Organisationspädagogische Perspektivierung der Personalentwicklung

Organisationspädagogisch ist Personalentwicklung insbesondere in zweierlei Hinsicht von Interesse: zum einen, wenn bzw. insofern Personalentwicklung als von der jeweiligen Organisation betriebene Anregung und Förderung des individuellen (Wissen-, Können-, Leben- und Lernen-) Lernens ihrer Mitglieder angesehen wird; zum anderen, wenn bzw. insofern Personalentwicklung als von der jeweiligen Organisation betriebene Anregung und Förderung des kollektiven Lernens ihrer

5.4 Personalentwicklung als organisationspädagogisches Arbeitsfeld

Teams bzw. Abteilungen angesehen wird. Dabei gilt, der pädagogischen Fundierung der Organisationspädagogik entsprechend, dass die Frage der Humanität, die – sich in Organisationen als menschlichen Sozialgebilden auch überindividuell stellende – Frage der Menschwerdung des Menschen in der Theorie und Praxis der Personalentwicklung mitgeführt wird.

Organisationspädagogisch bedeutsam ist Personalentwicklung nicht zuletzt auch, weil Organisationsentwicklung schwerlich ohne Personalentwicklung realisierbar ist. Dass beide Arbeitsfelder in Beziehung zueinander stehen, ist unbestritten. Uneinigkeit besteht in der einschlägigen Literatur allerdings darüber, welches der beiden Arbeitsfelder in diesem Verhältnis den Vorrang hat.

Manfred Becker (2013, 5) versteht unter Personalentwicklung »alle Maßnahmen der Bildung, der Förderung und der Organisationsentwicklung, die von einer Person oder Organisation zur Erreichung spezieller Zwecke zielgerichtet, systematisch und methodisch geplant, realisiert und evaluiert werden«. Während ihm zufolge Organisationsentwicklung somit ein Teilbereich der Personalentwicklung ist, ist es Michael Krämer (2011, 14) zufolge gerade anders herum: »Während Organisationsentwicklung die Veränderungsprozesse des gesamten Systems, dessen Strukturen und Prozesse umschreibt, stehen bei der Personalentwicklung die Menschen im Vordergrund. So gesehen, ist die Personalentwicklung ein Teil der Organisationsentwicklung« (Krämer 2011, 14).

Da Organisationspädagogik primär auf Organisationen – sei es eine Schule oder ein Wirtschaftsunternehmen, eine soziale Einrichtung oder eine Behörde, eine Klinik oder eine Nichtregierungsorganisation – fokussiert, spricht aus organisationspädagogischer Sicht mehr für letzteres, zumindest aber dafür, Personalentwicklung als auf die jeweilige Organisation bezogen und von dieser bedingt zu begreifen. Dementsprechend kann etwa die von Marc Solga et al. (2011; ähnlich schon Sonntag 1999 und Mudra 2004) vorgelegte Definition von Personalentwicklung als »sämtliche Maßnahmen zur systematischen Förderung der beruflichen Handlungskompetenz von Menschen, die in einer und für eine Organisation arbeitstätig sind« (Solga 2011, 19), grundsätzlich auch im organisationspädagogischen Diskurs verwendet werden. Ergänzt werden müsste diese Definition aus unserer Sicht allerdings im Sinne eines pädagogischen Lernbegriffs um die Perspektive der Inhaltsbezogenheit und Dialogizität dieser Unterstützungs- und Förderprozesse. Organisationspädagogisch wäre darauf aufmerksam zu machen, dass Lernen und Lernunterstützung im Kontext spezifischer Arbeitsvorgänge von statten geht und damit organisational verfasst ist.

In der pädagogischen Forschung und Lehre wird die Personalentwicklung immer noch wenig behandelt. Einschlägige Publikationen wie die Arbeiten von Tatjana Frey (2005, 2007), Kerstin Ritz (2012), Sonja Galison (2007) oder Jenny Kipper (2014), in denen das wachsende Interesse von Pädagog*innen an einer beruflichen Tätigkeit in der Personalentwicklung der mangelnden Behandlung von Personalentwicklung in pädagogischen Studiengängen gegenübergestellt wird, sind selten. Dies gilt bislang, wie Ines Sausele-Bayer (2018, 612f.) zeigt, auch für die organisationspädagogische Literatur. Angesichts des gewachsenen Stellenwerts des lebenslangen Lernens – das nicht zuletzt inmitten der Arbeit und am Arbeitsplatz erfolgt, welcher in der Regel einer Organisation zugehört und von dieser wesentlich bestimmt ist, und das ebendeshalb zunehmend von der jeweiligen Organisation gefördert wird – ist diese Vernachlässigung überraschend.

Möglicherweise resultiert sie, wie Fenwick postuliert, aus einer verhärteten Frontstellung der Erwachsenenbildung gegen die Personalentwicklung (englisch: Human Resource Development, abgekürzt HRD). Begründet ist die Frontstellung in einer Reihe durchaus nachvollziehbarer Kritikpunkte:

»Critics of HRD challenge the field's supposed allegiance to human capital theory (Baptiste, 2001; Coffield, 1999; Collins, 1991), the consequent commodification and subjugation of human development to exploitive organizational interests (Cunningham, 1993; Fenwick & Lange, 1998; Hart, 1992; Howell et al., 2002; Spencer, 2001), and the concomitant deployment of HRD technologies wielding soft control through surveillance, classification, normalization, deficit assumptions, cultural engineering, workers' self-regulation, and learning demands (Fenwick 2001; Schied et al., 2001; Townley, 1994). There is also a certain ›preemptive cringe‹ (Coffield, 1999) of critics toward any project appearing to merge learning with market or managers« (Fenwick 2004, 194).

Obgleich Fenwick die Ausbeutung menschlicher Entwicklung für organisationale Interessen kritisiert und damit selbst zu den Kritiker*innen der Personalentwicklung gehört, stellt sie zugleich in (selbst)kritischer

5.4 Personalentwicklung als organisationspädagogisches Arbeitsfeld

Reflexion des pädagogischen – konkret: erwachsenenbildnerischen – Blicks auf Personalentwicklung fest: »The HRD critique has been voiced so many times in adult education literature with so little opening for dialogue or future possibilities that some deadlock has resulted« (ebd.). Personalentwicklungs-Studierende bzw. dann als Personalentwickler*innen tätige Pädagogik-Absolvent*innen werden, so Fenwick, in einen scheinbar unaufhebbaren Zwiespalt zwischen akademischem kritischen Theoretisieren und ihrer praktischen Tätigkeit als Personalentwickler*innen gebracht. Zudem sei Personalentwicklung, anders als die erwachsenenbildnerische Kritik unterstellt, keineswegs ein einheitliches Arbeitsfeld, sondern heterogen, fluid und somit pädagogisch verschieden gestaltbar.

Diese Einschätzung Fenwicks wird von uns geteilt, zumal die erwachsenenpädagogische Rezeption vornehmlich betriebswirtschaftlicher Ansätze der Personalentwicklung oftmals affirmativ verläuft und keine kritisch-reflexive Auseinandersetzung einfordert oder ermöglicht, die aber für die Entwicklung eigenständiger pädagogischer Positionen in der Personalentwicklung unumgänglich sind. Mit dieser kritischen Perspektive verbinden wir also keine generalisierende Kritik und auch keine abwehrende Distanz der Pädagogik gegenüber Personalentwicklung. Vielmehr erachten wir die Fortsetzung einer kritischen Auseinandersetzung für notwendig, weil dadurch pädagogische Perspektiven in diesem Arbeitsfeld entwickelt und nicht zuletzt Pädagogik-Absolvent*innen der Eintritt in dieses Arbeitsfeld erleichtert werden kann.

5.4.2 Personalentwicklung: mehr als betriebliche Weiterbildung

Auch wenn Maßnahmenformate und Methoden der Personalentwicklung zum großen Teil der Erwachsenen- und Weiterbildung entstammen, ist sie nicht mit dieser gleichzusetzen, weil die Entwicklung von Individuen (und Teams) hier grundsätzlich und vorrangig mit Blick auf deren Funktion als Organisationsmitglieder angestrebt und gefördert wird. Dementsprechend sind selbst betriebliche Weiterbildung und Personalentwicklung nicht deckungsgleich (Dewe & Feistel 2013). So fokussiert etwa Sabine Seufert (2017, 122) »das Spannungsfeld zwischen den individuellen Interessen der Mitarbeitenden (Persönlichkeitsentwicklung) und der Ausrichtung auf die Geschäftsziele der Unternehmen (Personalentwicklung) [...] als eine klassische Herausforderung des betrieblichen Bildungsmanagements«.

Aus organisationspädagogischer Sicht ist das Spannungsfeld allerdings vielfältiger. Wie auf Seite der einzelnen Mitarbeitenden nicht nur Interessen, sondern auch Erfahrungen, Gewohnheiten, Fähigkeiten und Fertigkeiten im Spiel sind, sind auf Seite der Organisation (Unternehmen, Sozialdienstleister, Schule, Klinik, Behörde o. a.) keineswegs nur Geschäftsziele, sondern auch und insbesondere die der betreffenden Organisation eigenen Strukturen, Prozessregeln, Artefakte, kollaborative Praxismuster u. a. m. im Spiel. So sind bei der Frage nach Phasen, Formaten und Methoden der Personalentwicklung die spezifischen Gegebenheiten bzw. Eigenheiten der jeweiligen Organisation mitzubedenken.

Dementsprechend beginnt Personalentwicklung organisationspädagogisch gesehen mit einer dreifachen Diagnostik: zum einen ist zu erkunden, für welche Weiterentwicklung ihrer selbst die Organisation welche personellen Ressourcen benötigt, zum anderen ist zu erkunden, welche von der Organisation benötigten personellen Ressourcen (Kompetenzen, Wissensbestände, Fertigkeiten, Erfahrungen) bei welchen Mitarbeitenden bereits vorliegen und bei welchen Mitarbeitenden sie noch nicht in dem benötigten Maße entwickelt sind, zum dritten ist zu erkunden, welche Ressourcen (von zeitlichen Freiräumen über Schulungen, Wiki, Job Rotation, Learning Communities u. a. m., s. u.) die Organisation ihren Mitarbeitenden bereits zur Verfügung stellt und welche noch nicht im benötigten Maße entwickelt sind. Viertens geht es darum zu sondieren, inwiefern vorhandenes Wissen und vorhandene Fähigkeiten von Mitarbeitenden, die Transformations- und Innovationspotential besitzen, nicht zur Geltung kommen. Am dritt- und viertgenannten Aspekt der diagnostischen Phase wird deutlich, dass Personalentwicklung – jedenfalls aus organisationspädagogischer Sicht – immer auch im Hinblick auf Zusammenhänge mit der jeweiligen Organisation und deren Entwicklung zu erforschen und zu praktizieren ist.

Das organisationspädagogische Plädoyer, das Verhältnis zwischen Organisations- und Personalentwicklung von Beginn an, also schon bei

5.4 Personalentwicklung als organisationspädagogisches Arbeitsfeld

der Diagnose von Entwicklungsbedarf im Blick zu behalten, stimmt mit der im neueren Personalentwicklungsdiskurs verbreiteten Forderung nach einer strategischen Personalentwicklung (Meifert 2013, Wegerich 2015, Beinicke & Bipp 2019) überein, allerdings nur, sofern diese das kritische Potential solch verhältnisbezogener Diagnostik mitführt. Exemplarisch hierfür sei auf Jim Grieves (2003, 23 ff) verwiesen, der »strategic human resource development as critical theory« ausführt.

5.4.3 Phasen und Formen der Personalentwicklung

Der strategischen Konzeption folgend gilt die erste Phase der Personalentwicklung der Diagnose des Entwicklungsbedarfs, die wiederum in drei Schritte unterteilt werden kann: 1. Organisationsanalyse, 2. Aufgabenanalyse, 3. Personenanalyse (Klug 2011, 35). Die Diagnostik bewegt sich somit von der Organisation als Ganzes (Organisationsstruktur, Organisationskultur) über die in der Organisation – für ihre Ziele und letztlich ihr *Überleben* – anfallenden (arbeitsteilig und kooperativ zu bearbeitenden) Aufgaben hin zu den einzelnen Organisationsmitgliedern bzw. -mitarbeiter*innen und deren Kompetenzen bzw. deren Wissen und Können, Fähigkeiten und Fertigkeiten.

Zur operativen Umsetzung solcher Personalentwicklungsbedarfs-Diagnostik bieten sich z. B. folgende Fragen an:

»Welche Anforderungen an Führungskräfte und Mitarbeiter ergeben sich aus den strategischen Zielen und der künftigen Ausrichtung des Unternehmens (quantitativ und qualitativ)? Welche Stärken und Schwächen haben Mitarbeiter und Führungskräfte in Bezug auf diese Anforderungen? Haben die Mitarbeiter Stärken, die das Unternehmen befähigen, besondere Chancen wahrzunehmen? [...] Welche Schwächen können für das Unternehmen zur Bedrohung werden, welche nicht? Welches Know-how und welche Kompetenzen müssen kurz-, mittel- und langfristig in den einzelnen Geschäftsbereichen aufgebaut werden? [...]« (Klug 2011, 41).

Dabei erscheint es aus (organisations-)pädagogischer Sicht geboten, die Diagnostik des Personalentwicklungsbedarfs, und zwar nicht nur die Beantwortung, sondern auch die Bearbeitung und ggf. Weiterentwicklung der Fragen partizipativ, d. h. unter Einbezug und Mitwirkung der Mitarbeiter*innen durchzuführen. So alt diese Forderung ist – sie wurde schon in den späten 1970er Jahren im Zuge des *Forschungsprogramms zur Humanisierung des Arbeitslebens* virulent und dann von Michael Domsch & Peter Reinecke (1982) sowie Domsch (1983) näher bestimmt –, wird sie doch bis heute wenig umgesetzt.

Die Unterscheidung informatorischer, bildungsbezogener und stellenbezogener Elemente von Personalentwicklung (Thom 1987; an Norbert Thom explizit anschließend auch Robert J. Zaugg 2008, wobei dieser bildungsbezogene Maßnahmen als »Schulung« und stellenbezogene Maßnahmen als »Förderung« bezeichnet) ist als Phasenmodell zu verstehen: »Nach der Feststellung des spezifischen Entwicklungsbedarfs mittels informatorischer Maßnahmen kommen die Schulung (= bildungsbezogene Maßnahmen) und die Förderung (= stellenbezogene Maßnahmen) zum Einsatz« (Zaugg 2008, 25). Als nachhaltige Personalentwicklungsinstrumente ordnet Robert J. Zaugg (2008, 24) Performance Management, Leistungs-, Kompetenz- und Potentialbeurteilung, Feedback und Personalbefragungen der »Information«, E-Learning, Blended Learning, PE-into-the-job und PE-out-of-the-job der »Schulung« sowie Mentoring, Coaching, Lebenszyklusorientierte PE und Career Transition der »Förderung« zu. Welchen Kriterien diese Zuordnung folgt, wie sich also diese Differenzierung begründen lässt, bleibt unklar, weshalb wir ihr im Weiteren nicht folgen. Festhalten möchten wir allerdings die in der strategischen Personalentwicklung grundsätzlich angelegte Unterscheidung von Bedarfsklärung und eigentlicher Entwicklung.

Wenn wir nun die Phase der eigentlichen Entwicklung und die dabei zum Einsatz kommenden Personalentwicklungsinstrumente bzw. -maßnahmen näher betrachten und nach einer kriterial begründbaren Unterscheidung suchen, lässt sich Personalentwicklung entlang der Kriterien »innerbetriebliche Karrierephasen« und »Nähe/Distanz zum Arbeitsplatz« ausdifferenzieren. So wird in der interdisziplinären, dabei zuvorderst betriebswirtschaftlich oder weiterbildungsmanagerial perspektivierten, Literatur zwischen »into the job«, »along the job« bzw. »on the job«, »near the job«, »off the job« und »out of the job« unterschieden (Thom 2008, 14, Wegerich 2015, 38ff., Scholz & Scholz 2019, 272).

Personalentwicklungsmaßnahmen *into the job* werden als Einarbeitung oder Onboarding zusammengefasst, wobei ersteres den Aufgabenbezug in den Vordergrund stellt, letzteres hingegen auch das Zugehö-

5.4 Personalentwicklung als organisationspädagogisches Arbeitsfeld

rigkeitsgefühl, die Kenntnis der und Zustimmung zur Corporate Identity stärken soll. Hierfür konzipierte Maßnahmen sind etwa Mentoring und Patenschaften für neue Mitarbeitende. Dass dies in der Praxis kaum idealiter realisiert, sondern von einer ganzen Reihe von Hindernissen (z. B. keine eigens hierfür von sonstigen Aufgaben befreite Arbeitszeit, fehlendes Feedback von/vom Vorgesetzten und/oder erfahrenen Kolleg*innen) erschwert wird, wird in einschlägigen Studien – nicht zuletzt auch organisationspädagogischer Provenienz (vgl. Rappe in Göhlich 2007, Kühl 2017) – sichtbar. Zur Personalentwicklung *along the job* bzw. *on the job* gehört insbesondere das, was im deutschsprachigen Raum als arbeitsplatznahes Lernen, Lernen am Arbeitsplatz oder »Lernen im Prozess der Arbeit« (als Gegenstand der Organisationspädagogik ausführlich behandelt von Dehnbostel 2018) bezeichnet wird. Der seit dem späten 20. Jahrhundert zu beobachtende Wandel von tayloristischen zu postfordistischen, prozess- und innovationsorientierten Arbeitsorganisationen bringt die Renaissance dieser, in der Moderne zeitweise verdrängten Form von (Personal-)Entwicklung mit sich. Charakteristisch hierfür ist die Ermöglichung und Förderung informellen und selbstgesteuerten Lernens (Marsick 2006, Göhlich & Schöpf 2011). In kulturhistorisch und komplexitätstheoretisch informierter Revision ihres Modells informellen Lernens konstatieren Marsick et al. (2017, 32): »[...] we can rethink informal and incidental learning in the workplace along at least six dimensions, including perspectives on learning, the relationship between forms of learning, the learner, learning processes and practices, the role of social relations in learning, and the focus of research and learning interventions«.

Zur Ermöglichung und Förderung informellen Lernens werden Arbeits- und Lern-Infrastruktur verbunden, etwa in Form von Lerninseln (vgl. schon Eichener & Wegge 1993). Auch Job Rotation (Bennett 2003), Learning Communities (Bonsen & Rolff 2006), kollegiale Beratung (Tietze 2010) und Microtraining (Thelen et al. 2010, Carpenter et al. 2016) dienen der Personalentwicklung *along/on the job*. Personalentwicklung *near the job* erfolgt etwa in Qualitätszirkeln (vgl. schon Cuhls 1993), aber auch in Lernspielen mit Demonstrationsumgebungen, die der Arbeitswelt der betreffenden Organisation ähneln (Reuter et al. 2016). Als Personalentwicklung *off the job* werden Maßnahmen externer

Weiterbildung bezeichnet. Auch wenn diese in Organisationen verschiedenster Art immer noch fester Bestandteil der Personalentwicklungspraxis sind, haben sie in den letzten zwei Jahrzehnten doch Einiges an Gewicht verloren. Maßnahmen *out of the job*, seien es Vorbereitungen auf eine Entlassung oder auf den Ruhestand, werden in der Literatur zwar gelegentlich als erforderlich erwähnt, sind in der organisationalen Praxis jedoch bis heute rar.

Neben der Ausdifferenzierung von Personalentwicklung entlang der Kriterien *innerbetriebliche Karrierephasen* und *Nähe/Distanz zum Arbeitsplatz* unterscheiden sich die Maßnahmen heutzutage selbstverständlich auch darin, ob sie in Präsenz, digital oder blended durchgeführt werden. Dabei begünstigt die Zunahme digitaler Optionen (Wikis, Tutorials, Simulationen etc.) die Entwicklung hin zum arbeitsplatznahen Lernen.

Führen wir unsere Überlegungen zu einer organisationspädagogischen Perspektivierung der Personalentwicklung zusammen, dann lässt sich abschließend als Aufgabe der Zukunft konstatieren: Für Organisationspädagog*innen, die in der Personalentwicklung professionell-praktisch oder wissenschaftlich-forschend tätig sind, geht es darum, die jeweilige Organisation daraufhin zu untersuchen und dahingehend weiterzuentwickeln, ob bzw. dass die organisationalen (zeitlichen, räumlichen, materiellen, sozialen) Strukturen so beschaffen sind, dass sie möglichst viele, für Organisationsmitglieder gut erkennbare und leicht zugängliche, von ihnen wählbare sowie mit- bzw. umgestaltbare Lernmöglichkeiten eröffnet. Die Kenntnis der Vielfalt an Personalentwicklungsformaten, ihrer kritischen Reflexion, ihrer kriterial begründeten Systematik und ihrer Verbindung zur Organisation (sei es ein Unternehmen, eine Volkshochschule, eine Klinik, eine Behörde o. a.) bzw. deren Entwicklung (Organisationsentwicklung, ▶ Abb. 6) ist eine im Studium und idealerweise begleitend in Praktika und Werkstudententätigkeit zu erwerbende Voraussetzung für eine berufliche Tätigkeit als Organisationspädagoge/-pädagogin in der Personalentwicklung.

6 Organisationspädagogische Perspektiven auf ausgewählte pädagogische Arbeitsfelder

Organisationspädagogisches Sehen und Denken verstehen wir als wissenschaftliche und professionelle Praxis, die nicht einem partikularen pädagogischen Handlungsfeld bzw. der jeweiligen Subdisziplin, wie etwa Pädagogik der (frühen) Kindheit, Schulpädagogik, Sozialpädagogik, Erwachsenenbildung, Berufs- und Wirtschaftspädagogik, Geragogik etc. zugeordnet werden kann, sondern querliegend die doppelte Perspektive auf die organisationale Verfasstheit pädagogischer Prozesse sowie auf die pädagogische Verfasstheit organisationaler Prozesse systematisch zum Ausgangspunkt wissenschaftlicher und professionsbezogener Reflexion macht und hierzu Organisationen jeglicher Art, also sowohl im engeren Sinne pädagogische Organisationen wie Kitas, Schulen, Jugendfreizeiteinrichtungen oder Einrichtungen der Erwachsenen- und Weiterbildung als auch nicht primär zu pädagogischen Zwecken eingerichtete Organisationen wie Betriebe, Kliniken oder Behörden in den Blick nimmt. Damit geht der Anspruch einher, im Zusammenspiel von Gesellschaft, Organisation(en) und Pädagogik entstehende Probleme zu Bezugspunkten organisationspädagogischer Wissensproduktion zu machen und dabei ein produktives Verhältnis zu den oben genannten subdisziplinären Diskursen aufzubauen. Entsprechend dieser, die Organisationspädagogik als Querschnittsdisziplin konstituierenden, Annahmen soll in diesem abschließenden Kapitel an ausgewählten pädagogischen Problemstellungen gezeigt werden, worin der Erkenntnisgewinn einer organisationspädagogischen Reflexion subdisziplinär relevanter Konzepte und Themen besteht. In den ersten beiden Abschnitten werden mit dem *Lernen Erwachsener* (▶ Kap. 6.1) und der *Rolle des Betriebs als Lernort* (▶ Kap. 6.2) Themen aufgerufen, die vor allem, aber nicht ausschließlich im Diskurs der Erwachsenenbildung und der Berufspädagogik diskutiert und erforscht werden. Im Anschluss daran wird die wechselseitige Bezugnahme von Organisationspädagogik und Sozialpädagogik thematisch, wenn die *Organisation des Sozialen* und *Organisationen der Hilfe* (▶ Kap. 6.3) organisationspädagogisch diskutiert werden.

6.1 Organisationen als Arenen des Lernens Erwachsener

Das Feld der Erwachsenen- und Weiterbildung wird von Beginn an durch Organisationen geprägt. Ob Clubs, Lese-, Museums- oder Landwirtschaftsgesellschaften im späten 18. Jahrhundert, ob die zahlreichen milieubezogenen Volksbildungseinrichtungen im ausgehenden 19. Jahrhundert oder die Volkshochschulen und die privaten Weiterbildungsanbieter des 20. und 21. Jahrhunderts, wirkmächtig in der Erwachsenenbildung sind Organisationen, zuvorderst in Form von konkreten, lokalen und regionalen Einrichtungen der Erwachsenenbildung, aber auch in Form überregionaler Verbände, wie etwa der *Gesellschaft für die Verbreitung von Volksbildung* Ende des 19. Jahrhunderts oder des *Volkshochschul-Verbandes* im 20. Jahrhundert (vgl. Kade et al. 2007, 35f.). Wenngleich Volkshochschulen, Vereine, Museen, Verbände und Betriebe als Orte und Räume des organisierten Lernens Erwachsener im Kontext des lebenslangen Lernens ausgewiesen werden (Seitter 2007, Hof 2009), widmet der wissenschaftliche Diskurs um Erwachsenen- und Weiterbildung ihnen als Organisationen lange Zeit nur wenig Aufmerksamkeit. Diskutiert, erforscht und reflektiert werden vornehmlich Inhalte und Methoden des organisierten Lernens Erwachsener und vor allem deren Bildungsbedürfnisse. Als Organisationen samt jeweils eigener Beharrungs- bzw. Entwicklungsdynamik, die Lernprozesse unterschiedlich bedingt, kommen die einzelnen Erwachsenenbildungseinrichtungen erst sehr spät in den Blick. Organisationspädagogisch gil ebendies zu fokussieren. Hierzu wollen wir zwei Einsatzstellen markieren, an denen die Bedeutung von Organisationen als Arenen des Lernens Erwachsener sichtbar wird.

6.1.1 Formale Organisationen der Weiterbildung als Bedingungs- und Ermöglichungsstruktur des Lernens Erwachsener

Eine erste Einsatzstelle lässt sich ausgehend von der Einsicht markieren, dass Organisationen als maßgebliches Strukturmerkmal moderner Gesellschaften (Schimank 2006) auch die Bedingung der Möglichkeit des Lernens Erwachsener betreffen. Die Allgegenwärtigkeit von Organisation in Bezug auf das Lernen Erwachsener äußert sich in der nahezu vollständigen Durchdringung des Weiterbildungsbereiches durch formale Organisationen. Dieser Umstand lag lange Zeit nicht im Lichtkegel der Weiterbildungsforschung, da sich vor allem eine instrumentelle Verwendung des Organisationbegriffs etabliert hatte, mittels derer eine Inblicknahme der Einrichtungen als eigendynamische Bedingungs- und Ermöglichungsstruktur kaum möglich war (▶ Kap. 2.2). Wenngleich das systematische Problem einer unklaren erwachsenenpädagogischen Verwendung des Begriffs Organisation nicht aufgehoben scheint (Hartz & Schardt 2010, Göhlich 2010, Dollhausen & Schrader 2014), finden sich Bemühungen einer organisationstheoretischen Konturierung der Weiterbildungsforschung (z. B. Kuper & Thiel 2010, Hartz & Schardt 2010). Zech et al. (2010) zeichnen vor dem Hintergrund einer umfangreichen qualitativen Analyse von Selbstbeschreibungen verschiedener Weiterbildungseinrichtungen die spezifische Funktion und Leistung von Weiterbildungseinrichtungen nach und thematisieren selbige als soziale Systeme. Gezeigt wird, dass während die Leistung von Weiterbildungsorganisationen unisono in der Qualifikation von bereits Erstausgebildeten gesehen werden kann, im Einzelfall unterschiedliche gesellschaftliche und subjektbezogene Funktionen (z. B. Integration, Erhöhung der Lebensqualität, Kompetenzprofilierung) in den Vordergrund treten. Weiterbildungsorganisationen können dementsprechend als funktional gerahmte Arenen des Lernens begriffen werden, die aufgrund einer spezifischen Funktionszuschreibung einen spezifischen

Ort des Lernens instituieren, der sich von anderen Orten der Weiterbildung unterscheidet. Die jeweilige Form organisationaler Verfasstheit des Lernens Erwachsener entscheidet sich nicht zuletzt angesichts der Fragen, inwieweit das lebenslange Lernen in diesen Einrichtungen als Möglichkeit, Notwendigkeit oder *Gebot* (lebenslang lernen können, sollen oder müssen) diskursiviert und ausgewiesen wird und inwiefern eine marktförmige Wettbewerbsorientierung (lebenslanges Lernen im Sinne der Steigerung des Humankapitals), eine subjektivierende Selbstorganisation (lebenslanges Lernen als selbstkontrollierte Kompetenzprofilierung) oder eine vergemeinschaftende Wertorientierung (lebenslanges Lernen im Sinne gesellschaftlicher Integration) als maßgeblicher Modus wirkt. Wenn die systemtheoretische Studie von Zech et al. also darauf aufmerksam macht, dass habituelle Typen von Weiterbildungseinrichtungen unterschieden werden können (Zech et al 2010, 245), die jeweils eigene Bilder des Lernens und der Lernkultur erzeugen, muss aus praxistheoretischer Perspektive ergänzt werden, dass die jeweilige Lernkultur einer Weiterbildungseinrichtung durch die spezifische Organisationsgeschichte hervorgebracht und in der alltäglichen organisationalen Praxis wieder aufgeführt wird. Anders formuliert: die eigendynamisch hervorgebrachte Lernkultur der Weiterbildungseinrichtung A tritt mit institutionellen Ansprüchen des lebenslangen Lernens (etwa in Form bildungspolitischer Programmatiken), mit gesellschaftlichen diskursiv hervorgebrachten Imperativen (Lerne lebenslang!), mit den Bildungsbedarfen und -interessen der Teilnehmer*innen und nicht zuletzt mit neoliberalen Marktlogiken in ein spannungsvolles Bedingungs- und Beeinflußungsverhältnis, das die spezifische Einrichtung A immer wieder als Arena des Lernens Erwachsener hervorbringt. Die Bedeutung einer arenenhaften Form der Organisation für erwachsenenpädagogische Prozesse wird auch deutlich, wenn Karin Dollhausen et al. (2010) die Organisation als Rahmenbedingung und normative Grundlage für erwachsenenpädagogische Prozesse thematisieren und die Frage in den Blick rücken, wie Weiterbildungsorganisationen im Zuge sich verändernder politischer Voraussetzungen und gesellschaftlicher Entwicklungen eine pädagogische Funktion bewahren, entwickeln, verändern oder verbessern. Weiterbildungsorganisationen werden im Anschluss daran vor allem bezüglich ihrer Vermittlungsfunktion zwischen gesellschaftlichen/politischen Steuerungsaktivitäten und den Bildungsbemühungen einzelner Personen adressiert (Dollhausen & Schrader 2014). Hier wird die Annahme zugrunde gelegt, dass Organisationen der Weiterbildung in ein »Mehrebenensystem der Weiterbildungssteuerung« (Schrader 2011) eingebettet sind und das Handeln der Organisation auf der Grundlage je spezifischer institutioneller Reglements erfolgt. Weiterbildungsorganisationen sind dann »Reproduktionskontexte« (Dollhausen & Schrader 2014, 179) staatlicher, marktförmiger, unternehmensbezogener und wertebezogener Interessenslagen. Um Organisationen der Weiterbildung als Arenen des Lernens Erwachsener zu thematisieren, ist die neo-institutionalistische Herangehensweise von Karin Dollhausen & Josef Schrader allerdings nur bedingt geeignet, da die jeweiligen Organisationen zwar vordergründig als Umschlagsplätze institutioneller Vorstellungen der Umwelt in den Blick geraten, nicht jedoch als praktische Sozialgebilde, die sich unterschiedlich organisieren, dabei Lernanlässe und -prozesse instituieren und damit zu Räumen und Akteuren der Aushandlung von lebenslangem Lernen werden. Der Begriff der Arena verweist ja nicht nur darauf, dass Organisationen der Weiterbildung institutionalisierte Bedingungen des Lernens Erwachsener darstellen, sondern auch darauf, dass sich dieses in einem anhaltenden Konfliktfeld vollzieht, das – durch die Organisationen hergestellt – eigendynamische Anforderungen und Zumutungen an den Einzelnen bereithält. Organisationen institutionalisieren das lebenslange Lernen als Programm, sie verpflichten auf ein »Lernen lebenslänglich« (Pongratz 2010, 153) und sind zugleich Räume, in denen gegenüber institutionellen Programmatiken und Interessenlagen Widerstand erprobt (Holzer 2017) und lebenslanges Lernen als Problem des Übergangs erlebbar wird.

6.1.2 Organisationen als Arenen des Übergangs

Eine zweite Einsatzstelle hinsichtlich der Frage nach der Rolle und der Funktion pädagogischer Organisationsforschung für die Erwachsenenbildung ergibt sich mit Blick auf jene erwachsenenpädagogischen Positionen, die lebenslanges Lernen hinsichtlich der Wechselseitigkeit von institutionalisierter Handlungskoordination und Selbststeuerung thematisieren. Dieser Blick korrespondiert mit einer erwachsenenpädagogischen Fokussierung auf vielfältige Institutionalisierungsformen lebenslangen Lernens (Hof 2009). Mit Christiane Hof kann die Entwicklung des lebenslangen Lernens von seiner Vorstellung als sozialisatorisches Lernen über die Vorstellung eines organisierten Lernens hin zu einem Lernen im Lebenslauf nachgezeichnet werden (ebd., 20ff., Hof & Rosenberg 2018). Neben einer Fokussierung auf das organisierte Lernen, das etwa Steuerungs- und Gestaltungsfragen formaler Organisation sowie Fragen der Qualitätsentwicklung bearbeitet, wird hier betont, dass hinsichtlich des »Ausbaus institutionalisierter Weiterbildung zum Lernen im Lebenslauf« (Hof 2009, 20), in deren Folge sich lebenslanges Lernen in unterschiedlichen Lernformen (formal, informell und nonformal) und an diversen Lernorten (im Sinne der Entgrenzung des Pädagogischen) institutionalisiert, Erwachsene auch außerhalb organisierter Weiterbildung lernen und sich professionalisieren. Deutlich macht Hof dabei, dass die zeitliche und räumliche Entgrenzung des nunmehr selbstgesteuerten Lernens Erwachsener mitnichten frei von organisationalen und/oder institutionellen Einflüssen ist (ebd., 76ff.). Eine systematische Betrachtung der organisationalen und institutionellen Verfasstheit des lebenslangen Lernens stellt eine bedeutsame organisationspädagogische Einsatzstelle dar, die das Lernen im Lebenslauf als einen Übergang zwischen Organisationen thematisiert. Angeschlossen werden kann hierfür an rezente Positionen der erziehungswissenschaftlichen Übergangsforschung, die Übergänge als Zustandswechsel im Lebenslauf und Ausgangspunkte für Lernprozesse markieren (Walther 2015, Hof 2018). Im Fokus stehen weniger die individuellen, sozialen oder ökonomischen Dimensionen des lebenslangen Lernens als vielmehr die Frage, wie sozial institutionalisierte Übergänge bewältigt werden (können). Es geht dann etwa um den Wechsel »von Kindertageseinrichtung in die Grundschule, von der Schule in das Ausbildungssystem, von der Ausbildung in den Beruf, von der Berufsarbeit in die Rente« (Hof 2018, 191) oder um Übergänge zwischen unterschiedlichen jugendkulturellen Szenen und dabei immer um die Frage, wie die mit den sozial institutionalisierten Übergängen einhergehenden Status- und Rollenwechsel mit biographischen Relevanzen in Einklang gebracht werden. Organisationspädagogisch kann eine veränderte Blickrichtung eingenommen werden, die in einer

6.1 Organisationen als Arenen des Lernens Erwachsener

Meso-Perspektive auf *organisationale* Übergänge fokussiert. Denn die Komplexität des Alltages im Erwachsenenalter erzeugt sich vor allem auch durch eine Steigerung der Übergänge oder Übergangsnotwendigkeiten *zwischen* Organisationen. Und dies in doppelter Weise: 1. Zum einen kann es angesichts gegenwärtiger Transformationsdynamiken in der Arbeitswelt als wahrscheinlich gelten, dass innerhalb eines Berufslebens mehrfach der Arbeitgeber gewechselt wird (freiwillig oder erzwungenermaßen), oder dass man den Arbeitsplatz verliert und man in Folge mit Einrichtungen zu tun bekommt, die einen im ständigen Übergang verwalten (Job-Center, etc.). Die Bewältigung solcherart Übergänge besteht nicht nur darin, sich in neue Strukturen und Funktionen einzupassen, sondern auch darin, sich entsprechend der veränderten Herausforderungen weiterzubilden und vor allem sich in einrichtungsspezifische Kultur des Miteinander-Arbeitens einzufinden, die wiederum eigendynamische lernkulturelle Anforderungen bereithält. Lebenslanges Lernen bedeutet in schlichten Worten eben auch, dass Menschen mit den unterschiedlichen Organisationen, in denen sie arbeiten und ihre Freizeit verbringen, zurechtkommen müssen. Dieses Zurechtkommen-Müssen gewinnt vor dem Hintergrund der Erkenntnis, dass sich Organisationen in je spezifischer Weise als Arenen des Lernens und des Arbeitens hervorbringen, an Brisanz. Ein gutes Beispiel für den Übergang zwischen Organisationen kann mit Blick auf den Übergang zwischen erziehungswissenschaftlichem Studium in einer Universität (etwa Studium der Erwachsenenbildung) und beruflichem Tätigkeit in einer Bildungsorganisation (z. B. VHS) gegeben werden: Dieser ist oftmals mit einem »Praxisschock« verbunden, der sich nicht nur durch unterschiedliche Qualitäten der Wissensproduktion, -aneignung und -vermittlung und durch eine Theorie-Praxis-Differenz auszeichnet, sondern auch durch die spezifische organisationale Verfasstheit des jeweiligen Lern- bzw. Arbeitskontexts, der nicht nur in Bezug auf formale Aspekte, wie etwa Mitgliedschaft, Unterschiede aufweist, sondern auch spezifische organisationskulturelle Besonderheiten bereit hält. 2. Zum anderen finden organisationale Übergänge alltäglich und in mehrfacher Form statt, etwa dann, wenn Erwachsene zwischen der Einrichtung ihrer Erwerbstätigkeit (z. B. Schule), der abendlichen Fortbildungseinrichtung (z. B. Abendkurse in der VHS) und dem Sportverein (z. B. in Funktion als Trainer*in einer Jugendfußballmannschaft) changieren. Auch hier besteht eine ständige Anforderung, sich in spezifische Kulturen des Miteinanders einzufinden, die sich räumlich-materiell, im Sprechen und im Umgang mit lebensweltlichen Themen zeigen, und Übergänge zu bewältigen. In dieser Perspektive kann das Lernen im Lebenslauf als ein Lernen in organisationalen Übergangen konkretisiert werden: ein berufsbezogenes wie auch lebensweltbezogenes Übergangs-Lernen, das durch Organisationen kreiert, flankiert, ermöglicht oder behindert wird. Dabei ist in organisationspädagogischer Perspektive die Organisation nicht nur als Rahmenbedingung zu fokussieren, sondern vielmehr die organisationale Verfasstheit des Übergangs in den Blick zu rücken. Organisationen sind dann einerseits Arenen, in denen unterschiedliche Übergangsbewältigungen aufgeführt, verhandelt und erkämpft werden, anderseits stellen sie »wertvolle Ressourcen pädagogischen Handelns« (Dinkelaker 2018, 242) dar, »da sie es erleichtern, Lernsituationen gezielt zu etablieren und systematisch zu gestalten« (ebd.). Das Lernen Erwachsener und dessen Unterstützung gerät damit als Aufgabe eines Umgangs mit den (auch nicht-pädagogischen) Eigendynamiken der organisationalen Übergänge in den Blick.

6.1.3 Zur organisationalen Verfasstheit des Lernens Erwachsener

Das Kapitel abschließend können wir Perspektiven einer pädagogischen Organisationsforschung aufzeigen, die die organisationale Verfasstheit des Lernens Erwachsener adressiert und problematisiert.

Ausgangspunkt sind die dargelegten Überlegungen zu Organisationen als Arenen des Lernens Erwachsener: Zum einen interessieren aus organisationspädagogischer Perspektive Weiterbildungseinrichtungen nicht nur als formale und funktionale Rahmungen, sondern als Arenen der Bedingung, Ermöglichung und Bedrohung von Lernprozessen Erwachsener. Zum anderen interessieren nicht nur Einrichtungen der Weiterbildung, sondern sämtliche Organisationen, in denen Erwachsene im Prozess des Arbeitens lernen, Übergänge zu bewältigen. Organisationen rahmen folglich nicht nur das Lernen und Arbeiten Erwachsener, sondern werden in der Bewältigung organisationaler Übergänge

6.1 Organisationen als Arenen des Lernens Erwachsener

durch dieses (mit)konstituiert. Der Begriff der Arena verweist dann darauf, dass die organisationale Verfasstheit des Lernens Erwachsener keine strukturelle Rahmung des Lernens durch formale Ordnungen meint, sondern die jeweils organisationskulturell eigendynamische Imprägnierung des Lernens. Wir schlagen also vor, das Lernen Erwachsener nicht nur im Kontext organisationaler Bedingungen zu thematisieren, sondern die Frage in den Brennpunkt zu rücken, inwiefern Lernprozesse Erwachsener organisational verfasst sind und inwiefern organisationale Prozesse erwachsenenpädagogisch verfasst sind.

Damit ist *erstens* die Möglichkeit einer organisationspädagogischen Erwachsenenbildung angezeigt, »die individuelles Lernen und organisationales Lernen [...] die organisationsbezogene Ressourcen individuellen Lernens und individuumsbezogene Ressourcen organisationalen Lernens je einzeln und in ihrer komplementären Lernverschränkung zusammen betrachtet« (Feld & Seitter 2018, 91). Mittels der Thematisierung einer Wechselwirkung des organisationalen Einflusses auf das Lernen Erwachsener und *quidproquo* des Einflusses dieses Lernens auf die Hervorbringung der Organisation kann der Zusammenhang zwischen Organisations- und Personalentwicklung sowie dem Lernen Erwachsener ins Blickfeld genommen werde. Dies verspricht insbesondere für die betriebliche Weiterbildung die Möglichkeit einer kritischen Reflexion des Betriebs als Lernwelt (▶ Kap. 6.2).

In der organisationspädagogischen Perspektivierung des lebenslangen Lernens ist *zweitens* die Möglichkeit gegeben, lebenslanges Lernen als einen dialektischen Vorgang der Ermöglichung und Verhinderung bzw. Zerstörung von Autonomie und Subjektbildung zu begreifen. Organisationen weisen bezüglich des Lernens Erwachsener eine bedrohliche Schattenseite auf (▶ Kap. 2.6), zugleich kann ihnen eine bedeutsame Rolle hinsichtlich gesellschaftlicher Transformationsprozesse angetragen werden. Dies liegt darin begründet, dass sich lebenslanges Lernen in mehr oder weniger formal organisierten Arenen vollzieht, in denen sich die historische Entwicklung unterschiedlicher Appelle des lebenslangen Lernens spiegelt und als Spannungsfeld bestehen bleibt. Ludwig Pongratz' (2010) Unterscheidung zwischen einem *lebenslang lernen dürfen, lebenslang lernen können, lebenslang lernen sollen* und *lebenslang lernen müssen* ist hier aufschlussreich. Die Unterscheidung korrespondiert mit der historischen Veränderung der »emanzipatorischen Absicht der 70er Jahre, durch ›lifelong education‹ partizipative gesellschaftliche Entwicklungsprozesse anzustoßen« hin zu einer »Bringschuld jenes Einzelnen, sein ›Potential‹ ständig ›upzudaten‹ und auf dem Laufenden zu halten« (Pongratz 2010, 158), die in einem allgegenwärtigen Lernzwang mündet, der »am Ende dazu [führt], dass ›sie das selbst wollen‹, was sie müssen« (ebd., 163). Die pädagogisch bedeutsame Frage nach dem Umgang mit einem solchen lebenslangen Lernregime lässt sich organisationspädagogisch insofern aufgreifen, als dass die Thematisierung von Organisation als Arena des lebenslangen Lernens deutlich macht, dass diese fraglos ein Kampffeld zwischen Fremdorganisation und Selbststeuerung darstellt, zugleich aber ein Ort des Widerstands sein kann (vgl. auch Holzer 2017), in dem Begriffe und Programme des lebenslangen Lernens hinterfragt, verweigert, verhandelt und in Form einer anderen Praxis auch redefiniert werden können. Hierin liegt einmal mehr die Chance, Organisationen nicht als stählerne Gehäuse zu begreifen, sondern als soziale Gebilde, die prinzipiell durch Menschen veränderbar sind; in diesem Sinne Organisationen als Arenen des lebenslangen Lernens zu thematisieren, eröffnet einen Denk- und Handlungskorridor, der die organisationale Verfasstheit des Lernens Erwachsener als organisational bedingt und zugleich in dieser Bedingung das Ermächtigungspotential für eine andere Praxis des lebenslangen Lernens betrachtet.

6.2 Betriebe als Lernwelten

Wenn nach der pädagogischen Bedeutung des Betriebs gefragt wird, dann kann zunächst darauf aufmerksam gemacht werden, dass in der Pädagogikgeschichte trotz einer bis in das Mittelalter zurückreichenden expliziten Thematisierung des Verhältnisses von Beruf und (Aus-)Bildung der Betrieb als Stätte oder Ort der beruflichen Ausbildung lange Zeit nur indirekt thematisiert wurde (vgl. Göhlich & Zirfas 2007, 55). Als Gegenstand pädagogischen Sehens, Denkens und Handelns ent-

6.2 Betriebe als Lernwelten

deckt wird der Betrieb erst mit seiner bildungspolitischen Aufwertung als Lernort in den 1970er Jahren. Seither oszilliert die Diskussion zwischen zwei Polen: einer Kritik am Betrieb als Ort der Ausbeutung einerseits und einer nicht zuletzt im Rahmen der bildungsprogrammatischen Diskussionen um lebenslanges Lernen zunehmend umfänglichen Konzipierung des Betriebs als Lernort anderseits. Schon ein flüchtiger Blick in den pädagogischen Diskurs lässt erkennen, dass der Gegenstand Betrieb sowohl von der Berufs und Wirtschaftspädagogik (*Betriebspädagogik*) als auch von der Weiterbildungsforschung (*betriebliche Weiterbildung*) in den Blick genommen wird (Engel & Koch 2018). Die *kombinierte* Thematisierung von Betrieben sowohl aus einer *pädagogischen* als auch aus einer (oftmals betriebswirtschaftlich dominierten) *organisationsbezogenen* Analyseperspektive findet sich verstärkt seit den 1990er Jahren in der Literatur beider Teildisziplinen. Das zunächst auf bildungspolitischer Ebene thematisierte Lernort-Konzept (vgl. Deutscher Bildungsrat 1974) erfährt einerseits einen Institutionalisierungsschub in Form rechtlicher Regelungen im Berufsbildungsgesetz. Dort wird explizit der Betrieb als Lernort instituiert (vgl. BBiG § 2). Anderseits vollzieht sich – flankiert durch eine Reihe prominenter wissenschaftlicher Beiträge – eine vielseitige Umsetzung des Konzepts des Lernorts auf organisationaler, d. h. hier: betrieblicher Ebene. Vor allem große Konzerne installieren seit den 1990er Jahren umfängliche interne Fort- und Weiterbildungsstrukturen.

Wenn wir nun organisationspädagogisch den Betrieb als Lernwelt thematisieren, dann liegt das Spezifische dieser Perspektive zum einen darin, dass eine organisationspädagogische Diskussion den Lernenden als Betriebsmensch im Spannungsfeld zwischen Ausbeutung und Lernermöglichung fokussiert, zum anderen darin, dass der Betrieb als eine pädagogische Phänomene enthaltende Organisation und in diesem Sinne als ein pädagogisch relevanter Akteur aufgefasst wird. Eine Thematisierung des Betriebs als pädagogische Organisation fokussiert im Sinne dieses Erkenntnisinteresses sowohl auf die Bedeutung des Betriebs als Rahmen und Ort menschlichen Lernens im Kontext von Arbeit als auch auf die Weiterentwicklung des Betriebs als lernende Arbeitswelt.

6.2.1 Betrieb als Gegenstand (organisations-) pädagogischer Diskussion

Eine pädagogische Thematisierung des Betriebs erfolgte lange Zeit im Zuge der Analyse beruflicher Aus- und Weiterbildungsprozesse, zunächst also nur »indirekt – nämlich im Umweg über die Form des Berufs« (Harney 2007, 203). Erst seit den 1990er Jahren wird der Betrieb – über seine bildungspolitische Bestimmung als Lernort im Kontext beruflicher Bildung hinaus – als eigenständiger Gegenstand einer berufs-, wirtschafts- und erwachsenenpädagogischen Diskussion aufgegriffen (Dewe & Schwarz 2011, Dorn-Keymer 2011, Harney 2007, Kurtz 2002) und als Ort des (beruflichen) Lernens diskutiert (Arnold 1997, Arnold & Gonon 2006, Eigenmann & Gonon 2018). Im Zuge dieser Perspektiverweiterung kommt der Betrieb mehr und mehr als Organisation in den Blick (z. B. Harney 1998, Kurtz 2002, Dewe & Schwarz 2011). Eine konzeptionelle Verknüpfung pädagogischer und organisationaler Dimensionen des Betriebs findet sich in den folgenden vier Perspektiven bzw. Ansätzen:

Organisationsentwicklung als betriebspädagogischer Gegenstand: Über die traditionale pädagogische Festlegung auf den einzelnen Akteur hinaus wird die betriebliche Weiterbildung bei Rolf Arnold im Kontext der Organisationsentwicklung verortet und damit als eine Strategie für organisatorische Wandlungsprozesse begriffen (Arnold 1997). Im Zuge der so begründeten Betriebspädagogik interessiert der Betrieb zunächst vornehmlich als Struktur und determinierender Kontext individuellen Lernens (Arnold 1997). Erst später wird die Arbeit an einer pädagogischen Theorie betrieblicher Weiterbildung auf der Feststellung eines Wandels »vom ›Lernerfocus‹ (= Weiterbildung einzelner Mitarbeiter) zum ›systemischen Focus‹ (= Lernen der Organisation)« (Arnold & Gonon 2006, 92) begründet, und damit auch der Betrieb als zu entwickelnder Lernort in den Blick genommen.

Personalentwicklung und Organisationskultur als pädagogisches Handlungsfeld: Etwa zeitgleich und in Korrespondenz zu den Überlegungen Arnolds entwickelt Peter Faulstich einen kulturpolitischen Ansatz betrieblicher Weiterbildung, der als »Ansatz der Personalentwicklung im Rahmen sich verändernder Unternehmenskulturen« (Faulstich 1998,

2) bestimmt wird. Ausgehend von theoretischen Überlegungen, die menschliches Handeln im Unternehmen immer im Kontext von Macht und zugleich im Rahmen gewohnter Strukturen situieren, wird die Notwendigkeit einer lernorientierten Strategie betrieblicher Weiterbildung begründet. Im Sinne einer Kritik an herkömmlichen Instrumenten der Personalentwicklung werden Bedarfe, Instrumente und Konzepte einer reflexiven, dezidert pädagogischen betrieblichen Bildungsarbeit entwickelt und damit der Versuch unternommen, den Betrieb als erwachsenenpädagogisches Handlungsfeld zu erschließen (Faulstich 1998).

Pädagogische vs. betriebliche Handlungslogik: Eine Analyse von Betrieben erfolgt bei Klaus Harney auf der Basis einer Unterscheidung zwischen beruflicher und betrieblicher Weiterbildung. In Betrieben als »Räume[n] privatwirtschaftlichen Handelns« (Harney 2007, 203) vollzieht sich Lernen und Bildung immer vor dem Hintergrund betrieblicher Handlungslogiken. In direkter Distanzierung zur betriebspädagogischen Position Arnolds wird betriebliche Weiterbildung nicht als unternehmensbezogene Ausdifferenzierung von (beruflichen) Weiterbildungsvollzügen, sondern als Teil eines »betriebsbezogenen Wissensmanagements« (Harney 1998, 37) verstanden. Betriebliche Weiterbildung ist damit eine »normative und motivationale Ressource« (Harney 1998, 39), die als Strategie betrieblicher Inkorporierung von Wissen wirksam wird (Harney 1992). Im Rahmen betrieblicher Weiterbildung geht es nicht um das erfolgreiche Lernen Einzelner im Kontext betrieblicher Determinanten, sondern »der Personenbezug des Lerners [...] muss sich immer auch als positiver Beitrag zur organisatorischen Reproduktion von Betrieben darstellen lassen« (Harney 1998, 8). Diese Perspektive sensibilisiert dafür, dass betriebliche Weiterbildung »im hohen Maße utilitären »Erziehungsabsichten« (Harney 1998, 252) des Betriebs folgt und somit immer auch als Teil einer betrieblichen Sozialisationsstrategie in den Blick genommen werden kann.

Betriebliche Bildungsarbeit und Bildungsmanagement: Neben den genannten Ansätzen geraten im berufspädagogischen Diskurs neuerdings Formen des Lernens inmitten der Arbeit in den Blick (Dehnbostel 2007, 2008). So wird im Konzept der betrieblichen Bildungsarbeit (Dehnbostel & Pätzold 2004, Dehnbostel 2008) die »Einheit von Berufs-

und Weiterbildung, Personalentwicklung und Organisationsentwicklung« (Dehnbostel 2008, 78) proklamiert. Alle Maßnahmen des Lernens im Betrieb, dort geplante und umgesetzte Prozesse der Fort- und Weiterbildung zielen demnach nicht nur auf die Anpassung des Lernenden an vorherrschende organisationale Strukturen und Handlungslogiken, sondern auf »den Erwerb einer beruflichen Handlungskompetenz und reflexiven Handlungsfähigkeit« (Dehnbostel 2008, 78) ab, die gleichsam Medium wie Resultat einer prospektiven Entwicklung der Personal- bzw. Organisationsstruktur darstellt. Ähnlich dem Ansatz Arnolds wird das Gestaltungsmoment betont, welches in Form eines betrieblichen Bildungsmanagements die betriebliche Bildungsarbeit »plant, realisiert, gestaltet und bewertet« und »durch Leitziele, Leitbilder und Partizipation mit der Kultur- und Organisationsentwicklung« (Dehnbostel 2008, 79) verbindet. Peter Dehnbostel zufolge umfasst die betriebliche Bildungsarbeit – als »arbeitsgebundenes, arbeitsverbundenes und arbeitsorientiertes Lernen« (Dehnbostel 2008, 87) – sowohl formelle als auch informelle Lernkontexte. Hinsichtlich einer berufspädagogischen Fokussierung auf informelle Prozesse des Lernens im Betrieb wird von Eckart Severing kritisch die Frage der Organisierbarkeit solcher Lernprozesse problematisiert (Severing 2014). So wäre aus seiner Sicht zu klären, ob es bei einer Nutzbarmachung informeller Lernprozesse im Kontext betrieblichen Bildungsmanagements tatsächlich um die »Emanzipation autonomer Lerner ginge« oder »um ihre Enteignung« (Severing 2014, 201).

6.2.2 Drei Dimensionen der Lernwelt Betrieb

Wenn wir nun eine organisationspädagogische Dimensionierung des Betriebs als Lernwelt vornehmen, dann geschieht dies vor dem Hintergrund der oben referierten betriebspädagogischen Perspektiven und ihrer Erweiterung. Im Anschluss an die Positionen Harneys beziehen wir dabei den Standpunkt, dass Qualifikation, Kompetenzerwerb und Wissensaneignung der Lernenden im Betrieb nur im Kontext einer betrieblichen Handlungslogik reflektiert werden kann, die nicht primär auf den persönlichen Wissens- oder Kompetenzzuwachs abzielt, sondern auf Profit bzw. organisationale Existenzsicherung im Kontext kapitalistischer Marktlogiken. Wenn also der Betrieb als Lernwelt thematisiert wird, dann erfolgt dies in der Annahme, dass betriebliche Lernunterstützung grundsätzlich in und vor diesem Hintergrund erfolgt. Wir sagen dies ausdrücklich auch anlässlich einer im erwachsenenpädagogischen Diskurs zu konstatierenden Euphorisierung des Betriebs als idealen Lernort, die über eine Fokussierung auf Kompetenzerwerb und eine damit einhergehende Vernachlässigung des Lern- und Bildungsbegriffs die »Vermarktlichung und Verbetrieblichung« erwachsenenpädagogischer Prozesse mitverschuldet (Faulstich & Zeuner 2015). So wird menschliches Lernen im Kontext produzierender Arbeit tendenziell auf (fachlichen) Kompetenzerwerb reduziert und das Lernen im Prozess der Arbeit weder als erfahrungsbezogener Prozess der Auseinandersetzung mit den Herausforderungen von Arbeit reflektiert noch als ein Vorgang in Augenschein genommen, der auch immer im Dienst des jeweiligen Betriebs erfolgt.

Organisationspädagogisch hingegen interessiert der Lernende als ein mit den Inhalten und Formen Arbeitswelt dialogisch und erfahrungsbezogen verbundener Akteur, kurz: als ein Betriebsmensch, der im Kontext betrieblicher Reproduktionsmechanismen lernt und dabei auch mit dem Betrieb als lernende Welt in Interaktion tritt. Angedeutet ist damit, dass einer organisationspädagogischen Thematisierung des Betriebs drei Dimensionen eigen sind: der Betrieb als Lernort, der Betrieb als Sozialisationsinstanz und der Betrieb als lernende Welt.

Betrieb als Lernort

Als Lernort kommt dem Betrieb zunächst die Aufgabe zu, die sich im Zuge einer transformierenden Arbeitswelt ergebenden Problemlagen sowie Änderungen der Arbeitsbedingungen in Lernfragen, Lernsituationen und Lernangebote zu übersetzen. Entgegen klassischen Vorstellungen betrieblicher Weiterbildung geht es dabei nicht nur um die Fortsetzung und Vertiefung eines im Rahmen der Erstausbildung angeeigneten fachlichen Wissens, sondern auch um den Erwerb sogenannter *soft skills*, wie Teamfähigkeit oder Selbstorganisation, sowie um die

Möglichkeit, sich ein Wissen und Können der arbeitsweltbezogenen Gegenwarts- und Zukunftsbewältigung anzueignen. Gemeint ist damit vor allem ein Lernen, das auf die mit Digitalisierung, Migration oder demographischem Wandel einhergehenden Problemlagen reagiert und diesbezüglich betriebsrelevante Erkenntnisse generiert.

Die oben skizzierte Debatte um arbeitsbezogenes Lernen verweist auf eine Entwicklung der innerbetrieblichen Bildungsarbeit, die nun nicht mehr nur in eigens dafür geschaffenen formalen Settings (Lehrgängen, -werkstätten, Seminaren) stattfindet, sondern zunehmd als Lernen am Arbeitsplatz (Dehnbostel 2018). Dies meint, dass der Arbeitsplatz nicht länger nur Ort der Ausführung von Dienstleistung oder Ort der Produktion etc. ist, sondern als Erfahrungsraum konzipiert wird, in dem reflexiv Wissen und Können angeeignet, hinterfragt und erweitert werden soll. Die Virulenz, mit der sich Betriebe neuerdings als Lernumgebung verstehen und entwerfen, zeigt sich in Bemühungen um Arbeit 4.0 (Apt et al. 2016, Ahrens et al. 2018). Denn damit ist nicht nur ein Prozess der digitalen Umstellung von Arbeitsstrukturen und -prozessen und eine formale Kompetenzentwicklung zur verbesserten Bedienung einer neuen digitalen Infrastruktur gemeint, sondern ein Transformationsprozess, der eine grundlegende Veränderung der Arbeitsroutinen und -verständnisse impliziert, über deren ideale Verfasstheit noch gar keine Aussage getroffen werden kann (vgl. Pfeiffer 2016). Der Betrieb verändert aufgrund gesellschaftlicher Notwendigkeiten also nicht nur Strukturen, sondern wird zugleich ein Ort der Erprobung und der Erfahrungsreflexion selbiger. Arbeit 4.0 verweist auf Prozesse der Entterritorialisierung von Arbeit, auf Arbeitsprozesse in veränderten materiellen Umgebungen, auf Interaktionen mit menschlichen und nichtmenschlichen Akteuren in digitalen Räumen, auf Interaktionen mit Algorithmen und nicht zuletzt auf die Veränderung tradierter Vorstellungen von Arbeit als ortsgebundenen, eindeutig von Nicht-Arbeit getrennten Kontext. Angesichts der Herausforderungen einer Arbeit 4.0 ist die Bedeutung einer veränderlichen Auffassung des Lernorts Betrieb zu unterstreichen: die Eignung des Arbeitsplatzes für das Erlernen betrieblicher bzw. beruflicher Handlungskompetenz ist keinesfalls per se über die Installation einer innerbetrieblichen Weiterbildungsstruktur gesichert, sondern muss im Lichte organisationspädagogischer Konzepte arbeitsbezogenen

Lernens sowie formaler und informeller Lernbedingungen immer wieder neu hergestellt werden.

Betrieb als Sozialisationsinstanz

Die Figur des Betriebsmenschen verweist zudem darauf, dass mit formalen und informellen Prozessen des Lernens inmitten der Arbeit immer auch Prozesse der betrieblichen Eingliederung, Identifikation, Sozialisation und Erziehung verbunden sind. Dass der Mensch in und durch Arbeit, zuvorderst durch die konkreten betrieblichen Bedingungen der Arbeit geformt wird, ist eine alte Erkenntnis. In der Organisationspädagogik wird dies unter dem Stichwort der organisationalen und betrieblichen Sozialisation diskutiert (vgl. Hof & Förster 2018). Grundlegend für eine organisationspädagogische Thematisierung des Betriebs als Sozialisationsinstanz kann die bereits in den 1980er Jahren von John van Maanen & Edgar H. Schein herausgearbeitete Position herangezogen werden, derzufolge sich die betriebliche Sozialisation als ein Wechselspiel beruflicher Sozialisation und der Internalisierung von Organisationskultur verstehen lässt (van Maanen & Schein, zit. nach Hof & Förster 2018, 166): »To come to know an organizational situation and act within it implies that a person has developed some commonsensical beliefs, principles, and understandings, or in shorthand notation, a perspective for interpreting one's experiences in an given sphere of the work world.« Organisationale oder betriebliche Sozialisation kann demnach als ein Wechselspiel zwischen *Anpassung* an organisationale Bedingungen (inklusive Wertevorstellungen und Routinen) und *Ausprägung* eines beruflichen Habitus verstanden werden.

Diese Perspektive, die sozialisationstheoretisch mit der strukturfunktionalistischen Figur einer *Eingliederung des Individuums in ein bestehendes soziales Gefüge* auf den Punkt gebracht werden kann, muss aus organisationspädagogischer Sicht erweitert werden. So ist betriebliche Sozialisation nicht nur als passiver Vorgang, sondern auch als aktive *Aneignung von organisationalen Spielräumen* zu begreifen. Solch *aktive Aneignung organisationaler Spielräume* der in Betrieben agierenden Menschen bezieht sich auf mindestens drei Ebenen (vgl. Hof & Förster 2018, 170, nach Bronfenbrenner 1981):

- auf die manifeste Umwelt (z. B. Räume und Gegenstände des Arbeitsvollzugs)
- auf die formelle Umwelt (z. B. gesatzte Ordnung, Standardisierungen)
- auf die gesellschaftliche Umwelt (Wirtschaftssystem, arbeitspolitische Diskurse).

Organisationspädagogisch gerät folglich nicht nur der Mensch als Organisationsmitglied in den Fokus, sondern auch die *Organisation als Sozialisationsinstanz*, da sich mit Bezug auf die unterschiedlichen Sozialisationsebenen (manifest, formell, gesellschaftlich) Muster der organisationalen Praxis generieren. Betriebliche Sozialisation lässt sich dann als eine soziale Praxis akzentuieren, die die Herstellung von Betriebsmenschen als einen wechselseitigen Vorgang der Anpassung und Aneignung organisationaler Praxis begreift. So wirkt der Betrieb als Sozialisationsinstanz sowohl integrierend auf einer Mikroebene (z. B. im Sinne einer Identifizierung der arbeitenden Menschen mit dem Betrieb) als auch transformierend auf einer Mesoebene, da sich das im Zuge betrieblicher Sozialisation ereignende Lernen inmitten der Arbeit als erfahrungsreflexiver und dialogischer Prozess immer auch auf den Betrieb als Sozialisationsinstanz und Lernort selbst bezieht, diesen dabei aktiv aneignet und in der Aneignung auch transformierbar werden lässt.

Betrieb als lernende Welt

Damit ist letztlich auch jene Dimension thematisiert, die organisationspädagogisch von besonderer Bedeutung ist: der Betrieb ist nicht nur Ort und Instanz pädagogischer Prozesse, sondern selbst ein lernendes Gebilde, das sich mit Prozessen der betrieblichen Sozialisation und des Lernens im Betrieb verschränkt. Im Anschluss an die obigen Ausführungen zum organisationalen Lernen (▶ Kap. 5.1 und ▶ Kap. 5.2) gehen wir davon aus, dass zwischen dem Lernen im Betrieb und einem Lernen des Betriebs eine konstitutive und andauernde Wechselwirkung besteht. So beeinflusst, ermöglicht und/oder behindert die innerbetriebliche Weiterbildung bzw. das Lernen am Arbeitsplatz die Entwicklung der Organisation; dahingehend etwa, dass Erfahrungen im Zuge des Lernens am Arbeitsplatz als artikulierte Erkenntnisse oder als mimetisch hervorgebrachte Routinen Veränderungsprozess der Organisation, etwa organisationskulturelle Annahmen, initiieren oder irritieren. Aber auch umgekehrt ist eine Wirkung anzunehmen: Das organisationale Lernen des Betriebs, also bspw. die Hervorbringung bestimmter Regeln und Routinen, dient dem einzelnen Mitarbeiter als Muster, auf das er sich im Zuge einer erfahrungsreflexiven Auseinandersetzung mit den Bedingungen und Möglichkeiten seiner Arbeit mimetisch bezieht.

Die lernende Betriebswelt zeigt sich zuvorderst in der eigendynamischen Ausbildung und Weiterentwicklung einer bestimmten Lernkultur. Dazu gehören Instrumente und Verfahren der Qualitätssicherung und der Evaluation, das Benchmarking bzw. die Orientierung an *best practices* oder an anderen Organisationen mittlerweile als *must-haves* jeglicher organisationalen Lernkultur. Die betriebliche Lernkultur zeigt sich hier in der Installation von Strukturen und Verfahren zur Optimierung und Kontrolle von Abläufen, die einmal mehr deutlich machen, dass Betriebe eine Lernwelt darstellen, die ein Lernen in dieser Welt immer nur im Dienst dieser Welt erlaubt. Neben diesem expliziten Ausdruck betrieblicher Lernkultur besteht – fluider – die organisationale Lernkultur auch in der dialogischen Verfasstheit organisationaler Praxis, mittels der der Betrieb als lernende Organisation etwa einen Umgang mit arbeitsweltlichen Transformationsprozessen sucht. Beziehen wir an dieser Stelle die Überlegungen bezüglich des oben skizzierten Beispiels zu Arbeit 4.0 ein, lässt sich der Betrieb als lernende Welt konkreter fassen: Angesichts der Herausforderungen der Digitalisierung der Arbeit muss sich der Betrieb als Lernort immer wieder erneut herstellen. Es reicht nicht aus, Strukturen und Verfahren zu implementieren, vielmehr bedarf es Räume der Erprobung, in denen sich über das Lernen Einzelner oder über die Wissensproduktion in *communites of practice* Erfahrungen und Erkenntnisse ergeben und bündeln, die die Bewältigung von Herausforderungen der Digitalisierung der Arbeit gewährleistet. Zugespitzt formuliert: das Überleben des Betriebs hängt nicht zuletzt an der organisationalen Fähigkeit, Spielräume oder Dialogräume zu kreieren, in denen organisationale Akteure Wissen generieren und vermitteln, das eine Anpassung an gegebene Bedingungen ermöglicht oder allgemeiner die Gegenwartsbewältigung der Organisation sicherstellt.

6.3 Organisation des Sozialen – Organisationen der Hilfe (von *Andreas Schröer*)

Die Rede von der *Organisation des Sozialen* lässt sich in einem engeren und einem weiteren Sinne interpretieren. Das weitere Verständnis macht darauf aufmerksam, dass das Soziale, also gesellschaftliches Zusammenleben, organisiert wird und werden muss. Spätestens seit der Aufklärung und der Umstellung der Primärform gesellschaftlicher Differenzierung auf funktionale Differenzierung spielen für unser Verständnis von Gesellschaft Organisationen eine besondere Rolle (etwa: Ortmann, Sydow & Windeler 1997). Systemtheoretisch ließe sich formulieren, organisiert wird das Soziale in einzelnen Funktionssystemen der Gesellschaft, also etwa Wissenschaft oder Recht, in denen Kommunikationen anhand von Leitdifferenzen bzw. Codes (wahr/unwahr, recht/unrecht) unterschieden werden. Das Soziale zu organisieren, hieße in diesem Sinne, Kommunikation zu organisieren (▶ Kap. 4.1). Das Umsetzen von Leitdifferenzen in Entscheidungen geschieht in der Regel in Organisationen. Dabei richten Organisationen Veränderungszumutungen an Personen, insbesondere an Organisationsmitglieder (Baecker 1994; 2000). Die Zumutung besteht darin, dass Organisationsmitglieder ihr Verhalten an die Mitgliedschaftsbedingungen der Organisationen anpassen sollen. Diese Tatsache ist erziehungswissenschaftlich interessant, denn auch die Pädagogik beschäftigt sich mit der Analyse von Zumutungen an Personen, sich zu verändern und zu lernen. Pädagogik ließe sich vor diesem Hintergrund als eine Form des sozialen Umgangs mit Ungewissheit und Kontingenz verstehen, die gesellschaftliche Kommunikation unter dem Aspekt ihrer Relation zu Prozessen der Personenveränderung versteht (Kade 1997; Manhart & Rustemeyer 2004). Die Rede von der Organisation des Sozialen in einem *weiteren* Verständnis weist also auf organisierte Zumutungen an Personen hin, sich zu verändern. Organisation bedingt individuelle Umgangs-, Anpassungs-, Kenntnis- oder Fähigkeitsprobleme.

Werden diese Veränderungszumutungen in Bezug auf den Hilfe- und Unterstützungsbedarf von Personen – etwa im Unterschied zu de-

6.3 Organisation des Sozialen – Organisationen der Hilfe

ren Bildungs- oder Therapiebedarf – formuliert, befinden wir uns im Praxisfeld der Sozialen Arbeit und in *Organisationen der Hilfe*. Die wissenschaftliche Auseinandersetzung mit organisierten Veränderungszumutungen schließt so die politische und die organisationale Ebene ein, also die Ebene des Wohlfahrtsstaats, seiner Institutionen und Organisationen. Damit ist die Frage nach der Organisation des Sozialen in einem *engeren* Sinne angesprochen, die sich damit beschäftigt, durch welche konkreten Organisationen soziale Hilfsangebote und Unterstützungsleistungen bereitgestellt werden, etwa in Form von sozialen Dienstleistungen oder Hilfen zur Lebensbewältigung. Dieses engere Verständnis soll im Folgenden im Vordergrund stehen und erziehungswissenschaftlich zwischen Sozial- und Organisationspädagogik verortet werden. Dabei liegt der organisationspädagogische Fokus auf den Formen des Lernens und des Unterstützens der Veränderungen von Personen und Organisationen, während die Soziale Arbeit inkl. der Sozialpädagogik als Funktionssystem *Soziale Hilfen* definiert wird, in dem diese Veränderungszumutungen stattfinden (Baecker 1994).

Die Organisationen des Sozialen werden hier als Schnittstellen gesellschaftlicher Teilsysteme verstanden (Wendt, Schröer, Lackas 2021). An diesen Schnittstellen werden Strukturen, Wissensformen und Praktiken deutlich, die zu beiden erziehungswissenschaftlichen Subdisziplinen der Organisations- und Sozialpädagogik Bezüge aufweisen und die es in Hinblick auf ein besonderes Erkenntnisinteresse miteinander zu verbinden gilt. Beide Subdisziplinen beschäftigen sich mit unterschiedlichem Fokus mit der Organisation und den Organisationen des Sozialen. Dabei wird zunächst kurz skizziert, dass Organisationen aufgrund ihrer Individuumszentrierung einerseits und ihres Politikfokus andererseits lange Zeit kein Thema sozialpädagogischer Theoriebildung und Forschung waren (▶ Kap. 6.3.1). Anschließend werden theoretische Ansätze der Sozialpädagogik vorgestellt, die sich für eine Thematisierung von Organisationen besonders eignen (▶ Kap. 6.3.2), um dann anhand eines konkreten Gegenstands – der Steuerung sozialer Organisationen (Sozialmanagement) – dessen organisations- als auch sozialpädagogische Relevanz zu zeigen (▶ Kap. 6.3.3).

6.3.1 Organisationen als Thema der Sozialpädagogik

Als Sozialpädagogik wird eine erziehungswissenschaftliche Teildisziplin bezeichnet, deren Hauptgegenstand in unterschiedlicher Weise bestimmt wird. Ein Vorschlag ist dabei, wissenschaftlich gesicherte Erkenntnisse über Hilfen zur Lebensbewältigung von Personen zu gewinnen, die Schwierigkeiten haben, ihr Leben aus eigener Kraft zu bewältigen (Böhnisch & Schröer 2013). Dies kann vielfältige Ursachen haben, z. B. sozioökonomische Bedingungen, biografische Krisen oder gesundheitliche Situationen. Das unterstützende sozialpädagogische Handeln wird in der Regel in einem organisationalen Kontext angeboten, d. h. die Erbringung und Finanzierung der Hilfen zur Lebensbewältigung wird organisiert. Wie die historische Skizze im nächsten Abschnitt zeigt, ist die Entwicklung der sozialen Dienste spätestens seit der Industrialisierung begleitet von Fragen der Organisation und des Organisierens. Trotz dieser offensichtlichen Hinweise auf die organisationale Verfasstheit sozialpädagogischen Handelns gibt es aber interessanterweise in der sozialpädagogischen Debatte einen Befund, der von der *Organisationsblindheit* bzw. *Institutionsblindheit* der Sozialpädagogik (Schröer & Wolff 2018) spricht. Damit ist gemeint, dass Hilfen zur Lebensbewältigung zwar in der Regel durch Organisationen erbracht werden, dies aber in der Theoriebildung der Sozialpädagogik nicht oder nicht ausreichend reflektiert wird. So stehen in der Entwicklung der wissenschaftlichen Disziplinen der Sozialen Arbeit und der Sozialpädagogik andere Themen im Vordergrund. Anfang des 20. Jahrhunderts etwa galt die Aufmerksamkeit den gesetzlichen und sozialpolitischen Grundlagen (z. B. das Reichsjugendwohlfahrtsgesetz von 1922), vor allem aber den Lebensbedingungen der Klient*innen und den konkreten Handlungsformen professioneller Unterstützung bei der Lebensbewältigung.

Eine andere grundlegende Beschreibung lautet, sozialpädagogisches Handeln sei durch ein *doppeltes Mandat* gekennzeichnet. Damit ist gemeint, dass Soziale Arbeit und Sozialpädagogik sich einerseits am Wohl und der Realität der Klient*innen orientieren müssen (Hilfe), sie zum anderen aber auch im Auftrag des Staates bzw. der Gesellschaft handeln sollen (Kontrolle). Der Blick richtet sich also erneut auf die Lebenssituation der Klient*innen einerseits, die es tief und umfassend zu verstehen gilt

6.3 Organisation des Sozialen – Organisationen der Hilfe

(Mikroperspektive), andererseits muss Soziale Arbeit danach fragen, was der gesellschaftliche Auftrag ist, in dem sie handelt (Makroperspektive), wie zum Beispiel Krisen nicht eskalieren zu lassen. Auch in dieser grundlegenden Beschreibung des Handelns im doppelten Mandat bleibt die Mesoebene der Organisation dieses Handelns außer Acht. Daher konstatierte Bernfeld bereits 1925 eine »Institutionenblindheit« (ebd., 26) des pädagogischen Denkens, ein Befund, der die Blindheit für organisationale Rahmenbedingungen des pädagogischen Handelns anspricht und der später als Organisationsvergessenheit der Sozialpädagogik reformuliert wurde. Es reicht eben nicht, den Blick auf die sozialpolitischen Rahmenbedingungen zu richten, denn rechtliche, politische oder gesellschaftliche Rahmenbedingungen beeinflussen organisationale Strukturen und damit besondere Verhaltenszumutungen an Organisationsmitglieder (s. o.). Die Zurückhaltung in der Auseinandersetzung mit dem Phänomen Organisation teilt die Sozialpädagogik bezeichnenderweise mit der Erziehungswissenschaft im Ganzen (Kuper 2008; Terhart 1986, ▶ Kap. 2). Eine theoretisch-systematische Bestimmung Sozialer Arbeit als personenbezogene Dienstleistung und damit auch die stärkere Thematisierung der Organisiertheit sozialer Arbeit begann erst nach Thierschs Auseinandersetzung mit Jugendzentren/Jugendhäusern und Horten im Anschluss an Goffmans Kritik an Erziehungsheimen als *totale Institutionen* im Zuge der 1980er- und 90er Jahre (Kessl & Otto, 2011). Dabei stand die Organisation jedoch meist als Beschränkung sozialpädagogischen Handelns im Vordergrund der Betrachtung (Cloos 2008). Die Organisation stand gleichsam für die Antithese sozialpädagogischen Handelns, z. B. als Innendienst der Sozialverwaltung und Sozialbürokratie im Gegensatz zum Außendienst als sozialpädagogische Arbeit am Klienten. Die Forschungen zu Angst, Entfremdung, Kontrollverlust und eingeschränkter Identitätsbildung in »totalen Institutionen« (Goffman 1961) oder zu Stigmatisierungs- und Etikettierungsprozessen (Strauss 1968; Becker 1973), die Organisationen als Zwangs- und Herrschaftsinstrumente charakterisieren, lieferten weitere Argumente für eine organisationskritische Haltung. Dies mündete im deutschsprachigen Raum in die konzeptionelle Forderung nach einer Lebensweltorientierung der Sozialen Arbeit (Thiersch 1992), also der Ausrichtung professionellen Handelns an Verständnis und Anerkennung der Lebenswelt der Adressat*innen.

Die historische Forschung zur Geschichte sozialer Dienste nimmt hierbei eine Sonderstellung ein. Denn die Arbeiten von Sachße und Tennstedt (1988; 1992) ebenso wie das kürzlich veröffentliche Archiv der Quellen der Sozialpolitik im deutschen Kaiserreich zeigen deutlich, wie eng die Entwicklung der Sozialpädagogik und der Sozialen Arbeit mit der organisationalen Ausgestaltung sozialer Dienstleistungen im Wohlfahrtsstaat war; sie zeigen, dass sozialpolitische Rahmenbedingungen erkennbare Auswirkung auf Verwaltung und Organisationen der sozialen Dienste hatten. Damit wird ein, wenn auch über die Sozialpolitik vermittelter indirekter Bezug zwischen Sozialer Arbeit/Sozialpädagogik und Organisation klar erkennbar.

Halten wir also fest, Organisation(en) des Sozialen waren bis in die 1970er Jahre selten ausdrücklich Thema des sozialpädagogischen Diskurses, sie wurden es aber indirekt über die Reflexion auf die Ausgestaltung sozialpolitischer Rahmenbedingungen professionellen sozialpädagogischen Handelns. Wurden Organisationen doch thematisiert, dann meist als begrenzende Rahmenbedingung professionellen sozialpädagogischen Handelns. Diese Situation hat sich aber durch drei Entwicklungen deutlich verändert: erstens die Auseinandersetzung mit dem Paradigma sozialer Dienstleistungen nach der Veröffentlichung des Neunten Kinder- und Jugendhilfeberichts, zweitens die Weiterentwicklung der Theorie der Hilfe zur Lebensbewältigung und drittens durch die Zunahme der Arbeiten zum Sozialmanagement.

6.3.2 Soziale Dienstleistungsorganisationen, Lebensbewältigung und Sozialmanagement

Ausgehend von den Arbeiten von Flösser und Otto (1992) und der Sachverständigenkommission des Neunten Jugendberichts (Drucksache 13/70 1994) wurden Einrichtungen der Sozialen Arbeit als soziale Dienstleistungsorganisationen verstanden. Der Rekurs auf die Dienstleistungstheorie stärkt die Klientenperspektive (Flösser & Otto 1992) und verschafft zugleich den Phänomenen *Organisation* und *organisationale Steuerung* in den Debatten der Sozialen Arbeit mehr Aufmerksamkeit. Die Dienstleistungstheorie in der Sozialen Arbeit verweist auf personen-

6.3 Organisation des Sozialen – Organisationen der Hilfe

bezogene Dienstleistungen; diese zielen auf die Herstellung eines weitgehend nicht-materialisierten Produktes, das nicht lagerfähig ist. Deshalb fallen der Produktions- und sein Konsumtionsprozess in eins (uno-actu-Prinzip), d. h. der Kunde oder die Nutzerin muss im Moment der Dienstleistungserbringung anwesend sein (Kund*in/Nutzer*in als Ko-Produzent*in). Damit vollziehen sich Dienstleistungen in Interaktionen, deren Kontingenz durch Formen organisationaler Regulierung eingehegt wird. Soziale Dienstleistungen werden meist in einem der folgenden Praxisfelder erbracht: Kinder- und Jugendhilfe, Familienhilfe, Hilfe für ältere Menschen, Gesundheitshilfe, Hilfe für arbeitslose Menschen, Hilfen für Menschen mit Behinderung, Hilfen für Menschen mit Migrationshintergrund, Hilfen in besonderen Notlagen (Cremer et al. 2013). Zu sozialen Dienstleistungen gehören auch solche, für die (noch) kein sozialrechtlich verbriefter Leistungsanspruch besteht. Sie können auch von Klienten in Anspruch genommen werden, die nicht über die nötigen finanziellen Mittel verfügen, dieses Gut selbst zu bezahlen.

Die Konzeption Sozialer Arbeit als *Erbringung (personenbezogener) sozialer Dienstleistungen* (Klatetzki 2010) betont die Bedeutung des Klienten, Nutzers oder Kunden und fordert eine stärkere Subjektorientierung in der Hilfegestaltung (Otto & Schaarschuch 1999). Dadurch geraten auch die beim Nutzer ankommenden Leistungen stärker in den Blick (vgl. auch Leitkategorie Outputorientierung für das Verwaltungshandeln im New Public Management). Angesichts des konstitutiven sozialrechtlichen Dreiecksverhältnisses in der Erbringung sozialer Dienstleistungen wird deutlich, dass sich die einfache Übertragung einer Kundenlogik auf die Soziale Arbeit verbietet. Anders als auf dem freien Markt, auf dem der Empfänger einer Dienstleistung in der Regel auch der zahlende Kunde ist, finden die Transaktionen bei sozialen Dienstleistungen meist in einem Dreiecksverhältnis zwischen Kostenträger (bezahlt die Leistungserbringung direkt oder indirekt), dem Leistungserbringer und dem Dienstleistungsempfänger (Nutzer) statt. Daher kann sich der Leistungserbringer nicht nur an Marktgesetzen (z. B. der Höhe der Nachfrage) orientieren, sondern ist auch von sozialgesetzlichen Rahmenbedingungen abhängig (Kostenträger). Dies gilt ebenso für die Preisgestaltung, die bestimmten Regulierungen jenseits der Gesetze des *freien Marktes* unterliegt. Es existiert zwar ein Wettbewerb der Leistungsanbieter; dieser findet jedoch auf teilregulierten, sogenannten Quasi-Märkten statt. So lässt sich schlussfolgern: Durch den Fokus auf den Klienten bei der Hilfegestaltung in der sozialen Arbeit folgt notwendigerweise eine erhöhte Aufmerksamkeit auf die *organisationalen Voraussetzungen* der Leistungserbringung.

Die Grundkonzeption des *Lebensbewältigungsansatzes* in der Sozialpädagogik geht davon aus, dass alle Menschen nach einem psychosozialen Gleichgewichtszustand streben, in dem sie soziale Anerkennung, Selbstwert und eigene Handlungsfähigkeit erfahren (Böhnisch 2012). Dort, wo Menschen aufgrund von kritischen Lebensereignissen nicht in der Lage sind, ihre Handlungsfähigkeit selbst wieder zu erlangen, sollen Sozialarbeiter*innen und Sozialpädagog*innen dabei unterstützen, diese Fähigkeit zur Bewältigung des eigenen Lebens wieder zu gewinnen. Interessant wird die Argumentation aus organisationspädagogischer Sicht durch Böhnischs Aufforderung, dass Organisationen der Sozialen Arbeit den Betroffenen *Spielräume öffnen* sollten, um Anerkennung und Distanz zur eigenen Situation zu gewinnen und die eigenen Handlungsoptionen zu erweitern (Böhnisch 2016; Schröder 2020). Die sozialpädagogische Organisation soll dabei mit den Klienten gestaltet werden, um ihre Befähigung zur Lebensbewältigung zu unterstützen; sie gerät so zur Chance, Erfahrungen der Hilflosigkeit und politischer Ohnmacht zu überwinden (Schröder 2020). Den Organisationen wird hier also eine pädagogische Rolle zugewiesen, sie werden als Teil eines unterstützenden Handlungssettings der sozialen Arbeit bzw. Sozialpädagogik verstanden.

Eine weitere direkte Thematisierung von Organisationen findet sich in den vielfältigen Arbeiten zum *Sozialmanagement* bzw. der Steuerung von sozialen Organisationen, Non-Profit-Organisationen oder Sozialunternehmen. In den einzelnen Ansätzen sind große Überschneidungen mit entweder Verwaltungswissenschaft oder Betriebswirtschaftslehre erkennbar, wobei nur verhältnismäßig wenige Versuche unternommen wurden, eine organisationspädagogisch orientierte feldspezifische Steuerungslehre für soziale Organisationen zu entwickeln. Die Nähe insbesondere zur Betriebswirtschaftslehre führte dazu, dass die Arbeiten zum Sozialmanagement häufig nicht als Teil des sozialpädagogischen Diskurses angesehen wurden. Dennoch muss betont werden, dass Sozialmanagement die besonderen organisationalen Bedingungen thematisiert, unter denen soziale Dienstleistungen erbracht werden. Dazu zählen u. a., dass die Dienstleistungen auf (teil-)regulierten Quasi-Märkten angeboten werden, in einem sozialrechtlichen Dreiecksverhältnis von Kostenträger, Leistungserbringer und Nutzer erbracht werden, die Vielfalt von Finanzierungsquellen die Administration dieser Organisationen vor besondere Herausforderungen stellt, die besondere Form von Personal (freiwillig Engagierte) oder die große Bedeutung werthaltiger Ziele (Schröer 2011). Daher bieten die Arbeiten zum Sozialmanagement wichtige Hinweise zu einem vertieften Verständnis der wechselseitigen Einflüsse von institutionellen Rahmenbedingungen (Recht, Politik, Markt), organisationalen Strukturen und Steuerungsmechanismen und professionellem sozialpädagogischen Handeln.

6.3.3 Zur wechselseitigen Bezugnahme von Organisations- und Sozialpädagogik am Beispiel des Sozialmanagements

Zur Organisation des Sozialen im engeren Sinne gehört auch das Organisieren sozialer Organisationen. Dazu gehört beispielsweise das leitende und steuernde Handeln in Trägern der Jugend- und Behindertenhilfe, ebenso wie Praktiken der Weiterentwicklung von Personal und Organisationsstrukturen und -prozessen. Diese Themen werden häufig unter dem Begriff *Sozialmanagement* verhandelt. Während im letzten Abschnitt deutlich wurde, wie sich das Thema Organisation im sozialpädagogischen Diskurs erst allmählich etabliert hat, sollen nun Personalentwicklung, Organisationsentwicklung und Führung im Sozialmanagement als Beispiele einer bereits erfolgten wechselseitigen Bezugnahme von Organisations- und Sozialpädagogik vorgestellt werden.

Die Organisation des Sozialen umfasst unterschiedliche Praxen. Sozialmanagement thematisiert eine Praxis der Organisation des Sozialen, konkret das steuernde Organisieren in Organisationen des Sozialen. Organisationsentwicklung bezeichnet dabei die organisierten Prozesse organisationaler Veränderung, Personalentwicklung die organisierten Veränderungsprozesse für Organisationsmitglieder (▶ *Kap. 5.3*), während

Führung sich auf die Leitungspraktiken von Personal und Organisation bezieht. Organisationaler Wandel wird in einigen Ansätzen als elementarer Bestandteil des Managements sozialer Organisationen begriffen. In Adaptionen des Sankt Galler Management Modells werden »Erneuerung« als wegweisende Veränderung von Prozessen und Produkten und »Optimierung« als geringe, kontinuierliche Veränderung von Prozessen und Produkten als Entwicklungsmodi der Organisation unterschieden und berücksichtigt (Rüegg-Stürm 2003). Auch im Freiburger Management Modell für NPO wird die Anpassung an sich verändernde Umfeldfaktoren unter dem Stichwort Innovation systematisch berücksichtigt (Schwarz et al. 2005). Entwicklungsorientierte Managementmodelle orientieren sich – in Analogie zum biologischen Denken – an Lebenszyklen. Dabei wird von einer diskontinuierlichen Abfolge von Entwicklungsphasen im Leben einer Organisation ausgegangen, deren Übergänge kritisch und abhängig von Entscheidungen in der Organisation sind; daher können Timing und Reihenfolge der Phasen variieren. Auch organisationale Lernmodelle, die davon ausgehen, dass in Organisationen die Fähigkeit aufgebaut wird, Wissen zu entwickeln, und organisationale Lernfähigkeit als Leitbegriff einsetzen, finden im Sozialmanagement Verbreitung (Grunwald 2009).

Insbesondere anhand des sozialwissenschaftlich fundierten Entwicklungsorientierten Managementmodells (EOM), das von der Notwendigkeit von Wandel als Grundgedanken einer zeitgenössischen Managementlehre ausgeht und auf systemtheoretisch-konstruktivistischen Überlegungen basiert (Grunwald 2012; Klimecki et al. 1994), lässt sich zeigen, dass die zentralen Themen der Organisationspädagogik, also das Lernen von (sozialen) Organisationen und dessen Unterstützung, als wesentliche Bestandteile von Managementhandeln verstanden werden. Im Vordergrund steht die Verbesserung der Problemlösefähigkeit von Organisationen (Aufbau, Abläufe, Entscheidungsprozesse, Kultur), um Unvorhergesehenes besser bewältigen zu können. Management wird dabei als das Gestalten von Rahmenbedingungen verstanden, die es einzelnen Organisationsmitgliedern erlauben, eigenverantwortlich und selbstorganisiert zu handeln. Das EOM zielt durchaus rationalitätskritisch auf die Identifikation langfristiger, strategischer Erfolgspotentiale, die die Entwicklungskompetenz sozialer Systeme vorantreiben

6.3 Organisation des Sozialen – Organisationen der Hilfe

können. Diese Erfolgspotentiale werden weniger in den Strukturen der Organisation gesucht als vielmehr in gemeinsamen Sinnbezügen und Wirklichkeitskonstruktionen. Als weitere Gestaltungsperspektiven werden im EOM die lose Kopplung von Organisationseinheiten und die Ermöglichung und Förderung von Prozessen der Selbstorganisation genannt.

Zu den Aufgaben im Sozialmanagement gehört wesentlich auch das Personalmanagement, sind soziale Dienstleistungsorganisationen doch personalintensive Organisationen mit einem hohen Fachkräfteanteil. Gerade deshalb kommt auch im Personalmanagement der Lern- und Entwicklungsorientierung eine große Bedeutung zu. So richtet das entwicklungsorientierte Personalmanagement seinen Fokus auf die Entwicklung der Qualifikation und Motivation der Beschäftigten (Klimecki & Gmür 2005). Insgesamt ist die Personalentwicklung ein anerkannter Teilbereich des Sozialmanagements, der sich aus organisationspädagogischer Perspektive primär mit der Organisation von Lernangeboten für Organisationsmitglieder, der Bearbeitung von Lernblockaden und der Herstellung lernförderlicher Bedingungen in Organisationen beschäftigt (Sausele-Bayer 2011). Dabei gilt es jedoch, die unterschiedlichen Bedarfe und Bedürfnisse der verschiedenen Gruppen in der Organisation (Fachkräfte, Leitungskräfte und freiwillig Engagierte) zu berücksichtigen.

Ein Teilbereich der Personalentwicklung ist die Aus- und Weiterbildung von Sozialmanager_innen (▶ Kap. 5.4). Hierzu plädiert Langer (2013) für ein kompetenzorientiertes Vorgehen. Auf der Basis einer qualitativ-empirischen Studie macht er acht Sozialmanagement-Kompetenzen aus:

- die soziale (Dienstleistungs-)Organisation gestalten und leiten (inkl. der ständigen Aufgabe der Organisationsentwicklung),
- Ressourceneinsatz und Führung von Professionalität,
- Programmkompetenz als fachliche Konzeption,
- Implementierung und Entwicklung professioneller Leistung,
- Planen als fachpolitische (An-)Passungskompetenz,
- Policy-Making (lokale Governance und politische Kompetenz),
- Kontextualisierung der Finanzierung (lokale Erfahrungsökonomie),
- Steuerung und Kontrolle als technische Rationalitätskompetenz.

Diese Auflistung macht die Vielfalt der Anforderungen an Steuerungshandeln in sozialen Organisationen deutlich und verweist zudem auf die Bedeutung politischer Steuerung und der Einflussnahme auf das politische Umfeld, die oft zu wenig berücksichtigt würden und doch maßgeblich zum Aufgabenspektrum des Sozialmanagements zu rechnen seien (vgl. auch Boeßenecker & Markert 2014).

Aus organisationspädagogischer Perspektive ist zunächst von Bedeutung, dass zum Leitungshandeln in sozialen Organisationen sowohl Personalentwicklung als auch die Unterstützung organisationaler Lernprozesse gehören, deren Besonderheiten wiederum nur vor dem Hintergrund des sozialpädagogischen Handlungsfeldes verstanden werden können. So haben exemplarisch die Arbeiten von Sausele-Bayer (2011) gezeigt, wie Praktiken von Führungskräften individuelle, kollektive und organisationale Lernprozesse fördern, unterstützen oder auch behindern können und andererseits die Wirkmächtigkeit organisationaler Praxismuster in Sozialorganisationen auf das Führungshandeln in Hinblick auf Lernblockaden und Lernförderung herausgearbeitet. Eine für Anschlussstudien interessante empirische Analyse von Praxismustern der Lernförderung und -verhinderung findet sich auch in Nicolas Engels Arbeiten (2014) im Kontext grenzüberschreitender Organisationen. Während diese Aspekte die Arbeit *in* der Organisation betreffen, ist aus organisationspädagogischer Perspektive insbesondere auch die Arbeit *an* der Organisation von Interesse.

Folgt man dem eingangs eingeführten Argument, dass Organisationen (Veränderungs-)Zumutungen an Personen richten und diese damit per se pädagogisch wirken, ist die Strukturseite der Organisation angesprochen. Denn in der Struktur einer Organisation kommen die Anforderungen an die Mitglieder der Organisation zum Ausdruck. Diese Strukturen zu verändern und ihre Veränderung bzw. ihr Lernen zu fördern, kommt in einer Reihe von Ansätzen zur Sprache, die sich mit den besonderen Bedingungen der Strukturveränderung in Organisationen der Hilfe beschäftigen. Auch dies ist Thema in Ansätzen des Sozialmanagements. Vor diesem Hintergrund plädiert Schröer (2016) für eine praxistheoretisch fundierte Analyse von Führungspraktiken bei der Unterstützung organisationaler Lernprozesse und schlägt in der Systematisierung dieser Führungspraktiken eine Kategorie vor, die Strukturverän-

6.3 Organisation des Sozialen – Organisationen der Hilfe

derungen adressiert. Andreas Schröer und Richard Händel (2020) beschäftigen sich mit der Frage, wie neue Strukturen in sozialen Organisationen eingeführt werden können, die sich gezielt mit der Entwicklung neuer Dienstleistungsangebote beschäftigen.

Die wissenschaftliche Beschäftigung mit der Organisation des Sozialen – so lässt sich resümierend festhalten – ist ein Kernthema der Pädagogik, wird darin doch die organisierte Veränderungszumutung an Personen zum Gegenstand gemacht. Dies beinhaltet die Auseinandersetzung mit der Organisation des Sozialen im engeren Sinne, konkret mit der Organisation sozialer Hilfeleistungen bzw. der Organisationen von Hilfen zur Lebensbewältigung im Spannungsverhältnis von Hilfe und Kontrolle. Dieses traditionell sozialpädagogische Thema kann durch die organisationspädagogische Perspektive umfassender verstanden werden, weil die lange Zeit stark ausgeprägte Individuumszentrierung der Sozialpädagogik in ihren Diskursen um Profession, Fachlichkeit und Professionalisierung die organisationale Eigenlogik nicht berücksichtigt hat. Als Rahmenbedingungen wurden zwar sozialpolitische und rechtliche Vorgaben diskutiert, aber zu wenig danach gefragt, wie diese über die Ebene der konkreten Organisationen zur Umsetzung gelangen. Die Organisationspädagogik fragt aber auch danach, welche organisationalen Voraussetzungen zur Bereitstellung der Hilfen erforderlich sind, wie formale und informelle Strukturen in Organisationen sich auf die Bereitstellung der Hilfen auswirken und mit welchen Besonderheiten organisationaler Lern- und Entwicklungsprozesse in diesem Handlungsfeld zu rechnen ist.

Durch die organisationspädagogische Rezeption von Organisations- und Managementtheorien wird auch deutlich, dass Kontrolle nicht nur ein Begriff ist, der auf die sozialpolitische Makro-Ebene verweist, sondern gerade einen zentralen Fokus der modernen Managementlehre bildet und damit auf die Meso-Ebene der Organisation verweist. Neben der etablierten Thematisierung von Professionalität in der Sozialpädagogik sollte daher ein starker Fokus auf Fragen der Organisation und ihrer Eigenlogik gerichtet werden, um die bisherige Verengung sozialpädagogischer Perspektiven zu weiten. Das Potential der Berücksichtigung organisationaler Perspektiven wird unter anderem in neueren sozialpädagogischen Arbeiten deutlich, etwa zu Pflegeheimen (Koch-

Straube 2003), den Erziehungshilfen (Köngeter 2009), den Jugendämtern (Thomas, 2010), im Zusammenhang mit Einschätzungen zur Kindeswohlgefährdung im Allgemeinen Sozialen Dienst und den damit einhergehenden erhöhten Anforderungen an Zuverlässigkeit von Leitungshandeln (Böwer 2012) oder der Bedeutung von Glaubensgemeinschaften in Wohlfahrtsproduktion (Böllert et al. 2016). Ebenso bilden auch die Wechselwirkungen zwischen organisationaler Veränderung, Veränderung professioneller Handlungsstandards und der Veränderung der Lebenssituation der Klient*innen ein interessantes Untersuchungsfeld an der Schnittstelle zwischen Organisations- und Sozialpädagogik.

Eine nähere Betrachtung von *Organisation(en) des Sozialen*, dies wird im Gang der bisherigen Darstellung deutlich, fordert nicht nur die Reflexion der Möglichkeiten und Bedingungen des Organisierens des Sozialen ein, sondern verweist im engeren Sinne auch auf die realen Organisationen der Hilfe sowie auf die Frage, wie Organisationen der Hilfe unter spezifischen Herausforderungen agieren und sich organisieren.

6.3.4 Spezifika, Funktionen und gegenwärtige Herausforderungen von Organisationen der Hilfe

Soziale Dienstleistungen, sozialpädagogische Angebote und Formen sozialer Arbeit werden in der Regel im Kontext von Organisationen erbracht. Sie stellen damit die Organisation des Sozialen im engeren Sinne bereit. Diese im vorangegangenen Abschnitt diskutierte Beobachtung lädt zu einer Reihe von Folgefragen ein, z. B. was sozialpädagogische Organisationen von anderen Organisationen unterscheidet, wie sich ihre gesellschaftliche Funktion beschreiben lässt und mit welchen Herausforderungen diese Organisationen gegenwärtig konfrontiert sind. Auf diese Fragen sollen folgend Antworten und weiterführende Hinweise formuliert werden. Ziel dabei ist es, deutlich zu machen, dass die Verschränkung sozial- und organisationspädagogischer Perspektiven notwendig ist, um die Besonderheiten der Organisation des Sozialen erfassen und analysieren zu können.

Der Unterscheidung gesellschaftlicher Funktionssysteme folgend werden soziale Organisationen als *Organisationen der Hilfe* charakterisiert

6.3 Organisation des Sozialen – Organisationen der Hilfe

(Bode 2012). Die Bezeichnung geht mit dem systemtheoretischen Argument einher, dass funktionsspezifische Codes (Hilfe – Nichthilfe) auf (Entscheidungs-)Programme von Organisationen angewiesen sind, um umgesetzt zu werden (Baecker 1994). Zwar wird Hilfe an ganz unterschiedlichen Stellen der Gesellschaft, z. B. in Familien oder unter Freunden geleistet, doch erwartbar wird Hilfe erst dort, wo sie organisiert wird. Da Hilfe jedoch auch in der Entwicklungszusammenarbeit oder im Gesundheitswesen organisiert wird, schlägt Bode eine weitere Eingrenzung auf solche Bereiche kollektiven Handelns vor, in denen das Ziel der sozialen Integration in gesellschaftliche Normalzustände bzw. der Vermeidung von Ausgrenzung aus gesellschaftlichen Normalzuständen verfolgt wird.»Organisierte Hilfe wäre dann als eine Intervention zu verstehen, die an für *veränderungswürdig befundenen Personenzuständen* orientiert ist, deren Zustände *gezielt bearbeitet* und dabei *sozial erwünschte Alternativzustände* anstrebt« (Bode 2012, 150). Formale Organisationen, auf die eine solche Bestimmung zutrifft, sind u. a. Jugendämter, Kinder-, Senioren- und Behindertenheime, ambulante Beratungs-, Pflege- und Assistenzdienste, Sozialprojekte für Wohnungslose, Drogenabhängige und Menschen in anderen sozialen Notlagen. Dazu lassen sich auch Organisationen zählen, die zwar primär einen anderen Zweck verfolgen, aber Organisationseinheiten bereitstellen, auf die die oben genannte Beschreibung zutrifft. Dies wären zum Beispiel Schulsozialarbeit oder soziale Dienste im Krankenhaus (ebd.).

Scott (1986) bestimmt Organisationen anhand von fünf zentralen Merkmalen: Mitgliedschaft, Hierarchie, Zweck, Technologie und Umweltbezüge. Organisationen der Hilfe ließen sich in Anlehnung an Bode (2012) anhand dieser Merkmale wie folgt charakterisieren.

Mitgliedschaft: Organisationen der Hilfe haben unterschiedliche Formen der Mitgliedschaft. Zunächst die Klient*innen (z. B. Heimbewohner*innen) und Hilfeleistende, wobei die in den Organisationen vorgenommenen Interventionen z. T. an der ganzen Person ansetzen (gerade in Heimen). Dies ist gerade für moderne Organisationen eine Besonderheit und Ausnahme, zeichnen sich die meisten modernen Organisationen doch gerade dadurch aus, dass man nur mit einem Teil des eigenen Handelns und Kommunizierens Teil dieser Organisation ist. Etwa ist man nur zu einem Teil Lehrer*in an einer Schule und zu einem anderen Teil des Alltags Elternteil, Sportvereinsmitglied und Medienkonsument. Die Kernmitglieder sind demgegenüber (a) bezahlte Arbeitskräfte, Sozialprofessionelle (akademisch ausgebildete Spezialist*innen) mit starker intrinsischer Bindung an Zweck ihrer Tätigkeit, (b) ausführendes Personal (z. B. technische Assistenz, Verwaltung), extrinsische Anreize (Lohn); (c) Sozialmanager*innen sowie (d) Ehrenamtliche, bzw. freiwillig Engagierte.

Zwecke: Organisationen zielen auf die Integration von Personen in die ›bürgerliche Normalgesellschaft‹ und bearbeiten dazu persönliche »Integrationsstörungen« (vgl. Bode 2012). Dabei haben die Organisationen aber einen zweifachen Auftrag zu erfüllen, der meist mit dem Doppelmandat aus Hilfe und Kontrolle beschrieben wird. Diese Ziele stehen in Konkurrenz zueinander.

Technologie: Die Methoden, Arbeitsformen, Programme (wie etwa Hilfeplanverfahren) bzw. Arbeitswerkzeuge in Organisationen der Hilfe sind stark von Routinen, aber auch von empathischer Kommunikation geprägt, also dem Bestreben, die Lebenssituation und Perspektive der Klient*innen zu verstehen, sich in ihre Situation hinein versetzen zu können. Die Wirkungen solcher Arbeitsmethoden sind nur sehr schwer zu messen, was zur Beschreibung eines *Technologiedefizits* dieser Organisationen führt (ebd.).

Hierarchie: In Organisationen der Hilfe gibt es, wie in anderen Organisationen auch, Über- und Unterstellungsverhältnisse, Kommunikation wird geregelt, Kommunikationswege festgelegt. Allerdings spielt hier bei der Koordination von Professionellen und insbesondere unentgeltlich tätigen Freiwilligen Vertrauen eine sehr große Rolle. Die interne Koordination umfasst also einerseits Organisationsmitglieder mit unterschiedlichen Beschäftigungsverhältnissen und die (fallbezogene) Abstimmung zwischen Spezialist*innen, die häufig unterschiedlichen Professionen angehören (Fallkonferenz). Anspruchsvoll an Multiprofessionalität ist, dass nicht immer klar ist, in welchem (hierarchischen) Verhältnis die Professionen zueinander stehen (Bauer 2018).

Umweltbezüge: Die in Organisationen der Hilfe Tätigen (z. B. Sozialarbeiter*innen, Sozialpädagog*innen, Heilerziehungspfleger*innen, Psychiater*innen, Pfarrer*innen etc.) gehören oft stark normativ geprägten Professionskulturen an, d. h. die Profession hat einen großen Einfluss auf die Organisation. Zudem unterliegen Organisationen der Hilfe einem hohen Maß an politischer Regulierung als Teil der wohlfahrtsstaatlichen Infrastruktur. Dies bedeutet, ihre Aufgabe ist auch die Interessen ihrer Klient*innen (Anwaltschaftliche Funktion) gegenüber der Politik ebenso zu vertreten wie die Interessen der Organisation (Lobbyist*innenfunktion). Um diese Funktionen ausüben zu können, sind die Organisationen auf die Sicherung ihrer gesellschaftlichen Anerkennung, ihrer öffentlichen Legitimität angewiesen. Die Organisationen können nur dann angemessen Hilfe leisten, wenn sie ihr eigenes wirtschaftliches Überleben sichern, d. h. sie folgen auch erwerbswirtschaftlichen Logiken. Die offensichtliche Zusammenfassung dieser Beschreibungen ist, dass sich Organisationen der Hilfe in *widersprüchlichen* Umwelten bewegen. Dies wurde in der Forschung zu Nonprofit und hybriden Organisationen deutlich herausgearbeitet (Jäger & Schröer 2014; Schröer 2021) und kann auf Organisationen der Hilfe übertragen werden.

Diese besonderen Merkmale von Organisationen der Hilfe sind nicht nur für die Beschreibung und Analyse dieses Organisationstyps von Bedeutung, sie leiten auch die Überlegungen, wie solche Organisationen zu steuern sind. Deshalb spielen in den Überlegungen zum Sozialmanagement gerade die Besonderheiten im Personal (freiwillig Engagierte und bezahlte Professionsangehörige) und die Besonderheiten im sozialstaatlichen Dreiecksverhältnis zwischen Klient*innen, Kostenträger und Leistungserbringer, die zu komplexen Finanzierungsstrukturen führen, und die Zielkonkurrenz in diesen Organisationen eine wichtige Rolle. Diese Besonderheiten haben auch Konsequenzen für das Verständnis von Entwicklung bzw. Lernen der sozialen Hilfe- und Dienstleistungsorganisationen, was am Beispiel des Umgangs von Organisationen der Hilfe mit Herausforderungen und Möglichkeiten der Digitalisierung nachgezeichnet werden kann.

Digitalisierung als aktuelle gesellschaftliche Herausforderungen für Organisationen der Hilfe

Organisationen der Hilfe stehen aktuell vor gesellschaftlichen und technologischen Herausforderungen, die einen deutlich wahrnehmbaren

Veränderungsdruck erzeugen. So werden Herausforderungen der Digitalisierung für die Soziale Arbeit seit einigen Jahren ausführlich diskutiert (Kutscher et al. 2020), erhalten jedoch durch die COVID19 Pandemie und dem damit einhergehenden Innovations- und Veränderungsdruck auf Wohlfahrtsstaaten und ihre Gesundheits- und Sozialsysteme weitere Dynamik und führen gar zu Forderungen nach einer Wohlfahrt 5.0 (Cottam 2020). Digitalisierung stellt für Organisationen der Hilfe in mehrfacher Hinsicht Herausforderungen bereit:

Da ist zunächst die notwendige technologische Umstellung auf digitale Lösungen, die unterschiedliche Bereiche der Organisationen, von der Verwaltung bis zur sozialpädagogischen Fallbearbeitung, betrifft. Digitale Technologien spielen eine Rolle in der softwarebasierten Erfassung von Leistungsdaten und Kennzahlen im Controlling, in der Verwendung von Fachsoftware, z. B. in der Falldokumentation, in der medialen Ausgestaltung von Besprechungen oder Klientenberatung (z. B. Onlineberatung) ebenso wie in der Auswertung von Daten, die Auskunft über die Bedarfe bestimmter sozialer Gruppen geben. All diese Vorgänge haben die Anpassung und Veränderung organisationaler Strukturen und Prozesse zur Folge. Digitalisierung und Digitalität prägen formale Strukturen in Organisationen. So legen sie Prozessabläufe fest, regeln Kommunikationswege und den Zugang zu Informationen. Am Beispiel des Einsatzes von Software zur Fallbearbeitung zeigt Büchner (2020), wie stark der Einfluss der Software auf die Art und Weise der sozialpädagogischen Fallbearbeitung wird. In der Folge wird Fallbearbeitung noch stärker als organisiertes Geschehen begriffen. Mit der steigenden formalen Strukturierung des Arbeitsprozesses, so zeigt Büchner, nehmen aber auch Formen des informellen Umgangs mit den Vorgaben der Software, z. B. sog. Workarounds, wobei Felder der Falldatenbank systematisch nicht ausgefüllt werden, ebenso zu wie Fehler etwa durch die Übertragung von Falldaten von Papier in die Software (ebd.). In einigen Organisationen übernehmen Algorithmen bereits Auswahlaufgaben, für die früher menschliche Entscheidungen notwendig waren, z. B. in der Vorauswahl von Fachpersonal. Aber auch in Hinblick auf informale Strukturen hat Digitalität Einfluss; so argumentiert etwa Stalder (2010), dass sich Kulturen der Digitalität entwickeln, z. B. Formen des informellen Austauschs, des sozialen Austauschs, die stark von

6.3 Organisation des Sozialen – Organisationen der Hilfe

digitalen Medien und Prozessen geprägt sind. Denkt man diese Veränderungen weiter, kommt man zu der Einschätzung, dass die Anpassungsherausforderungen der Digitalisierung sozialer Organisationen zu einem Kulturwandel führen könnten, der durch Digitalität gekennzeichnet ist. Digitalität steht dann für bereits veränderte Alltagsroutinen, in denen der Umgang mit digitalen Dingen und digitalen Prozessen zur Selbstverständlichkeit geworden ist.

Die zweite Herausforderung betrifft eher die Legitimation der Organisationen, denn mit der fortschreitenden Digitalisierung verbindet sich im gesellschaftlichen Diskurs zwischenzeitlich eine Anspruchshaltung an Organisationen. Digitalisierung wird vielfach als gesellschaftlicher Maßstab wahrgenommen, an dem die Leistungsfähigkeit einer Organisation gemessen wird. So geht es um die Frage, wie weit Organisationen auf ihrem Weg zum Digital-Machen oder Digital-Werden gekommen sind. Hier werden häufig Veränderungsfähigkeit, Lernfähigkeit und Digitalisierung im Zusammenhang diskutiert, weil es um die Frage geht, wie gut und schnell sich die Organisationen an die veränderte digitale Umwelt anpassen können.

Die dritte Herausforderung erscheint jedoch besonders anspruchsvoll, denn es stellt sich die Frage wie Hilfeleistung und das Organisieren der Hilfe in einer bereits digital gemachten Variante funktioniert, wie sie professionell erbracht und organisiert werden kann. Zu erwarten ist, dass sich auch professionell erbrachte und organisierte *digitale Formen der Hilfe* mit dem Entstehen neuer Formen der Ungleichheit durch Digitalität (Iske und Kutscher 2020) konfrontiert sehen. Die Notwendigkeit nach einer Reflexion auf angemessene Formen digitaler Hilfe wurde schon vor einigen Jahren erkannt, etwa am Beispiel des Einsatzes von IT-Werkzeugen in Organisationen des Kinderschutzes (Schulen, Kitas, Kinderarztpraxen) in Großbritannien. Es konnte gezeigt werden, dass das Erfordernis, einzelne Kinder als separate Fälle in die Datenbank einzugeben, den Blick auf die Familie als Sozialsystem systematisch erschwert (Eßer 2020, 25f.). Der fachliche Diskurs, hierfür Konzepte und Methoden zu entwickeln, befindet sich noch immer in einem verhältnismäßig frühen Stadium. Als Beispiel ließe sich die Frage stellen, wie künftig sozialraumbezogenes Handeln im digitalen Raum aussehen soll oder welche Anforderungen veränderte Mensch-Technik-Interaktionen, wie der Einsatz von Robotik als Assistenzsystem in der Kinder- und Jugendhilfe (z. B. der Einsatz von Lernrobotern in der Kita), an Organisation und professionelles Handeln mit sich bringt. Grundsätzlicher formuliert, muss neu verhandelt werden, wie und wer als Akteure der Hilfe verstanden werden, welche Wissensformen und -bestände für die professionelle Hilfeleistung relevant sind und inwiefern professionsethische Standards überdacht werden müssen.

Aus organisationspädagogischer Sicht ist die Entwicklung gerade deshalb interessant, weil sich durch die Digitalität künftiger Hilfeangebote auch die Reflexion auf das Verhältnis von Profession und Organisation in der sozialpädagogischen Debatte verändern wird. Denn durch die zunehmende Digitalität der Fallbearbeitung gewinnen Strukturfragen an Bedeutung, etwa die Struktur einer Falldatenbank, die Struktur einer Online-Beratung oder die Struktur in Form von getroffenen Programmierungsentscheidungen für Auswertungsalgorithmen. Diese neuen Strukturierungen werden aller Voraussicht nach auch zu einer weiteren Ausdifferenzierung der sozialen Hilfen führen. Dies ist eine relevante Parallele zur historischen Betrachtung, auch hier zeigte sich der große Einfluss von gesellschaftlichen, politischen und rechtlichen Rahmenbedingungen auf die Struktur sozialer Hilfen und führte letztlich zu einer immer stärkeren organisationalen Strukturierung und vor allem zu einer immer weiter fortschreitenden Ausdifferenzierung der Strukturen der Hilfen. Für die Geschichte der Organisation des Sozialen galt dabei ebenso wie für aktuelle Herausforderungen, dass diese Strukturen die Professionalität sozialpädagogischen Handelns ebenso befördern wie hemmen können. Welche Strukturen sich als förderlich für das professionelle Handeln erweisen, wird ebenso Gegenstand weiterer Untersuchungen bleiben, wie die Frage nach entwicklungsoffenen und entwicklungsförderlichen Strukturen in Organisationen der Hilfe unter Bedingungen von Digitalität.

Der Weg in den selbstverständlichen Umgang mit digitalen Dingen und Prozessen führt in Organisationen der Hilfe zu einer neuen Verhältnisbestimmung von Profession und Organisation, die erneut die Notwendigkeit einer stärkeren Verschränkung organisations- und sozialpädagogischer Fragestellungen vor Augen führt. Die Verschränkung von sozial- und organisationspädagogischen Perspektiven – so die hier

6.3 Organisation des Sozialen – Organisationen der Hilfe

vertretene These – wird angesichts aktueller gesellschaftlicher Herausforderungen, insbesondere der Digitalisierung und Digitalität der Organisation des Sozialen, noch bedeutsamer, denn Digitalität führt zu einem Bedeutungszuwachs von Strukturfragen, auch und gerade Fragen organisationaler Struktur und den Möglichkeiten ihrer Entwicklung.

7 Organisationspädagogik im Spiegel aktueller gesellschaftlicher Transformationsdynamiken

Organisationen stehen in einer unmittelbaren Wechselwirkung mit gesellschaftlichen Transformationsdynamiken. Um ihren eigenen Fortbestand zu sichern, sind sie auf eine Auseinandersetzung mit diesen Transformationsdynamiken angewiesen, die sie zugleich mitgenerieren. Globalisierung, Migration, europäische Integration und damit einhergehende neo-koloniale Zustände und Re-Nationalisierungstendenzen umschreiben großflächig gesellschaftliche Prozesse, die für Organisationen als Frage nach dem Umgang mit Diversität und Differenz in unterschiedlichster Weise zu Referenzpunkten ihrer (Weiter-)Entwicklung werden. Im Lichte der genannten gesellschaftlichen Transformationsdynamiken fokussiert das Kapitel auf die Bedeutung von *Transnationalisierung* als spezifische Herausforderung der Organisationspädagogik im Spiegel gesellschaftlicher Transformationsdynamiken (▶ Kap. 7.1) sowie auf die Bedingungen der Möglichkeit von *(Un-)Gleichheitsproduktion* in und durch Organisationen (▶ Kap. 7.2).

7.1 Organisationen im Kontext von Transnationalisierung

Transnationalisierung ist Teil der im gesellschaftlichen und nicht zuletzt im wissenschaftlichen Diskurs umfänglich thematisierten Globalisierungsdynamik: Die in den 1980er Jahren erstarkende Thematisierung der Globalisierung war zunächst maßgeblich von der euphorischen Vor-

7.1 Organisationen im Kontext von Transnationalisierung

stellung des Zusammenwachsens, der weltweiten Etablierung eines Wirtschaftssystems, der Einbeziehung aller Weltregionen in einen zivilisatorischen Standard, namentlich den der Menschenrechte, sowie von einem optimistischen Aufruf zum globalen Lernen geprägt (allgemein siehe etwa Beck 2016, Rorty 2000, für die Pädagogik: Seitz 2006, Wulf et al. 2002). Eine teilweise Fortführung dieser Ausrichtung auf die weltweite Ideendissemination im Sinne eines globalen Lernens, d. h. auf einen weltweiten Wissenstransfer, finden wir auch noch in der Vorstellung, Transnationalisierung bezeichne eine Form der Grenzüberschreitung, bei der am Ende (nationale und kulturelle Grenzen und Differenzen überschreitend/transzendierend) gemeinsam geteilte Wissensbestände entstünden. Diese noch den Geist der Globalisierungsvorstellung atmende Bedeutung von Transnationalisierung ist jedoch in den letzten Jahren massiv erschüttert worden. Angesichts neuer (oder wieder entdeckter) Formen der organisierten Re-Nationalisierung (u. a.: USA, Indien, Großbritannien, Frankreich, Ungarn, Polen, Italien, BRD, Schweden, Dänemark) im Lichte faktischer, militärischer, polizeilicher, politischer, rechtlicher und kultureller Grenzstabilisierungen (von neu errichteten Mauern über forcierte Grenzkontrollen zu Einreiseverboten, der Aushöhlung internationaler Schutzrechte, bis hin zur Besetzung des öffentlichen Raums mit *eigenkulturellen* und nationalistischen Symbolen und Praktiken) ist diese Sichtweise gegenwärtig nur um den Preis aufrecht zu erhalten, all diese *Rückschläge*, die im globalen Rahmen geschehen, als Modernisierungsverluste weg zu erklären. Transnationalisierung verweist an dieser Stelle auf die Möglichkeit, jene globalen gesellschaftlichen Transformationen nicht harmonistisch als Verbreitungsgeschehen oder Zusammenwachsen, sondern hinsichtlich ihrer Brüchigkeit und Herstellbarkeit zu thematisieren und mit der Frage nach der diesbezüglichen Rolle und Funktion von Organisationen zu verbinden.

In organisationspädagogischer Perspektive lässt sich Transnationalität in zweifacher Hinsicht thematisieren (Oppermann et al. 2018): Erstens lässt sich mittels Transnationalität eine Forschungsperspektive konkretisieren, die – abgrenzend zu einer international und interkulturell vergleichenden Organisationsforschung – die Reflexion des methodologischen Nationalismus als dezidert pädagogische Perspektive auf die transnationale Verfasstheit von Organisationen entwickelt. Zweitens lässt sich danach fragen, wie Organisationen transnational agieren und verfasst sind. In dieser Perspektive interessiert Transnationalisierung sowohl als Rahmenbedingung, mit denen Organisationen einen Umgang finden (müssen), als auch als Praxis und als soziales Aggregat, das von Organisationen mit hervorgebracht wird.

7.1.1 Transnationale Organisationsforschung

Wo Organisationsforschung transnational ausgerichtet war, hat sie sich lange Zeit vor allem für Organisationen als global agierende und aufgrund dessen transnational verfasste Einheiten interessiert (z. B. Bartlett & Ghoshal 1989, Buhr 1998, vgl. auch Engel et al. 2020). In die Debatte eingeführt wurde der Begriff des *Transnationalen* durch Forschungen zu grenzüberschreitend agierenden Wirtschaftsorganisationen, und zwar als eine adaptive Strategie weltweit vernetzter Wertschöpfung. Dabei fungierte das Transnationale nicht als deskriptives Analysekonzept, sondern als präskriptives Managementmodell mit dem Ziel, eine optimale Passung zwischen einer chancenreichen Umwelt (globale Aufspannung, nationale Sourcing- und Absatzmärkte) und den Unternehmen herzustellen. Während diese in der Regel international vergleichend ausgerichtete Organisationsforschung (vgl. auch Heidenreich & Schmidt 1991, Hofstede & Hofstede 2009) weder den Prozess eines *Transnational-Werdens* von Organisationen noch die gesellschaftlich-kulturelle Verwicklung von Organisationen in Prozesse der Transnationalisierung fokussiert, findet sich in neueren organisationssoziologischen Arbeiten der Versuch einer praxistheoretischen »Neu-Konzeptionalisierung« des Verhältnisses von Organisation, Kultur und Transnationalisierung (Mense-Petermann 2006, 394). Im Zentrum dieses praxistheoretischen Interesses stehen Prozesse organisationaler Transnationalisierung im gesellschaftlichen Kontext, genauer: Organisationen in ihrer Funktion als Produzenten innerorganisationaler transnationaler Praktiken sowie der Wandel von Organisationen im Zusammenhang mit den kulturellen Kontexten, in die sie eingebettet sind (Mense-Petermann 2006, 399 ff.). Diese Perspektive wird vor allem in jenen Ansätzen der Organisationsforschung eingenommen, die grenzüberschreitend agierende Organisationen als *transnationale soziale Räume* begreifen (Dörrenbächer 2007, Morgan 2001a, 2001b, Spiegel et al. 2018). Organisationale Prozesse und Strukturen werden dabei auf der Ebene von Alltagspraktiken verschiedener Akteur*innen betrachtet. Dies eröffnet zugleich eine Perspektive darauf, wie organisationale Strukturen, Identitäten und Kulturen in und von grenzüberschreitenden Organisationen innerhalb bestehender Machtverhältnisse ausgehandelt werden (Geppert & Clark 2003, Engel et al. 2014; Köngeter 2012; Schröder 2015). Zu ergänzen ist dies um die im Bereich der transnationalen Organisationsforschung bis dato weitgehend unberücksichtigten Positionen der *transnational Studies*, die das Konzept der Nation und der Nationalstaatlichkeit kritischreflexiv einbeziehen (Wimmer & Glick Schiller 2002, Köngeter 2009). Problematisiert wird – mit Blick auf länderübergreifende Schuluntersuchungen à la PISA lässt sich dies gut veranschaulichen (Oppermann et al. 2018) –, dass der Nationalstaat als naturwüchsig vorausgesetzt wird und »die sozialen Herstellungsprozesse und damit einhergehenden politischen Implikationen (z. B. von Grenzsetzungen) übersehen werden« (ebd., 224). Eine ähnliche Problematisierungsperspektive zeigt sich in der postkolonialen Management- und Organisationsforschung, wenn die Grenzen einer Transnationalisierung von Wissen in grenzüberschreitend agierenden (Wirtschafts-)Organisationen aufgezeigt werden. Das *Wissensmanagement* und die Dissemination von Wissensstandards in und durch trans- und supranationale Organisationen (wie Weltbank, IWF, *Business Schools* und wissenschaftliche Fachgesellschaften) verliert hier den naturwüchsigen Status einer an Erkenntnis und Verbesserung ausgerichteten neutralen Wissenspraxis (Alcadipani et al. 2012, Banerjee & Prasad 2008, Boussebaa & Morgan 2014, Spiegel et al. 2018). Aus dieser Perspektive wird sichtbar, dass multinationale Unternehmen neokoloniale Machtverhältnisse schaffen und stabilisieren. Organisationspädagogisch ist diese kritische Perspektive von großer Relevanz, da solch koloniale Machtverhältnisse in Organisationen nicht zuletzt in und durch pädagogische Prozesse hergestellt werden (TRANS|WISSEN 2020, darin insbesondere Engel et al. 2020). Im Fokus stehen Relationierungen und Transformationen von Wissen und Wissensstrukturen, die mit der Entwicklung von transnationalen Organisationen einhergehen, sowie die Bedeutung und Funktion von Organisationen für diesen Prozess (Engel 2018b, vgl. auch Engel & Klemm 2019). Damit konzentriert sich das organisationspädagogische Interesse an Prozessen der Transnationalisierung auf die Frage, wie in und durch Organisationen Wissen grenzüberschreitend und grenztransformierend produziert, revidiert und vermittelt wird und dabei zugleich nationale Grenzen und Differenzen hergestellt und verfestigt werden. Organisationen treten diesbezüglich sowohl als *Arenen* (1) als auch als *Akteure* (2) der Transnationalisierung von Wissen in Erscheinung.

1. Der wissenschaftliche Ertrag einer Perspektivierung der Organisation als *Arena* transnationaler Wissensproduktion besteht darin, das *Transnationale* nicht als Lösung, sondern als Problem zu thematisieren. Organisationen sind dann Aushandlungsarenen, in denen die präskriptive Behauptung optimaler (und daher machtunabhängiger und kulturneutraler) Handlungsprogramme und Entscheidungsregeln irritiert und hinterfragt wird. M.a.W. sie sind Orte, an denen transnationales Wissen hergestellt, behauptet, revidiert oder verworfen wird.
2. Organisationen als *Akteure* der Transnationalisierung von Wissen zu thematisieren, eröffnet zwei Perspektiven: *Erstens* lassen sich Organisationen als Akteure des transnationalen Wissensmanagements in den Blick nehmen. Hierbei interessieren neue Wissensformate und -inhalte, die von Organisationen im Zuge einer programmatischen Grenzüberschreitung, einer interkulturellen Öffnung oder einer Einrichtung von Diversitätsstrukturen installiert werden, diesen aber zugleich neue Gestaltungszwänge des Wissensmanagements im Sinne einer transnationalen *skillful performance* dieses Wissens auferlegen. Beispielhaft kann hier auf die strukturelle Etablierung und praktische Institutionalisierung von Diversitätsleitbildern an Universitäten verwiesen werden. Denn hiermit gehen nicht nur programmatische, strukturelle und ggf. bauliche (im Falle der Ermöglichung von Barrierefreiheit bei Zugang zu Räumlichkeiten) Maßnahmen einher, sondern die Universitäten sind aufgefordert, ein anderes, nämliches diversitätssensibles Wissen nicht nur zu erzeugen, sondern in Form von Manualen auch verfügbar und erlernbar zu machen. *Zweitens* können Organisationen als Wissensträger im gesellschaftlichen Kontext bestimmt werden. Im Fokus steht dann die Übersetzungsleistung

7.1 Organisationen im Kontext von Transnationalisierung

von Organisationen, die durch die Produktion von Artefakten, durch Medien oder mittels handlungsfähiger Wissensträger*innen transnationales Wissen produzieren und über die Organisationsgrenzen hinaus in andere Kontexte vermitteln, und damit auch Akteuren zugänglich machen, die nicht direkt von transnationalen Zuständen betroffen sind.

Die Durchsicht ergibt, dass die – die Transnationalisierungsforschung lange leitenden – Prämissen einer Entnationalisierung des Denkens, der globalen wirtschaftlichen Kooperation, der Optimierung wissensgesteuerter weltweiter Wertschöpfung sowie der Verbreitung einheitlicher, machtneutraler Standards in jüngeren Arbeiten eine Relativierung, eine dekonstruktive Kritik und differenzierte Weiterentwicklungen erfahren haben. Transnationalisierung lässt sich nicht länger auf ein Verbreitungsgeschehen von Wissen im Sinne eines global-euphorischen *über die Nation hinaus* reduzieren, vielmehr verweist sie in einer postkolonialen Perspektive auf einen riskanten und brüchigen Prozess, der nicht nur über das Nationale hinaus, sondern kritisch auf das Nationale als Zerstörungsmoment zurückweist (Engel 2019). Dementsprechend lassen sich nationale Identitätsprozesse nicht als retardierende Momente einer voranschreitenden transnationalen Gesellschaft, sondern vielmehr als Elemente einer prinzipiell konfliktären Praxis der Wissensproduktion, -vermittlung und -aneignung beschreiben. Organisationen sind, so lässt sich als postkolonialer Standpunkt resümieren, in ihrer akteurs- und arenenförmigen Struktur und hinsichtlich ihrer Verwicklung in gesellschaftliche Transformationsdynamiken und Machtverhältnisse zu thematisieren, in denen unterschiedliche Wissensformen aufeinandertreffen, in Konflikt geraten und gemeinsame Sprachen und Formen der Verständigung erst errungen werden müssen. Im Hinblick auf die Funktion von Organisationen für die Transnationalisierung von Wissen soll dies im nächsten Schritt verdeutlicht werden.

7.1.2 Organisationen als Arenen und Akteure transnationaler Wissensproduktion

Organisationen – insbesondere im engeren Sinne pädagogische Organisationen – können als formalisierte Kontexte der Re-Produktion, Vermittlung und Aneignung von Wissen verstanden werden (▶ Kap. 2.4): in Schulen im Rahmen des Unterrichts, in Kursen der Volkshochschule oder anderer Weiterbildungsträger, in Lehrveranstaltungen an Universitäten, in betrieblicher Aus- und Weiterbildung, aber auch in Museen, Bibliotheken, Theatern, Gedenkstätten, Beratungseinrichtungen, kurz: überall dort, wo Organisationen den Anspruch der (Weiter-)Bildung, des (lebenslangen) Lernens verfolgen oder programmatisch auf Bildungsarbeit und Lernunterstützung ausgerichtet sind, wird Wissen auf spezifische Weise aufbereitet, dokumentiert, vermittelt und angeeignet. Damit ist aber nur eine Ebene der Wissensproduktion und -herstellung angesprochen, nämliche jene, die sich in Bezug auf Lehrpläne, Modulhandbücher oder andere explizit pädagogischen Programme vollzieht. Wissen wird in Organisationen aber auch jenseits dieser explizit programmatischen Ebene produziert, vermittelt und angeeignet, in Zwischenräumen bzw. auf Hinterbühnen des organisationalen Alltags. Ein kritisches Beispiel hierfür ist der »heimliche Lehrplan« (Zinnecker 1975) von Schulen, ein vergleichsweise neutrales Beispiel ist das informelle »Lernen im Prozess der Arbeit« (Dehnbostel 2007). Schließlich produziert die Organisation auch Wissen in Bezug auf sich selbst. Die Art und Weise, wie in Organisationen hinsichtlich einer jeweils spezifischen Zweckerfüllung ko-operiert, also zweckbezogen mit-, neben- oder gegeneinander gearbeitet wird, materialisiert sich nicht nur in organisationalen Strukturen und Regeln, sondern speichert sich auch immateriell in einem Ritual- und Routinewissen, das wiederum mit Artefakten korrespondiert, die von der Organisation hervorgebracht und verwendet werden. In dieser Sichtweise interessieren Organisationen als Akteure, die ein spezifisches Wissen hervorbringen, sichern, reproduzieren, riskieren, transformieren und eben damit lernen (▶ Kap. 5.2). Durch ihre Funktion als Arenen der Vermittlung, Aneignung und Verhandlung von Wissen und durch ihre Wissensproduktion nehmen Organisationen – ggf. unbeabsichtigt und in der Regel unausgesprochen – auch Einfluss

7.1 Organisationen im Kontext von Transnationalisierung

auf die gesellschaftliche Entwicklung. Der Akteursstatus von Organisationen ist somit nicht nur im Sinne einer organisationalen Wissensproduktion relevant, sondern sie sind wesentlich auch gesellschaftliche Akteure.

Im Kontext der Transnationalisierung von Wissen kommt Organisationen eine bedeutende gesellschaftliche Reproduktionsaufgabe zu, deren pädagogische Dimension in der Frage konkret wird, wie Organisationen sich im Kontext einer Diversifizierung der kulturellen Herkünfte ihrer Adressat*innen, Mitglieder, Klient*innen etc. als gesellschaftliche Akteure und Arenen der Wissensproduktion und des Wissenstransfers herstellen. Verdeutlichen lässt sich dies an einigen Beispielen, die zeigen können,

- wie Organisationen mit der Migrationstatsache umgehen und welches (gesellschaftlichen Zusammenhalt gefährdendes) Wissen sie dabei produzieren;
- wie Organisationen national-kulturelle Grenzüberschreitung praktizieren, indem sie nationale Grenzen herstellen.

In Bezug auf die erste Frage können zwei Beispiele angeführt werden, die in der Zusammenschau die Dialektik von Organisation als Ermöglichung und als Zerstörung durch Wissensproduktion sichtbar machen. Zunächst möchten wir das Beispiel einer multiperspektivisch arbeitenden NS-Gedenkstätte anführen (Engel & Bretting 2020), die im Rahmen eines Workshops mit Jugendlichen mit Migrationshintergrund einen historischen Ort des NS-Verbrechens in ein reflexives Verhältnis zu gegenwärtigen gesellschaftlichen Konfliktlagen setzt (hier: den historischen Ort nationalsozialistischer Zwangsarbeit als Medium der Reflexion gegenwärtiger postkolonialer Unterdrückung nutzt), indem sie bzgl. der artefaktischen Gegebenheit des Gedenkortes (hier: eine Bunkeranlage) künstlerische Interventionen anlegt, die Gegenwartsbezüge (hier: zu Großbaustellen im Rahmen sportlicher Veranstaltungen) ermöglichen. Die Gedenkstätte erzeugt sich damit als eine Arena, in der andere Vermittlungs-, Aneignungs- und Auslegungsformen von Wissen erprobt werden, die den erinnerungskulturellen Imperativ eines *Lernens aus Geschichte* produktiv übersetzen, indem die Diversifizierung der Herkünfte und kulturellen Hintergründe der Gedenkstättenbesucher*innen zum Bezugspunkt der Vermittlungsarbeit werden. Die Organisation *Gedenkstätte XY* entwirft sich als eine Arena gesellschaftlicher Teilhabe, in der sich junge Erwachsene nicht nur ein erinnerungskulturelles Wissen aneignen, sondern ein solches Erinnerungswissen in Verhältnis zu aktuellen gesellschaftlichen Problemlagen erzeugen können (Bretting & Engel 2021). Während sich dies als Beispiel dafür lesen lässt, dass Organisationen als Arenen und Akteure transnationaler Wissensproduktion Wissensautoritäten in Frage stellen können, um Menschen zu ermächtigen und ein anderes gesellschaftliches (Zusammen-)Leben zu ermöglichen, wird in folgendem Beispiel deutlich, dass Organisationen auch als Arenen alternativer Wissensansprüche fungieren und damit soziale und menschliche Katastrophen nach sich ziehen können. In den rechtsradikalen Anschlägen in Halle im Oktober 2019 und Hanau im Februar 2020 treten mit faktischer Brutalität Rassismus und Antisemtismus zu Tage, wie er durch die Rhetorik der parlamentarischen Rechten und ihrer Intellektuellen (Detering 2019, Hahn 2020) legitimiert wird. In Rückgriff auf völkische Terminologie und in manipulierender Rhetorik, die immer wieder den Boden des Grundgesetzes sucht (Detering 2019, 15), produziert die Organisation (hier: AfD) Wissensbehauptungen und konstruiert damit ein nationalistisches Bewusstsein sowie den Anspruch der Richtigkeit dieses Bewusstseins. In der Deutung von Migration als Bedrohung nationaler Integrität zeigt sich dabei nicht nur ein spezifischer Umgang dieser politischen Organisation mit gesellschaftlichen Transformationen (Migration, ethnische und kulturelle Differenzierung), sondern auch die zerstörerische Potenz von Organisationen: Im konkreten Beispiel erzeugt die Parteiorganisation AfD eine Arena alternativer Wissensproduktion, in der Behauptungen zu *Wahrheiten* bzw. vermeintlichen Gewissheiten werden, die dann für einzelne oder kollektive Akteure als eine Legitimationsgrundlage für Fremdenhass und Gewalttaten fungieren. Anhand dieser konträren Beispiele, die die Ambivalenz der Transnationalisierung zeigen, wird zugleich die prinzipielle Widersprüchlichkeit des Gegenstands *Organisation* deutlich: Organisationen agieren im Kontext transnationaler Rahmenbedingungen, machen diese zum Gegenstand einer jeweils spezifischen organisationalen Praxis der Wissensproduktion, die sich zweckgebunden in einer Dialek-

7.1 Organisationen im Kontext von Transnationalisierung

tik von Ermöglichung und Bedrohung verorten und damit in der Lage sind, Verständigungs- oder Zerstörungsprozesse in Gang zu bringen. Hierin liegt gleichermaßen Chance wie Gefahr der Organisation als kooperatives Sozialgebilde für gesellschaftliche Transformationen. Die oben genannte zweite Frage nach der Rolle und Funktion von Organisationen als Akteure und Arenen der Herstellung von Grenzen und Grenzüberschreitung kann mit einem Befund aus eigenen Forschungen zu programmatisch-grenzüberschreitenden Einrichtungen im deutschtschechischen Grenzraum (Engel 2014a) beantwortet werden: Hier agierende Organisationen greifen im Zuge interkultureller Begegnungsarbeit sowie im Rahmen der Darstellung ihrer pädagogischen Programmatik auf kulturelle Standardisierungen zurück. Beispielhaft lässt sich dies anhand von der Auswahl und Verwendung von Bildern illustrieren, mit denen Broschüren und Manuale zur deutsch-tschechischen Begegnungsarbeit geschmückt werden (vgl. Engel 2014a, 111): Nicht selten zeigt sich hier, dass Einrichtungen, die programmatisch grenzüberschreitend ausgerichtet sind, die Darstellung ihres Programms oder ihrer Kursinhalte mit Visualisierungen untermalen, die nationale Symboliken (etwa Flaggen) und kulturelle Standardisierungen (Pünktlichkeit = deutsch etc.) aufgreifen um – oftmals gekoppelt mit Brückensymboliken – Möglichkeiten der sprachlichen oder kulturellen Grenzüberschreitungen darzustellen. Ein Grund für den Rückgriff auf solche Darstellungstechniken liegt sicherlich in der hohen Praktikabilität von Kulturstandards im organisationalen Alltag der Zweckerfüllung (hier: deutsch-tschechische Begegnungsarbeit). Eine vereinfachende Reduktion bestehender Verständigungsschwierigkeiten auf deutsche bzw. tschechische Eigenarten beschleunigt organisationale Verfahren im Sinne der Rationalisierung oder Substituierung. Entscheidender ist aber, dass hier eine Praxis der Konstruktion von Grenzen und Nationalstaatlichkeit sichtbar wird. Kurz gesagt: Programmatisch grenzüberschreitend ausgerichtete Organisationen sind in ihrer Aktivität stets darum bemüht, national-kulturelle Grenzen der Grenzüberschreitung festzuschreiben. Dies ist für die Organisationen von existentieller Bedeutung, da eine Stabilisierung kultureller Grenzen (etwa in Form ikonographischer Behauptung und artefaktischer Fixierung von kulturellen Identitätsräumen) notwendig ist, um sich in der programmatisch grenzüberschreitenden Arbeit nicht selbst abzuschaffen.

Insofern also nationale Grenzen Grund und Anlass organisationaler Existenz sind, sind Organisationen, die programmatisch grenzüberscheidend ausgerichtet sind, darum bemüht, die Grenze als Problem aufrecht zu erhalten. Die Ambivalenz der *Transnationalisierung* liegt darin, dass das Nationale als zu bearbeitender (programmatisch: zu überschreitender) Gegenstand in pädagogischen Prozessen der Organisation immer wieder hervorgebracht wird.

Resümierend lässt sich festhalten: Organisationen im Kontext der Transnationalisierung von Wissen zu betrachten, bedeutet in organisationspädagogischer Hinsicht – dies zeigen die kurzen Beispiele – nicht nur nach transnationalen Rahmenbedingungen zu fragen, unter denen Organisationen agieren, sondern danach, wie und unter welchen Bedingungen Organisationen sich als transnationale Akteure hervorbringen und als Arenen einer transnationalen Wissensproduktion gestalten. Zudem gilt es, Organisationen hinsichtlich ihrer prinzipiell widersprüchlichen Rolle und Funktion als Akteure einer transnationalen Wissensproduktion in den Blick zu rücken und damit darauf aufmerksam zu machen, dass Organisationen in der Herstellung von Arenen der Wissensproduktion immer zugleich das Potential mitführen, menschliches Lernen und Leben zu ermöglichen und zu unterstützen, wie auch zu bedrohen und ggf. zu zerstören.

7.2 Organisationen als Generatoren von Gleichheit und Ungleichheit

Der akademische Ungleichheitsdiskurs ist von soziologisch perspektivierten Theorien – von Marx' Klassenmodell und Webers Klassen- und Ständemodell über Geigers Schichtmodell bis zu Bourdieus Modell des sozialen Raums und Ueltzhöffers Modell sozialer Milieus – geprägt, die auf soziale Ungleichheit in der Gesellschaft, insbesondere auf soziale Ursachen der ungleichen Verteilung von Ressourcen und Macht fokussieren. Der soziologischen Perspektivierung dieser Theorien entsprechend

7.2 Organisationen als Generatoren von Gleichheit und Ungleichheit

sind sie auf die Gesellschaft bezogen und plädieren mit Blick auf empirische Forschung häufig für Makrostrukturanalysen (z. B. Barlösius 2013, Burzan 2008) oder sind auf gesellschaftlich bedingte Habitus der Individuen ausgerichtet (z. B. Bourdieu 1987). Aus organisationspädagogischer Sicht interessiert weniger die Makroebene der Gesellschaft oder Mikroebene der Individuen als vielmehr die Mesoebene der Organisationen, in denen wir uns – als vertragliche, mit bestimmten Funktionen und Aufgaben betraute Mitglieder oder als Nutzer*innen, Kund*innen, Patient*innen – bewegen, sei es die Kita X, die Schule Y oder die Hochschule Z, das Unternehmen A, die soziale Dienstleistungseinrichtung B, die Klinik C oder die Behörde D. Organisationen beeinflussen unser Leben, zuvorderst das Leben ihrer jeweiligen Mitglieder und Nutzer*innen, darüber hinaus aber auch das gesellschaftliche Leben in sozialer, ökonomischer, kultureller und/oder ökologischer Hinsicht.

Mit Weber können Organisationen als vergesellschaftetes Handeln beschrieben werden, das sich in der Regel auf einen Zweck bzw. ein Ziel richtet: so ist das Ziel einer Schule in der Regel, Wissen und – weniger prononciert – Können zu vermitteln, das Ziel einer Hochschule, über dies hinaus zur Forschung zu befähigen und Wissen und Erkenntnis zu produzieren, das Ziel eines Unternehmens, bestimmte Produkte herzustellen und Gewinn zu erzielen. Dass die Mitglieder einer Organisation – anders als die einer Gesellschaft – grundsätzlich auf einen spezifischen Zweck gerichtet ko-operieren (Engel 2017), spielt für die Frage des Zusammenhangs zwischen Organisation(en) und (Un-)Gleichheit eine wesentliche Rolle.

In drei Thesen kann dieser Zusammenhang organisationspädagogisch ausgeleuchtet werden:

1. Organisationen machen gleich, insofern sie die (Zusammen-)Arbeit an einem Zweck orientieren, dementsprechend alle Mitglieder auf ein Ziel ausrichten, zudem die Abläufe zur Erreichung des Ziels standardisieren und alle Mitglieder zur Einhaltung dieser Standards verpflichten (▶ Kap. 7.2.1).
2. Organisationen machen ungleich bzw. befördern soziale Ungleichheit, insofern sie die zur Zweckerreichung erforderlichen Arbeiten

im Zuge geregelter Arbeitsteilung in höher und niedriger qualifizierte, besser und schlechter bezahlte, mehr und weniger angesehene Tätigkeiten aufteilen und so die Umsetzung der gesellschaftlichen Allokationsfunktion des Bildungssystems in sich selbst, also innerhalb der betreffenden Organisation, sei diese nun ein Maschinenbauunternehmen, eine Sozialbehörde oder ein Krankenhaus, ermöglichen (▶ Kap. 7.2.2).

3. Zugleich – und dies ist aus organisationspädagogischer Sicht besonders wichtig, da sie auf organisationales Lernen, nicht zuletzt auf das Lernen der Organisation als menschliches Sozialgebilde fokussiert – sind Organisationen auf Ungleichheit (jedoch nicht im Sinne sozialer Ungleichheit, sondern) in Form von Diversität angewiesen, um sich selbst, mittels des in der Vielfalt gegebenen Ressourcenreichtums (z. B. Diversity Management, interkulturelle Öffnung) sowie mittels der aus der Spannung des Verschiedenen generierbaren Dialogs- und Transformationspotentials, als humane Organisation weiterzuentwickeln (▶ Kap. 7.2.3).

7.2.1 Organisationen als Generatoren von Gleichheit

Organisationen generieren in doppelter Hinsicht Gleichheit: Zum einen insofern sie – anders als historisch ältere Sozialgebilde mit traditionaler oder charismatischer Herrschaft – auf legaler Herrschaft gemäß einer gesatzten Ordnung basieren (Weber); zum anderen insofern sie auf Standardisierung zielen, die Verschiedenheit auszuschließen sucht.

Die hier angedeuteten Aspekte der Gleichheitsproduktion können konkretisiert werden: 1. Organisationen besitzen in der Regel eine gesatzte Ordnung, der prinzipiell alle Organisationsmitglieder, egal ob Führungskräfte oder Mitarbeiter*innen, unterliegen. Die gesatzten Ordnungen der Unternehmen, sozialen Dienstleistungsorganisationen, Bildungseinrichtungen, Behörden etc. haben sich im Laufe der letzten hundert Jahre, in Reaktion auf die gesetzliche Entwicklung und auch auf den gesellschaftlichen Diskurs, weiterentwickelt, etwa im Hinblick auf Regelungen von Mitbestimmung, Bildungsurlaub, Gleichstellung. Dem legalen Herrschaftstyp entsprechend kann sich ein Organisations-

7.2 Organisationen als Generatoren von Gleichheit und Ungleichheit

mitglied zur Wahrung seiner Interessen auf die in der Ordnung der Organisation festgelegte Regelung beziehen. Grundsätzlich gilt dies für jedes Organisationsmitglied. Dass die Wahrung und erst recht die Durchsetzung eigener Interessen in der Praxis oft doch nicht für alle gleich leicht oder schwer ist, kann ggf. an in den Ordnungen enthaltenen Regelungsunterschieden bezüglich bestimmter Gruppen von Organisationsmitgliedern liegen, liegt meist aber vor allem daran, dass zur Kultur jeder Organisation über die gesatzte Ordnung hinaus eine Fülle von informellen Beziehungen und informellen Regeln etwa bezüglich Seniorität, Erfolgskriterien u. a. m. bestehen, die die gesatzte Ordnung ggf. unter der Hand außer Kraft setzen. 2. Verschiedenheit bereitet Organisationen Probleme. Dies gilt insbesondere für bürokratische Organisationen im Sinne Webers und für tayloristische Organisationen. Organisationen in diesem Sinne zielen auf Standardisierung. Sie gewinnen ihre Stärke aus der Standardisierung nicht nur des Produktions- bzw. Dienstleistungsprozesses, sondern auch der Entscheidungs- und Kommunikationswege, der Anreize für und Erwartungen an ihre Mitglieder etc. Je gleichartiger und standardisierter alles abläuft – so dieses bis heute in Betrieben ebenso wie in Schulen, in Behörden ebenso wie in Krankenhäusern zu findende Organisationsverständnis –, desto größere Arbeitseffizienz und desto bessere Resultate werden erzielt. Diversität wird als Abweichung vom Standard begriffen und erscheint dementsprechend vorrangig als Problem. Diese Tendenz lässt sich in der Geschichte der Organisationsgestaltung bzw. Organisationsentwicklung wiederholt – an in anderer Hinsicht durchaus verschiedenen Ansätzen – erkennen. Exemplarisch führen wir dies an drei prominenten Ansätzen aus, die von Anfang des 20. Jahrhunderts bis heute in großen zeitlichen Abständen entstanden sind: Scientific Management, (Total) Quality Management, Algorithmic Management.

Frederick Winslow Taylors Ansatz eines *Scientific Management* folgen Organisationen durch die Standardisierung der für die Erreichung des Organisationsziels (z. B. ein mit Gewinn verkaufbares Produkt herzustellen) erforderlichen Arbeitsabläufe. Standardisiert wird dabei nicht nur der Arbeitsablauf insgesamt, sondern sämtliche Teilschritte. Hierzu wird der Arbeitsablauf in kleinste Schrittfolgen und Teilverrichtungen zerlegt, von denen idealerweise jede einzelne für sich mittels Zeit- und

Bewegungsstudien standardisiert wird. Hier wird zweifellos Gleichheit angestrebt, allerdings nicht eine generelle – etwa auch auf Mitbestimmungsrechte bezogene – Gleichheit der Organisationsmitglieder, sondern eine Gleichheit der Arbeitsdurchführung, an die sich alle mit dieser Arbeit Betrauten angleichen müssen. Im frühen 20. Jahrhundert in Fords Automobilfabrik begonnen, durchzieht das Bemühen um Standardisierung Organisationen verschiedenster Branchen und Sektoren bis heute, wenngleich etwa die Einführung teilautonomer Arbeitsgruppen ab den 1970er Jahren und die Projektförmigkeit vieler heutiger Organisationen der Zerlegung in kleinste Teilverrichtungen und dementsprechend auch deren Standardisierung entgegenwirken.

William Edwards Demings Ansatz eines *Quality Management* folgen Organisationen, indem sie all ihre Bereiche, Abteilungen, Arbeitsabläufe etc. möglichst lückenlos aufzeichnen und kontrollieren. Die im tayloristischen Ansatz erst am Ende der Produktion erfolgende Kontrolle wird hier auf sämtliche Arbeiten bzw. Arbeitsschritte innerhalb der Organisation bezogen. Wie im tayloristischen Ansatz geht es in Demings Qualitätsmanagement-Ansatz darum, statistische Daten zur Steuerung der Organisation zu nutzen. Während die tayloristische Organisation diese jedoch nur bezüglich der Teilverrichtungen des Produktionsprozesses erhob, erheben an Demings Qualitätsmanagement-Ansatz orientierte Organisationen, allen voran Toyota, ab Ende der 1980er Jahre auch zahlreiche europäische und amerikanische Unternehmen, Daten zu allen in der betreffenden Organisation anfallenden Arbeiten. Auch dies wirkt in gewissem Sinne gleichmachend, und zwar umfassender als eine tayloristische Organisation, weil nicht nur die Arbeit der – in der Regel vergleichsweise weniger gut bezahlten und mit geringerer Reputation versehenen – Mitarbeitenden der Produktion, sondern die Arbeit der Mitarbeitenden aller Bereiche kontrolliert und datenbasiert korrigiert wird. Gleichmachend wirkt dieser Organisationsgestaltungsansatz auch, weil er auf ständige Verbesserung durch alle Mitarbeitenden setzt und dementsprechend die Einbringung von Verbesserungsvorschlägen durch jedes Organisationsmitglied strukturell ermöglichen muss. Zudem wirkt innerorganisational auch das im Qualitätsmanagementansatz zentrale Prinzip der Kundenorientierung gleichmachend, insofern die im Fortgang der einzelnen Arbeitsschritte nachfolgenden Mitarbeitenden je-

7.2 Organisationen als Generatoren von Gleichheit und Ungleichheit

weils als Kund*innen der für den vorgängigen Arbeitsschritt zuständigen Mitarbeitenden angesehen werden, wobei sie durch ihre Kund*innenrolle jeweils auch Kontroll- und Beschwerde-Optionen und damit Machtressourcen erhalten. Qualitätsmanagement ist nicht mehr nur in Industrieunternehmen, sondern auch in Sozialen Dienstleistungsorganisationen, Erwachsenenbildungseinrichtungen, Krankenhäusern, Universitäten etc. zu finden. Dass Qualitätsmanagement gerade in Bildungs- und Sozialeinrichtungen des Öfteren eher in ausufernder Bürokratie und internen Konkurrenzkämpfen (dies gilt für viele Einrichtungen, auch und gerade im wirtschaftlichen Sektor) als in Angleichung bzw. Stärkung von Mitwirkungsmöglichkeiten an der Organisationsentwicklung mündet, liegt möglicherweise daran, dass sich die Praxis von Bildungs- und Sozialeinrichtungen weniger quantifizieren lässt als die von Industrieunternehmen, Beschreibung bzw. Erfassung der Arbeit deshalb in Textform statt numerisch erfolgt (zum Problem der Qualitätssicherung im Bildungsbereich, vgl. Helmke et al. 2000).

Dem von Lee (2018) erstmals in ihrer Studie über Uber- und Lyft-Plattformen beschriebenen Ansatz des *algorithmic management* folgen Organisationen, indem sie datengetriebene algorithmische Technologien wie etwa People Analytics in sich einbauen. Anders als bei Scientific Management und Quality Management erfolgen Entscheidungen hier unmittelbar durch das Programm selbst (was Organisationen für diejenigen, die sie im Sinne Luhmanns als Entscheidungssysteme verstehen, überflüssig erscheinen lässt, vgl. Grothe-Hammer 2018). In Organisationen – die wir nicht nur als Entscheidungssysteme, sondern als Sozialgebilde mit einem bestimmten Zweck bzw. Ziel, eigenen Mitgliedern und Regeln, mehr oder weniger dichten Grenzziehungen zur Umwelt sowie und einer je eigenen Kultur verstehen – kann der Einbau algorithmischer Technologien insofern gleichmachend wirken, als die Entscheidungsgewalt von Managern auf eine Technologie übertragen wird, wodurch den Managern eine für die innerorganisationale vertikale Differenzierung wesentliche Machtquelle verloren geht. Die Macht und damit die Ungleichheit verschwindet nicht, verschiebt sich jedoch von innerorganisationalen Akteuren zu anderen Stakeholdern.

»Whereas the devices and practices of Taylorism were part of a system of hierarchical supervision, the devices and practices of algorithmic management take place within a different economy of attention and a new regime of visibility. Triangular rather than vertical, and not as a panopticon, the lines of vision in algorithmic management are not lines of supervision. [...] Whereas Scientific Management offered a legitimating principle for the growth of a new managerial class, algorithmic management in platform monopoly capitalism is reshaping the managerial class. Its power asymmetries at the organizational level are related to coalitions at the regulatory level in which platform owner and investors are in alliance with platform consumers« (Stark & Pais 2020, 49).

Abgesehen von solch möglichen Effekten der Enthierarchisierung und Hierarchieverschiebung in der organisationalen Struktur wird der derzeit zu beobachtende Übergang zum *Algorithmic Management* damit begründet, dass datengetriebene Entscheidungstechnologien wie People Analytics nicht den – etwa bei Bewerbungsgesprächen oder Jahresbeurteilungen wirksamen – subjektiven Vorurteilen eines Managers unterliegen, insofern also gleichmachend wirken. Dass *gleich* letztlich doch nicht *gleich* ist und die Entwicklung hin zu Algorithmen einsetzenden Organisationen – nicht zuletzt durch ihre Suggestion, nun endlich von Vorurteilen befreite, durch strikte Rationalität faire Entscheidungen zu generieren – auch ethische Fragen und Probleme aufwirft, wird in einschlägigen Studien sichtbar (Loi 2020, Keiner 2020a, b).

Wenn wir Organisationen als Generatoren von Gleichheit beschreiben, dann ist hiermit also auf eine Ambivalenz verwiesen: als legal gesatzte Vergemeinschaftungsformen entwickeln sie historisch zunehmend Strukturen, die Gleichbehandlung und Mitwirkung ermöglichen (sollen) und damit prinzipiell einen Raum der Thematisierung von Ungleichheit erzeugen (könnten). Im Zuge ihrer ebenfalls gesatzten Zweckbestimmung produzieren sie aber zugleich Formen und Praktiken der Gleichheit im Sinne der Standardisierung von Arbeitsabläufen, die eben jene Räume potentieller Thematisierung von Ungleichheit und damit die Ermöglichung von Vielfalt negieren. Dies verweist auf unsere zweite These.

7.2.2 Organisationen als Generatoren von Ungleichheit

Denn andererseits – der Standardisierung inhärenten Gleichmachung auf den ersten Blick zuwiderlaufend – generieren Organisationen Ungleichheit. Sie tun dies in mehrfacher Weise. bzw. auf verschiedenen Ebenen: organisationsintern produzieren sie Ungleichheit vor allem durch ihre arbeitsteilige Ausdifferenzierung unterschiedlich bezahlter und verschieden gut angesehener Tätigkeiten inklusive der Beschränkung bestimmter Gruppen von Organisationsmitgliedern auf bestimmte Formen der Arbeit, aber auch durch die Ausdifferenzierung von Vertragslaufzeiten oder durch die Beschränkung des Zugangs zu Informationen auf bestimmte Gruppen von Organisationsmitgliedern oder einzelne Organisationsmitglieder; zudem bzw. eben dabei (re-)produzieren sie gesellschaftliche Ungleichheitsverhältnisse, erhalten und erzeugen etwa Mechanismen der institutionellen Diskriminierung, die zur Reproduktion von ethnischen Differenzen und Benachteiligungsstrukturen führen.

Dass Organisationen also selbst ungleichheitsgenerierend wirken, gilt es zu betonen, da der soziologische Ungleichheitsdiskurs Bedingungen und Treiber der Ungleichheit vorrangig auf der Makroebene der Gesellschaft und eben nicht auf der Mesoebene der Organisation(en) fokussiert. Wo in einzelnen Beiträgen zu diesem Diskurs doch auf die Mesoebene der Organisation(en) fokussiert wird, zeigt sich die Tendenz, Organisationen vornehmlich als eine Art Transmissionsriemen der gesellschaftlichen Ungleichheit bezüglich race, class und gender anzusehen (Acker 2006, Berry & Bell 2012, Amis et al. 2018, Diehm et al. 2013). Zweifellos fungieren Organisationen in dieser Hinsicht ungleichheitsproduzierend, weshalb wir im Folgenden auch Argumente und Befunde dieser Arbeiten näher ausführen. Jedoch sollte mit Blick darauf, dass die Bevölkerung moderner Gesellschaften größtenteils das ganze Leben hindurch – vom Kindergarten über Schule, Ausbildungsbetrieb oder Hochschule, Arbeitsstätte, Sport- und Freizeiteinrichtung, Krankenhaus bis hin zum Seniorenzentrum oder Pflegeheim – Mitglied sehr verschiedener Organisationen ist (Kühl 2011), die eigendynamische Mitwirkung der einzelnen Organisationen im Hinblick auf gesellschaftliche Ungleichheit nicht unterschätzt werden.

Zunächst, wie angekündigt, sollen einige Argumente von Joan Acker und an sie anschließender Autor*innen benannt werden: Ausgehend von der Beobachtung, dass die meisten Studien der Produktion von *class-*, *gender-* und *race-inequalities* nur auf eine dieser Kategorien fokussieren, plädiert sie, nachdem ihre frühen Arbeiten vorrangig auf gender fokussiert waren, in ihren späteren Arbeiten (Acker 2006) für einen intersektionalen Zugang. Alle Organisationen haben laut Acker (2006, 443) »inequality regimes, defined as loosely interrelated practices, processes, actions, and meanings that result in and maintain class, gender, and racial inequalities within particular organizations«. Diese These stützt sie auf eigene empirische Studien, im genannten Aufsatz vor allem auf Befunde aus einer in den späten 1980er Jahren durchgeführten Studie in schwedischen Bankfilialen. Die organisationalen Ungleichheitsregime sind laut Acker (ebd.) »linked to inequality in the surrounding society, its politics, history, and culture. Particular practices and interpretations develop in different organizations and subunits«. Ackers Formulierungen wie »practices [...] that result in« oder »interpretations [der Ungleichheit in der Organisationsumwelt; die Autoren] develop in different organizations« lassen die eigenständige Wirksamkeit der einzelnen Organisation anklingen, bleiben aber an die makrosoziologischen Kategorien *class*, *gender* und *race* gebunden. Daphne Berry & Myrtle Bell zeigen in ihrer an Acker anschließenden Studie am Beispiel häuslicher Pflege, »how class-based discrimination in access to jobs, job placement, and in job classification systems is indeed operational in organizations. We used home health care as a specific example of the interaction of gender, race, and class in a specific occupation and the costs of the intersecting disadvantages on home health aides« (Berry & Bell 2012, 244). Die kategoriale Engführung entlang *class*, *gender* und *race* wird hier sichtbar beibehalten.

Ob dies die ungleichheitsgenerierende Wirkung von Organisationen hinreichend ausleuchten kann, ist fraglich. Die Eigengesetzlichkeit des Mesolevels, die Eigenart und Eigendynamik der einzelnen Organisationen sind darin unseres Erachtens unzureichend berücksichtigt. Durch die jeder Organisation eigenen Arbeitsteilung wird Ungleichheit erzeugt, die in Wechselwirkung mit sozialer Ungleichheit im Sinne von *class*, *race* und *gender* stehen.

7.2 Organisationen als Generatoren von Gleichheit und Ungleichheit

Besonders deutlich tritt die Ungleichheitswirkung der organisationseigenen Arbeitsteilung dort zu Tage, wo die Arbeit in planende und ausführende Tätigkeiten oder in forschende, konstruierende, herstellende und verkaufende Tätigkeiten ausdifferenziert wird, jedenfalls wo (und dies ist bis heute die Regel) jene Organisationsmitglieder, die mit herstellenden bzw. nur mit ausführenden Tätigkeiten betraut sind, weniger Lohn und weniger Reputation erhalten als die anderen. Eindrücklich ist dies im Zuge der Corona-Pandemie zu beobachten, wenn in Lockdownphasen eben jene ausführenden Tätigkeiten unter hohem Risiko das organisationale und auch gesellschaftliche Leben erhalten (Verkäufer*innen, Erzieher*innen, Krankenpfleger*innen etc.), während in der Regel besser entlohnte (z. B. forschende) Tätigkeiten meist im sicheren Home-Office stattfinden können. Eine Verbindung der arbeitsbezogenen Verungleichung in und durch Organisationen zur ungleichheitsgenerierenden Wirkung der Organisation in Bezug auf gesellschaftliche Differenzierungsprozesse (s. o) ist – so zeigt auch der Verweis auf die Pandemie – dabei immanent. Günther Ortmann hat eindrücklich herausgestellt, dass organisationseigene Procedere und Strukturen der Arbeitsteilung auch die Gefahr der Moralverdrängung bergen (Ortmann 2012).

Diese Perspektiven verdeutlichen uns, dass organisationspädagogisch hier zuvorderst an der organisationalen Praxis der Arbeitsteilung anzusetzen ist. In der Geschichte der Organisationsentwicklung wurden hierzu verschiedene Versuche unternommen, etwa die Einführung teilautonomer Arbeitsgruppen in der Produktion, denen auch dispositive Tätigkeiten samt des Rechts, neue Maschinen und Programme anzuschaffen, übertragen wurden. Breiter durchgesetzt hat sich bislang jedoch keiner dieser Versuche.

Eine weitere der Eigendynamik der jeweiligen Organisation geschuldete Ungleichheit ist die Informationsungleichheit. Die organisationsinterne Produktion dieser Ungleichheit resultiert zum einen aus der organisationseigenen Arbeitsteilung. Die Abteilung und speziell das Organisationsmitglied, das mit einer bestimmten Arbeit betraut ist und diese regelmäßig durchführt, gewinnt dadurch Informationen, die andere Organisationsmitglieder bzw. Abteilungen nicht besitzen. Dass diese Ungleichheit, die mit Michel Crozier & Erhard Friedberg (1979) auch als eine Quelle von innerorganisationaler Macht angesehen werden kann, in der Praxis einer Organisation – etwa bei der informellen Regelung des Zugangs zu Informationen – mit Ungleichheiten entlang der oben genannten makrosoziologischen Kategorien verknüpft wird, ist durchaus möglich, ändert aber nichts daran, dass sie organisationsdynamisch vor diesen produziert wird.

Organisationen sind eben nicht nur Regeneratoren der auf der Ebene der Gesellschaft zentralen Ungleichheiten, sondern (auch) Generatoren eigener Ungleichheiten. Organisationspädagogisch ist deshalb notwendig, auf Organisationen als soziale Gebilde der Ungleichheitsproduktion zu fokussieren (Engel & Göhlich 2019) und die gesellschaftliche Wirkung über eine Analyse der in der Organisation vollzogenen bzw. dort angestoßenen De-Institutionalisierungsprozesse zu thematisieren (Göhlich 2014a, Engel 2020).

7.2.3 Organisationales Lernen im Zeichen von Diversität

Abgesehen von den oben dargelegten, Organisationen wesentlich eingeschriebenen, Tendenzen zu ziel- und ablaufbezogener Gleichmachung und arbeitsteilungsbezogener Ungleichmachung und über diese hinaus benötigen Organisationen Ungleichheit in Form von Diversität. Mittels der mit Diversität einhergehenden vielfältigen Formen der Wissensproduktion und -auslegung sowie mittels der aus der Spannung eben jener Diversität generierbaren Transformationspotentials können sie sich als je eigene Organisation weiterentwickeln und gesellschaftlich Wirkung entfalten (▶ Kap. 7.1). Dies ist aus organisationspädagogischer Sicht besonders interessant, da die Organisationspädagogik auf organisationales Lernen fokussiert, genauer: auf das Lernen in und von Organisationen im Spannungsverhältnis zu gesellschaftlichen Institutionen, sowie auf die Möglichkeiten, dieses Lernen zu unterstützen, das immer auch das Potential in sich birgt, gesellschaftliche Verhältnisse zu irritieren oder gar zu beeinflussen.

Deshalb ist es organisationspädagogisch dringlich, Ungleichheit insbesondere auch als Diversität zu thematisieren. Dass ausgerechnet der Diversitätsbegriff zweier Autorinnen, die sich von der Pädagogik kom-

7.2 Organisationen als Generatoren von Gleichheit und Ungleichheit

mend zu Organisationsberaterinnen entwickelt haben (Gardenswartz & Rowe 1998), für den Diskurs um Diversität und den organisationalen Umgang mit Diversität bis heute prägend ist, ist unseres Erachtens kein Zufall. Lee Gardenswartz & Anita Rowes Auseinandersetzung mit (dem Umgang mit) Diversität gründete nicht nur auf einem pädagogischen Studium, sondern begann auch praktisch im pädagogischen Feld, konkret 1977 in ihrer Arbeit mit dem Los Angeles Unified School District bezüglich der Herausforderungen der *mandatory integration*. In ihrem Modell unterscheiden sie vier Schichten von Diversität: Persönlichkeit sowie internale Dimensionen (z. B. race, gender, ethnicity, physical ability), externale Dimensionen (z. B. educational background, income, geographic location) und organisationale Dimensionen (z. B. department unit, work content field, functional level, management status). Das Modell ist für die organisationspädagogische Reflexion des Zusammenhangs von Organisationen und (Un-)Gleichheit hilfreich, da es über die im Ungleichheitsdiskurs meist nur makrosoziologischen Dimensionen wie *class*, *race* und *gender* hinaus explizit auch organisationale Dimensionen von Diversität in den Blick rückt. Für die organisationspädagogische Praxis gewinnbringend ist zudem Gardenswartz und Rowes konstruktive Herangehensweise, die auf eine menschliche Weiterentwicklung des Umgangs mit Diversität setzt und dies im Sinne einer pragmatischen Anthropologie begründet.

> »Diversity encompasses all of the ways that human beings are both similar and different. It involves variations in factors we control as well as those over which we have no choice. This factors give us areas of commonality through which we can connect with others and aspects of difference from which we can learn« (Gardenswartz & Rowe 1998, 24).

Dass Diversität Organisationen – insbesondere bürokratischen und tayloristischen Organisationen – Probleme bereitet, da diese grundsätzlich auf Standardisierung zielen, haben wir bereits dargelegt. Wie daraus organisationsdynamisch Diskriminierung werden kann, haben hierzulande Gomolla und Radtke (2002) in ihrer Studie zur institutionellen Diskriminierung am Beispiel schulischer Organisation gezeigt. Dass nicht nur Schulen, sondern Organisationen aller Sektoren und Branchen dabei (auch) im jeweiligen gesellschaftlichen Umfeld vorliegende Ungleichheiten bezüglich *class*, *race* und *gender* reproduzieren (Stichwort:

institutioneller Rassismus), haben wir oben an Studien von Acker und anderen dargelegt. Für die Organisation des Jugendamtes wird dies zudem in einer aktuellen organisationspädagogischen Studie von Timo Schreiner (2021) deutlich, in der die inklusiven und ausgrenzenden Aspekte der Deutung von Vielfalt in Organisationen herausgearbeitet werden.

Aber Organisationen können Diversität auch positiv konnotieren und für die eigene Weiterentwicklung als Organisation, wie auch für die Weiterentwicklung ihrer Mitarbeiter*innen fruchtbar machen. Beispiele hierzu finden sich in Studien zu Diversity Management und Interkultureller Öffnung (vgl. Göhlich et al 2013; Göhlich 2010b, Schreiner 2021). Als Hinweis dafür, dass zumindest einzelne Organisationen auch intern ihren Umgang mit Diversität weiterentwickeln, lässt sich die Diversity-Strategie der Aus- und Weiterbildung bei *Ford* anführen, die Kellner (2009), Diplompädagogin und zu der Zeit pädagogische Koordinatorin der Aus- und Weiterbildung bei *Ford*, beschreibt. *Ford* verfolgt laut Kellner seit 1996 einen Diversity-Ansatz, der die Unterschiedlichkeit der Beschäftigten als Chance und Potential sowohl für die Beschäftigten als auch für das Unternehmen versteht. Diversität wird dabei multidimensional gefasst, unterschiedliche Lebensverhältnisse bezüglich z. B. Kindererziehung, Angehörigenpflege, Geschlecht, sexuelle Orientierung und Migrationshintergrund werden berücksichtigt. Erfreulicherweise liegt in diesem Fall nicht nur eine Beschreibung aus der Unternehmensperspektive, denn als solche muss man Kellners Beschreibung trotz Anerkennung ihrer pädagogischen Professionalität wohl charakterisieren, sondern auch eine wissenschaftliche Studie (Bednarz-Braun & Bischoff 2006) vor, da Ford eines der vier in der Xenos-Studie des *Deutschen Jugendinstituts* untersuchten Unternehmen war. Die Xenos-Studie ging der Frage nach, wie Organisationen ein gelingendes interkulturelles Miteinander herkunftskulturell diverser Mitarbeiter*innen generieren bzw. fördern können. Insgesamt konstatiert das DJI, dass die befragten Auszubildenden über hohe interkulturelle Kompetenzen verfügen, und führt dies auf die *Arbeitspädagogischen Seminare* des Unternehmens zurück. Diese Seminare zielen auf die Förderung persönlicher, sozialer und methodischer Kompetenzen, sind teambildend angelegt und bestehen aus einer Vorbereitung durch die Ausbil-

7.2 Organisationen als Generatoren von Gleichheit und Ungleichheit

denden im Ausbildungszentrum, einem aushäusigen Seminar, das von Ausbildenden und externen Erlebnispädagog*innen gemeinsam geleitet wird, und einer Nachbereitung im Ausbildungszentrum. Solche von der Organisation bereit gestellten diversitätsbezogenen Erfahrungsräume eröffnen nicht nur einzelnen Organisationsmitgliedern, sondern zumindest in ihrer mittelfristigen Wirkung auch der jeweiligen Organisation insgesamt Chancen, sich als menschliches Sozialgebilde weiterzuentwickeln. Dieses Beispiel darf aber nicht darüber hinwegtäuschen, dass organisationales Lernen im Zeichen der Ungleichheit immer eine organisationale Bearbeitung von Differenzen darstellt, die gleichermaßen unterdrückende und existenzbedrohliche Potentiale freisetzt, wie sie zu einer Neuerung des organisationalen Selbstverständnisses oder bestimmter organisationaler Strukturen und Praxismuster führen kann, die eben diese Potentiale einhegt, Vielfalt als Tatsache lebt oder gar Räume des ständigen Anders-seins ermöglicht. Die damit angesprochene Dialektik des organisationalen Lernens im Zeichen von Diversität, die jeden Lernprozess als riskanten dialogischen Vorgang erkennbar werden lässt, wird z. B. in einer Studie von Schönefeld und Wolff zu multinational zusammengesetzten Auszubildendenteams eines Unternehmens sichtbar. Eine zentrale Erkenntnis der beiden Organisationsforscher besteht darin, »dass ein Sich-Orientieren an der Leitlinie Diversity Management eine domestizierende Wirkung für den Umgang mit Verschiedenheit entfaltet« (Schönefeld und Wolff 2012, S. 140). Hier wird auf eine einhegende und institutionalisierende Kraft von organisationalen Prozessen in zweierlei Hinsicht verwiesen:

> »Zum einen holt man sich gleichsam das Fremde ins Haus. Während in Teams ohne Diversity Management kulturelle Differenz äußerst selten bzw. als dispräferiert markiert aufgerufen wird (vgl. Jandok 2012), bildet sie in unseren Daten durchaus eine legitime Beschreibungsoption: man kann Unterschiede immer wieder ansprechen. Zum anderen wird das Fremde aber auch gezähmt. Die Thematisierung kultureller Unterschiede ist zwar gestattet, gleichwohl gibt es hierfür gewisse Grenzen, die je nach den gegebenen praktischen Umständen variieren können« (Schönefeld und Wolff 2012, S. 140).

Für eine – die Dialektik der Organisation und des organisationalen Lernens bzw. der Organisationsentwicklung berücksichtigende – Auseinandersetzung mit der Frage der (Un-)Gleichheitsproduktion in und durch Organisationen ist eine organisationspädagogische Erweiterung des Blickfeldes auf Studien und Arbeiten vielversprechend, die Bedingungen und Möglichkeiten migrationsgesellschaftlicher Organisationsentwicklungen (Mecheril & Sensenschmidt-Linzner 2019) oder Konfliktlinien zwischen Interkultureller und Institutioneller Öffnung (Heinemann 2018) thematisieren. Deutlich wird hier – und das gilt nicht für den institutionellen Rassismus, sondern für jegliche historisch hervorgebrachte Diskriminierung –, dass die Arbeit mit Ungleichheit in Organisationen immer unter Bedingungen der institutionellen Reproduktion von Diskriminierungsmechanismen erfolgt und daher organisationspädagogisch als Aufgabe von (Diskriminierungs-) Kritik zu denken ist.

Die in diesem Kapitel (▶ Kap. 7) eigens fokussierte gesellschaftliche Kontextuierung gilt – das möchten wir zum Schluss unserer Einführung ausdrücklich festhalten – für Organisationen jeglicher Art und ist somit für die Organisationspädagogik konstitutiv. In der gesellschaftlichen Kontextuierung, in der Vielfalt der in den Blick genommenen Fallbeispiele (▶ Kap. 2 und ▶ Kap. 4) und Handlungsfelder (▶ Kap. 6) wie auch in der im Hinblick auf Organisation (▶ Kap. 2.6), organisationales Lernen (▶ Kap. 5.1) und Diversität (▶ Kap. 7.2.3) skizzierten anthropologischen Kontextuierung dokumentiert sich unser Anspruch, die Organisationspädagogik allgemeinpädagogisch zu begründen sowie mit Blick auf ihre gesellschaftliche und darüber hinaus humane Verantwortung zu reflektieren.

Die – unsere Einführung in die Organisationspädagogik rahmende – Doppelfrage nach der *Bedeutung von Organisationen für pädagogische Prozesse* und nach der *Bedeutung von pädagogischen Prozessen für Organisationen* ist demnach nicht kontextlos an Gegenstände und Felder pädagogischen Denken und Handelns heranzutragen, sondern in Vergegenwärtigung der gesellschaftlichen und menschlichen Problemlagen, mit denen dieses Denken und Handeln zu tun hat. Wesentlich für organisationspädagogische Forschung und Praxis ist eine Verschränkung der Erkenntnis- und Handlungsperspektiven auf Dynamiken, Spannungen und Widersprüche der organisationalen Verfasstheit pädagogischer Prozesse einerseits und der pädagogischen Verfasstheit organisationaler Prozesse andererseits. Dass im vorliegenden Band nur eine Auswahl organisationspädagogischer Arbeitsfelder und gesellschaftlicher Kontexte behandelt wird – so ließen sich organisationspädagogische Perspektiven auch auf andere Felder, etwa die Pädagogik der frühen Kindheit oder die Sonder- bzw. Förder- bzw. Inklusionspädagogik, und auch auf weitere gesellschaftliche Herausforderungen, etwa die Generationenfrage, anlegen – ist unseren Expertisen und Präferenzen sowie nicht zuletzt dem Format einer Einführung geschuldet. Wie jede Form systematischer und zudem möglichst knapper Bündelung entwickelt diese nicht nur präferierte Blickweisen, sondern riskiert damit auch Leerstellen sowie blinde Flecken und produziert neue Fragestellungen. Dementsprechend hoffen wir darauf, dass der vorliegende Band die Aufgabe einer Einführung möglichst anregend erfüllt, aber auch auf eine kritische Auseinandersetzung mit unseren Ausführungen im Sinne einer produktiven Weiterführung des in den letzten zwei Jahrzehnten so ertragreichen Diskurses der Organisationspädagogik.

Literaturverzeichnis

Acker, J. (2006): Inequality Regimes. Gender, Class, and Race in Organizations. Gender & Society, 20 (4), 441–464.
Adorno, T. (1980): Soziologische Schriften I. Frankfurt am Main: Suhrkamp.
Ahrens, D. & Gessler, M. (2018): Von der Humanisierung zur Digitalisierung. Etappen beruflicher Kompetenzentwicklung. In: D. Ahrens & G. Molzberger (Hrsg.), Kompetenzentwicklung in analogen und digitalisierten Arbeitswelten (S. 157–172). Berlin, Heidelberg: Springer.
Alas, R. & Sharifi, S. (2002): Organizational Learning and Resistance to Change in Estonian Companies. Human ResourceDevelopment International, 5 (3), 313–331.
Alcadipani, R., Khan, F. R., Gantman, E., & Nkomo, S. (2012): Southern voices in management and organization knowledge. Organization, 19 (2), 131–143.
Altrichter, H. & Posch, P. (1996): Mikropolitik der Schulentwicklung. Innsbruck: StudienVerlag.
Alvesson, M. & Sveningsson, S. (2008): Changing Organizational Culture: Cultural Change Work in Progress. London: Routledge.
Amis, J. M., Munir, K. A., Lawrence, T. B., Hirsch, P. & McGahan, A. (2018): Inequality, Institutions and Organizations. Organization Studies, 39 (9), 1131–1152.
Apt, W., Bovenschulte, M., Hartmann, E. A., & Wischmann, S. (2016): Foresight-Studie »Digitale Arbeitswelt« (Forschungsbericht / Bundesministerium für Arbeit und Soziales, FB463). Berlin: Bundesministerium für Arbeit und Soziales.
Argyris, C. & Schön, D. A. (1978): Organizational learning. A theory of action perspective. Reading: Addison Wesley.
Argyris, C. & Schön, D. A. (1996): Organizational learning II. Theory, method and practice. Reading: Addison Wesley.
Arnold, R. (1997): Betriebspädagogik (2. Auflage). Berlin: Erich Schmidt.
Arnold, R. & Gonon, P. (2006): Einführung in die Berufspädagogik. Opladen: Budrich.
Asselmeyer, H. (2018): Teamentwicklung als Gegenstand der Organisationspädagogik. In: M. Göhlich, A. Schröer & S. M. Weber (Hrsg.), Handbuch Organisationspädagogik (S. 619–631). Wiesbaden: Springer.

Baecker, D. (1994): Soziale Hilfe als Funktionssystem der Gesellschaft. Zeitschrift für Soziologie 23 (2), 93–110.

Baecker, D. (2000): Der Witz der Organisation. Wittener Diskussionspapiere No. 77. Universität Witten-Herdecke, Fakultät für Wirtschaftswissenschaften.

Banerjee, S. B. & Prasad, A. (2008): Introduction to the special issue on »Critical reflections on management and organizations. A postcolonial perspective«. Critical Perspectives on International Business, 4 (2/3), 90–98.

Baptiste, I. (2001): Educating lone wolves: Pedagogical implications of human capital theory. Adult Education Quarterly, 51 (3), 184–201.

Barlösius, E. (2004): Kämpfe um soziale Ungleichheit. Machttheoretische Perspektiven. Wiesbaden: VS-Verlag.

Bartlett, C. A. & Ghoshal, S. (1989): Managing Across Borders. The Transnational Solution. Boston: Harvard Business School Press.

Bartunek, J. M. & Woodman, R. W. (2015): Beyond Lewin: Toward a Temporal Approximation of Organization Development and Change. The Annual Review of Organizational Psychology and Organizational Behavior, 2, 57–182.

Bauer, P. (2018): Multiprofessionalität. In: G. Graßhoff, A. Renker & W. Schröer (Hrsg.): Soziale Arbeit. Wiesbaden: Springer VS.

BBiG § 2 (Berufsbildungsgesetz). Online verfügbar unter: https://www.gesetze-im-internet.de/bbig_2005/__2.html, Zugriff am 22.02.22.

Beck, U. (2016): Die Metamorphose der Welt. Berlin: Suhrkamp.

Becker, H. S. (1973): Außenseiter. Zur Soziologie abweichenden Verhaltens. Frankfurt: Fischer.

Becker, M. (2013): Personalentwicklung (6. Auflage). Stuttgart: Schäffer-Poeschel.

Beckhard, R. (1969): Organization development. Reading: Addison-Wesley.

Bednarz-Braun, I. & Bischoff, U. (2006): Interkulturalität unter Auszubildenden im Betrieb. München: DJI.

Behrmann, D., Schwarz, B. & Götz, K. (Hrsg.) (2004): Professionalisierung und Organisationsentwicklung. Bielefeld: Bertelsmann.

Beinicke, A. & Bipp, T. (Hrsg) (2019): Strategische Personalentwicklung. Berlin: Springer.

Benjamin, W. (1921/1963): Die Aufgabe des Übersetzers. In: C. Baudelaire (Hrsg.), Tableaux parisiens (S. 232–244). Frankfurt a. M.: Suhrkamp.

Benner, D. (2001). Allgemeine Pädagogik. 4. Auflage. Weinheim: DSV.

Bennett, B. (2003): Job rotation: Its role in promoting learning in organizations. Development and Learning in Organizations, 17 (4), 7–9.

Bernfeld, S. (1971, orig. 1925): Sisyphos oder die Grenzen der Erziehung. Frankfurt: Suhrkamp.

Berry, D. & Bell, M. (2012): Inequality in organizations: stereotyping, discriminations, and labor law exclusions. Equality, Diversity and Inclusion: An International Journal. 31 (3), 236–248.

Bertalanffy, L. v. (1928): Kritische Theorie der Formbildung. Abh. z. theoret. Biologie. Heft 27. Berlin: Gebr. Bornträger.

Blume, T. (2008): Institution. In: W. D. Refuhs (Hrsg.), Handwörterbuch Philosophie. Stuttgart: utb. Online verfügbar unter: http://www.philosophie-woerterbuch.de/online-woerterbuch, Zugriff am 07.08.2017.
Bode, I. (2012): Organisationen der Hilfe. In: M. Apelt & V. Tacke (Hrsg.), Handbuch Organisationstypen (S. 149–164). Wiesbaden: Springer VS.
Boeßenecker, K.-H. & Markert, A. (2014): Studienführer Sozialmanagement. Studienangebote in Deutschland, Österreich und der Schweiz: Befunde – Analysen – Perspektiven. Baden-Baden: Nomos.
Böhm, W. (2010): Geschichte der Pädagogik. München: C.H. Beck.
Böhnisch, L. (2012): Lebensbewältigung. In: W. Thole (Hrsg.), Grundriss Soziale Arbeit (S. 219-233). Wiesbaden: Springer VS.
Böhnisch, L. (2016): Lebensbewältigung. Ein Konzept für die Soziale Arbeit. Weinheim: Belz Juventa.
Böhnisch, L. & Schröer, W. (2013): Soziale Arbeit – eine problemorientierte Einführung. Bad Heilbrunn: Verlag Julius Klinkhardt.
Böllert, K., Oelkers, N. & Schröer, W. (2016): Soziale Dienste und Glaubensgemeinschaften. Ein Arbeitsmarkt für weibliche Fachkräfte. Wiesbaden: Springer VS.
Bollig, S. (2010): »Ja, ist das jetzt mehr ein Praktikum oder was«. Feldzugang als situatives Management von Differenzen. In: F. Heinzel, W. Thole, P. Cloos, S. Köngeter (Hrsg.): »Auf unsicherem Terrain«. Ethnographische Forschungen im Kontext des Bildungs- und Sozialwesens (S. 107–116). Wiesbaden: VS.
Bonsen, M. & Rolff, H.-G. (2006): Professionelle Lerngemeinschaften von Lehrerinnen und Lehrern. Zeitschrift für Pädagogik 52 (2), 167–184.
Boreham, N. (2008): Organisational learning as structuration: an analysis of worker-led organisational enquiries in an oil refinery. In: W. Nijhof, L. Nieuwenhuis (Hrsg.), The Learning Potential of the Workplace (S. 227–240). Rotterdam: Sense Publishers.
Boreham, N. & Morgan, C. (2004): A sociocultural analysis of organisational learning. Oxford Review of Education 30 (3), 307-325.
Boreham, N. & Reeves, J. (2008): Diagnosing and supporting a culture of organizational learning in Scottish schools. Zeitschrift für Pädagogik, 54 (5), 637–649.
Böttcher, W. & Terhart, E. (2004): Organsiationstheorie in pädagogischen feldern. Analyse und Gestaltung. Wiesbaden: Verlag für Sozialwissenschaft.
Boussebaa, M. & Morgan, G. (2014): Pushing the frontiers of critical international business studies. The multinational as a neo-imperial space. Critical Perspectives on International Business, 10 (1/2), 96–106.
Böwer, M. (2012): Kindeswohlschutz organisieren. Jugendämter auf dem Weg zu zuverlässigen Organisationen. Weinheim: Beltz.
Breidenstein, G. (2006): Teilnahme am Unterricht. Ethnographische Studien zum Schülerjob. Wiesbaden: VS.
Breidenstein, G. & Kelle, H. (1998): Geschlechteralltag in der Schulklasse. Ethnographische Studien zur Gleichaltrigenkultur. Weinheim/München: Juventa.

Bretting, J. & Engel, N. (2021): Demokratie organisieren. Zur Rolle und Funktion von NS-Gedenkstätten als Agentinnen gesellschaftlicher Transformation. In: Vierteljahresschrift für wissenschaftliche Pädagogik 4/2021, S. 414–429.

Bronfenbrenner, U. (1981): Die Ökologie der menschlichen Entwicklung. Stuttgart: Klett-Cotta.

Büchner, S. (2020): Der sozialpädagogische Fall unter Bedingungen der Digitalisierung in Organisationen. In: N. Kutscher, T. Ley & U. Seelmeyer (Hrsg.), Handbuch Soziale Arbeit und Digitalisierung (S. 302–314). Weinheim: Beltz Juventa.

Buhr, R. (1998): Unternehmen als Kulturräume. Eigensinnige betriebliche Integrationsprozesse im transnationalen Kontext. Berlin: sigma.

Bulla, H.-G. (1982): Probleme einer Organisationsentwicklung in der Schule. Analysen, Konzepte und ein Rahmenmodell: Zur Strategie des Survey Feedback. Frankfurt am Main, Bern: Peter Lang.

Burnes, B. (2020): The Origins of Lewin's Three-Step Model of Change. The Journal of Applied Behavioral Science, 56 (1), 32–59.

Burzan, N. (2007): Soziale Ungleichheit. Eine Einführung in die zentralen Theorien (3. Auflage). Wiesbaden: VS-Verlag.

Carpenter, J., Forde, D., Stevens, D. R., Flango, V. E. & Babcock, L. K. (2016): Ready, Aim, Perform! Targeted Micro-Training for Performance Intervention. Interservice/Industry Training, Simulation, and Education Conference. Conference Paper No. 1614.

Cloos, P. (2008): Inszenierung von Gemeinsamkeit. Eine vergleichende Studie zu Biografie, Organisationskultur und beruflichem Habitus von Teams in der Kinder- und Jugendhilfe. Weinheim: Juventa.

Coffield, F. (1999): Breaking the consensus: Lifelong learning as social control. British Educational Research Journal, 25 (4), 479–499.

Collins, M. (1991): Adult education as vocation. London: Routledge.

Cottam, H. (2020): Welfare 5.0: Why we need a social revolution and how to make it happen. UCL Institute for Innovation and Public Purpose (Policy Report, IIPP WP 2020-10). Online verfügbar unter https://www.ucl.ac.uk/bartlett/public-purpose/wp2020-10, Zugriff am 1.3. 2022.

Cremer, G., Goldschmidt N. & Höfer, S. (2013): Soziale Dienstleistungen. Ökonomie, Recht, Politik. Tübingen: Mohr Siebeck.

Crozier, M. & Friedberg, E. (1979): Macht und Organisation: Die Zwänge kollektiven Handelns. Königstein/Ts: Athenäum.

Cuhls, K. (1993): Qualitätszirkel in japanischen und deutschen Unternehmen. Heidelberg: Physica-Verlag.

Cunningham, P. (1993): The politics of workers' education: Preparing workers to sleep with the enemy. Adult Learning, 5 (1), 13–14, 24.

Czarniawska, B. (1998): A Narrative Aproach to Organization Studies. Thousand Oaks: Sage Publications.

Daft, R. L. & Weick, K. E. (1984): Toward a model of organizations as interpretation systems. Academy of Management Review, 9 (2), 284–295.

Dalin, P. & Rolff, H.-G. (1990): Der institutionelle Schulentwicklungs-Prozess. Bönen: Kettler.
Dehnbostel, P. (2007): Lernen im Prozess der Arbeit. Münster: Waxmann
Dehnbostel, P. (2008): Berufliche Weiterbildung. Grundlagen aus arbeitnehmerorientierter Sicht. Berlin: Edition Sigma.
Dehnbostel, P. (2018): Lernen im Prozess der Arbeit als Gegenstand der Organisationspädagogik. In: M. Göhlich, A. Schröer & S. M. Weber (Hrsg.), Handbuch Organisationspädagogik (S. 579–591). Wiesbaden: Springer.
Dehnbostel, P. & Pätzold, G. (Hrsg.) (2004): Innovationen und Tendenzen der betrieblichen Berufsbildung. ZBW – Zeitschrift für Berufs- und Wirtschaftspädagogik, 18 (Beiheft).
Detering, H. (2019): Was heißt hier »wir«?: zur Rhetorik der parlamentarischen Rechten. Ditzingen: Reclam.
Deutscher Bildungsrat (Hrsg.) (1974): Empfehlungen der Bildungskommission zur Neurodnung der Sekundarstufe II. Konzept für eine Verbindung von allgemeinem und beruflichem Lernen. Stuttgart.
Deutschlandfunk (2019): Zukunft der Pflege: Soziale Pflege-Roboter setzen sich nur langsam durch. Online verfügbar unter: https://www.deutschlandfunk.de/zukunft-der-pflege-soziale-pflege-roboter-setzen-sich-nur.724.de.html?dram:article_id=441372 (Zugriff am 18.2.2022)
Dewe, B. & Schwarz, M. P. (Hrsg.) (2011): Beruf – Betrieb – Organisation. Bad Heilbrunn: Verlag Julius Klinkhardt.
Dewe, B. & Feistel, K. (2013): Betriebliche Weiterbildung. Materialien in didaktischer und bildungsökonomischer Perspektive (1. Auflage). Stuttgart: Franz Steiner Verlag.
Dewey, J. (1916): Democracy and Education. New York: Macmillan.
Dewey, J. (1976, orig. 1901): The Educational Situation. In: J. Dewey (Hrsg.), The Middle Works. (editierte Auflage) (S. 257–316). Carbondale: Southern Illinois University Press.
Die Welt (7.1.18): Staatssekretärin fordert Pflicht-KZ-Besuch für Asylbewerber. Online verfügbar unter: https://www.welt.de/politik/deutschland/article172233266/Berlin-Sawsan-Chebli-fordert-verpflichtenden-KZ-Besuch-fuer-Asylbewerber.html, Zugriff am 15.2.2022.
Diehm, I., Kuhn, M. & Machold, C. (2013): Ethnomethodologie und Ungleichheit? Methodologische Herausforderungen einer ethnographischen Differenzforschung. In: J. Budde (Hrsg.), Unscharfe Einsätze. (Re-)Produktion von Heterogenität im schulischen Feld (S. 29-51). Wiesbaden: Springer VS.
Diesner, T. (2015). Die allgemeine Systemtheorie bei Ludwig von Bertalanffy. Berlin: Logos.
Diesterweg, A. (1899): Darstellung seines Lebens und seiner Lehre und Auswahl aus seinen Schriften. In: E. v. Sallwürk (Hrsg.), Band 2. Langensalza: Beyer.
DiMaggio, P. J., Powell, W. W. (1983): The Iron Cage Revisited: Institutional Isomorphism and Collective Rationality in Organizational Fields. American Sociological Review, 48, 147–160.

DiMaggio, P. J., Powell, W. W. (2009): Das ›stahlharte Gehäuse‹ neu betrachtet: Institutionelle Isomorphie und kollektive Rationalität in organisationalen Feldern. In: S. Koch, M. Schemmann, (Hrsg.), Neo-Institutionalismus in der Erziehungswissenschaft (S. 57–84). Wiesbaden: VS.

Dinkelaker, J. (2018): Lernen Erwachsener. Stuttgart: Kohlhammer.

Dollhausen, K. & Schrader, J. (2014): Weiterbildungsorgansiationen. In: J. Dinkelaker & A. v. Hippel (Hrsg.), Erwachsenenbildung in Grundbegriffen (S. 174–182). Stuttgart: Kohlhammer.

Dollhausen, K., Feld, T. C., Seitter, W. (Hrsg.) (2010): Erwachsenenpädagogische Organisationsforschung. Wiesbaden: VS.

Domsch, M. (1983): Partizipative Bildungsbedarfsplanung im Betrieb. In: W. Weber (Hrsg.), Betriebliche Aus- und Weiterbildung (S. 97–110). Paderborn: Schöningh.

Domsch, M. & Reinecke, P. (1982): Partizipative Personalentwicklung. zfbf Sonderheft 14, 64–81.

Dorn-Keymer, H. (2011): Historische Entwicklungslinien der Betriebspädagogik – in Abgrenzung zur Berufspädagogik. In: B. Dewe & M. P. Schwarz (Hrsg.), Beruf – Betrieb – Organisation. Bad Heilbrunn: Klinkhardt.

Dörrenbächer, C. (2007): Inside the transnational social space. Cross-border management and owner relationship in a German subsidiary in Hungary. Journal for East European Management Studies, 12 (4), 318–339.

Drucksache 13/70 (1994): Neunter Jugendbericht. Die Situation der Kinder und Jugendlichen und die Entwicklung der Jugendhilfe in den neuen Bundesländern. Bonn.

Dürr, W. (Hrsg.) (1989): Organisationsentwicklung als Kulturentwicklung. Einübung in die Wahrnehmung des Ganzen. Baltmannsweiler: Pädagogischer Verlag Burgbücherei Schneider.

Eichener, V. & Wegge, M. (1993): Reif für die Insel? In: E. Staudt (Hrsg), Personalentwicklung für die neue Fabrik (S. 243–257). Wiesbaden: Springer.

Eigenmann, P. & Gonon, P. (2018): Berufs-/Wirtschaftspädagogik und Organisationspädagogik. Intradisziplinäre Bezüge. In: M. Göhlich, A. Schröer, S. M. Weber (Hrsg.), Handbuch Organisationspädagogik (S. 71–81). Wiesbaden: Springer.

Elkjaer, Bente (1996): Organisational Learning. A Management Tool or Part of Human Interaction? Paper for the Organizational Learning Symposium. Lancaster.

Elkjaer, Bente (2004): Organizational Learning. The Third Way. Management Learning, 35 (4), 419–434.

Elven, J. & Weber, S. M. (2013): Organisation, Habitus und Reflexion kultureller Differenz. In: M. Göhlich, S. M. Weber, H. Öztürk, N. Engel (Hrsg.), Organisation und kulturelle Differenz (S. 37–48). Wiesbaden: Springer VS.

Elven, J. & Schwarz, J. (2018): Praxistheoretische Grundlagen der Organisationspädagogik. In: M. Göhlich, A. Schröer & S. M. Weber (Hrsg.), Handbuch Organisationspädagogik (S. 249–260). Wiesbaden: Springer VS Verlag.

Engel, N. (2014a): Die Übersetzung der Organisation. Pädagogische Ethnographie organisationalen Lernens. Wiesbaden: Springer VS Verlag.

Engel, N. (2014b): Organisation als (un-)menschliches Sozialgebilde. Konturen einer kritisch-pädagogischen Organisationsforschung. In Nicolas Engel & Ines Sausele-Bayer (Hrsg.), Organisation. Ein pädagogischer Grundbegriff (S. 105–120). Münster: Waxmann.

Engel, N. (2014c): Lernende Grenzorganisationen. Organisationales Identitätslernen als kulturelle Übersetzungsleistung. In: N. Engel, M. Göhlich, T. Höhne, M. Klemm, C. Kraetsch, C. Marx, M. Nekula, J. Renn (Hrsg.), Grenzen der Grenzüberschreitung. Zur ›Übersetzungsleistung‹ deutsch-tschechischer Organisationen (S. 123–194). Bielefeld: transcript Verlag.

Engel, N. (2016): Organisationales Lernen als Übersetzung. Zur empirischen Genese eines organisationspädagogischen Theorieentwurfs. In: M. Schemmann (Hrsg.), Internationales Jahrbuch der Erwachsenenbildung (S. 129-152). Köln: wbv.

Engel, N. (2017): Organisation und Kooperation. Pädagogisch-anthropologische Überlegungen in kritischer Absicht. In: J. Bilstein & J. Zirfas (Hrsg.), Geben und Nehmen. Sozialökonomische Zugänge der Pädagogischen Anthropologie (S. 49–67). Weinheim: Beltz Juventa.

Engel, N. (2018a): Kulturtheoretische Grundlagen der Organisationspädagogik. In: M. Göhlich, A. Schröer & S. Weber (Hrsg.), Handbuch Organisationspädagogik (S. 237–248). Wiesbaden: Springer.

Engel, N. (2018b): Organisationen als Akteure der Transnationalisierung von Wissen. In E. Glaser, H. C. Koller, W. Thole & S. Krumme (Hrsg.), Räume für Bildung – Räume der Bildung. Beiträge zum 25. Kongress der Deutschen Gesellschaft für Erziehungswissenschaft (S. 55–63). Opladen: Barbara Budrich.

Engel, N. (2019): Übersetzungskonflikte. Zu einer kritisch-kulturwissenschaftlichen Pädagogik. Zeitschrift für Pädagogik, 65 (5), 730–747.

Engel, N. (2020): Institution. In: G. Weiß & J. Zirfas (Hrsg.), Handbuch Bildungs- und Erziehungsphilosophie (S. 549–560). Wiesbaden: Springer VS Verlag.

Engel, N. (2021): Organisieren. In: J. Budde & T. Eckermann (Hrsg.). Studienbuch pädagogische Praktiken. Bad Heilbrunn: Klinkhardt.

Engel, N. (2022, i.E.). Organisation. In: M. Dederich & J. Zirfas (Hrsg.), Optimierung. Ein interdisziplinäres Handbuch. Stuttgart: Metzler

Engel, N. & Göhlich, M. (2013): Kulturelle Differenz und Übersetzung in Organisationen. Eine ethnographische Studie in Einrichtungen grenzüberschreitender Jugendarbeit und Weiterbildung. Zeitschrift für Pädagogik 2013 (5), 691–705.

Engel, N. & Köngeter, S. (2014): Transnationalisierung von Wissen – Elemente einer pädagogischen Theorie der Übersetzung. In: D. Bender, A. Duscha, T. Hollstein, L. Huber, K. Klein-Zimmer & C. Schmitt (Hrsg.), Orte transnationaler Wissensproduktion. Sozial- und kulturwissenschaftliche Schnittmengen (S. 204–237). Weinheim: Beltz Juventa.

Engel, N. & Koch, S. (2018): Betriebe als Orte organisationspädagogischer Forschung und Praxis. In: M. Göhlich, A. Schröer & S. Weber (Hrsg.), Handbuch Organisationspädagogik (S. 793–804). Wiesbaden: Springer VS.

Engel, N. & Göhlich, M. (2019): Vergemeinschaftung. Zur (Re-)Konstitution von Organisationen. In: A. Schäfer & C. Thompson (Hrsg.), Gemeinschaft (S. 95–118). Paderborn: Schöningh Verlag.

Engel, N., & Klemm, M. (2019): Nach der Globalisierung oder transnationales Wissen in der Übersetzung. In: N. Engel & S. Köngeter (Hrsg.), Übersetzung. Über die Möglichkeit, Pädagogik anders zu denken (S. 195–217). Wiesbaden: Springer VS.

Engel, N. & Bretting, J. (2020): Engagiertes Denken. Zum gesellschaftspolitischen Engagement der Erwachsenenbildungswissenschaft. Debatte. Beiträge zur Erwachsenenbildung, 3 (2), 87–107.

Engel, N., Göhlich, M., Höhne, T., Klemm, M., Kraetsch, C., Marx, Ch., Nekula, N., & Renn, J. (Hrsg.) (2014): Grenzen der Grenzüberschreitung. Zur Übersetzungsleistung deutsch-tschechischer Organisationen. Bielefeld: transcript.

Engel, N., Göhlich, M., Schröer, A. & Weber, S. M. (2018): Spezifische Organisationen als Orte organisationspädagogischer Forschung und Praxis. Eine Einführung. In: M. Göhlich, A. Schröer, S. M. Weber (Hrsg.), Handbuch Organisationspädagogik (S. 711–718). Wiesbaden: Springer.

Engel, N., Klemm, M., Spiegel, A. & Struve, K. (2020): Organisation|Wissen. In: Trans|Wissen (Hrsg.), Wissen in der Transnationalisierung. Zur Ubiquität und Krise der Übersetzung (S. 285–296). Bielefeld: transcript Verlag.

Engeström, Y. (1987): Learning by expanding. An activity-theoretical approach to developmental research. Helsinki: Orienta-Konsultit.

Engeström, Y. (2004): New forms of learning in co-configuration work. Journal of Workplace Learning, 16 (1/2), 11–22.

Engeström, Y. & Sannino, A. (2010): Studies of expansive learning. Foundations, findings and future challenges. Educational Research Review, 5 (1), 1–24.

Eßer, F. (2020): Wissenschaft- und Technikforschung: Erklärungspotentiale für die Digitalisierung der Sozialen Arbeit. In: N. Kutscher, T. Ley, U. Seelmeyer, F. Siller, A. Tillmann, & I. Zorn (Hrsg.), Handbuch Soziale Arbeit und Digitalisierung (S. 18–29). Weinheim: Beltz Juventa.

Evans, M., Hielscher, V. & Voss, D. (2018): Damit Pflege 4.0 in der Arbeit ankommt. Policy Brief 004/2018, Hans-Böckler-Stiftung. Online verfügbar unter: https://www.econstor.eu/bitstream/10419/233585/1/fofoe-pb-004-2018.pdf, Zugriff am 18.2.2022.

Fahrenwald, C. (2011): Erzählen im Kontext neuer Lernkulturen. Eine bildungstheoretische Analyse im Spannungsfeld von Wissen, Lernen und Subjekt. Wiesbaden: VS Verlag.

Fahrenwald, C. (2018): Kollektive Akteure als Gegenstand der Organisationspädagogik. In: M. Göhlich, A. Schröer, S. M. Weber (Hrsg.), Handbuch Organisationspädagogik (S. 395–406). Wiesbaden: Springer.

Fahrenwald, C., Engel, N. & Schröer, A. (2020): Organisation und Verantwortung. Jahrbuch für Organisationspädagogik. Wiesbaden: Springer VS.

Faulstich, P. (1998): Strategien der betrieblichen Weiterbildung. München: Vahlen.

Faulstich, P. & Zeuner, C. (2015). Ökonomisierung und Politisierung des Feldes der Erwachsenenbildung. Die Rolle der Wissenschaft. Erziehungswissenschaft, 50 (1), 25–36.

Frankfurter Allgemeine Zeitung (12.1.18): Warum Experten gegen verpflichtende KZ-Besuche sind. Online verfügbar unter: https://www.faz.net/aktuell/politik/inland/verpflichtende-kz-besuche-warum-experten-dagegen-sind-15386941.html, Zugriff am 15.02.22.

Feld, T. C. (2007): Volkshochschulen als »lernende Organisationen«. Hamburg: Robert Kovac Verlag.

Feld, T. C. & Seitter, W. (2017): Organisieren. Stuttgart: Kohlhammer.

Feld, T. C. & Seitter, W. (2018): Weiterbildung/Erwachsenenbildung und Organisationspädagogik. In: M. Göhlich, A. Schröer, S. M. Weber (Hrsg.), Handbuch Organisationspädagogik (S. 83–93). Wiesbaden: Springer.

Fend, H. (1986): Gute Schulen, schlechte Schulen. Die einzelne Schule als pädagogische Handlungseinheit. Die Deutsche Schule, 78 (3), 275–293.

Fenstermaker, S. & West, C. (2001): Doing Difference revisited. Probleme, Aussichten und der Dialog in der Geschlechterforschung. Kölner Zeitschrift für Soziologie und Sozialpsychologie, Sonderheft 4/2001, 236–249.

Fenwick, T. (2001). Questioning the learning organization. In C. Parrie, M. Preedy, & D. Scott (Eds.), Knowledge, power and learning (pp. 74–88). London, UK: Paul Chapman/SAGE.

Fenwick, T. (2004): Toward a Critical HRD in Theory and Practice. Adult Education Quarterly, 54 (3), 193–209.

Fenwick, T. (2007): Organisational learning in the knots. Journal of Education Administration, 45 (2), 138-153.

Fenwick, T., & Lange, E. (1998). Spirituality in the workplace: The new frontier of HRD. Canadian Journal for the Study of Adult Education, 12(1), 63–87.

Flösser, G. & Otto, H.-U. (Hrsg.) (1992): Sozialmanagement oder Management des Sozialen. Kritische Texte aktuell. Bielefeld: Böllert, KT-Verlag.

Fölhs-Königslehner, L. & Müller-Camen, M. (2015): Personalentwicklung. In: W. Mayrhofer, G. Furtmüller, H. Kasper (Hrsg.), Personalmanagement – Führung – Organisation (S. 321–356). Wien: Linde Verlag.

Franzpötter, R. (1997): Organisationskultur – Begriffsverständnis und Analyse aus interpretativ-soziologischer Sicht. Baden-Baden: Nomos-Verlag.

Frey, T. (2005): Diplom-PädagogInnen in der Personalentwicklung. Der pädagogische Blick, 13 (4), 208–214.

Frey, T. (2007): Personalentwicklung in Unternehmen. Ein Arbeitsfeld für Erwachsenenpädagogen. Bielefeld: Bertelsmann.

Galison, S. (2007): Personalentwicklung als wissenschaftliche und berufspolitische Aufgabe. Ergebnisse einer Befragung. Der pädagogische Blick, 15 (4), 238–246.

Gardenswartz, L. & Rowe, A. (1998): Managing diversity. A complete desk reference and planning guide. New York: McGraw-Hill.

Geertz, C. (1987): Dichte Beschreibung. Beiträge zum Verstehen kultureller Systeme. Frankfurt: Suhrkamp Verlag.

Geißler, H. (1991): Vom Lernen in der Organisation zum Lernen der Organisation. In: T. Sattelberger (Hrsg.), Lernende Organisation (S. 79–96). Wiesbaden: Gabler.

Geißler, H. (2000): Organisationspädagogik. Umrisse einer neuen Herausforderung. München: Franz Vahlen.

Geissler, H. (2005): Grundlagen einer pädagogischen Theorie des Organisationslernens. In: M. Göhlich, C. Hopf & I. Sausele (Hrsg.), Pädagogische Organisationsforschung (S. 25–42). Wiesbaden: VS Verlag für Sozialwissenschaften.

Geppert, M., & Clark, E. (2003): Knowledge and learning in transnational ventures. An actor-centred approach. Management Decision, 41 (5), 433–442.

Geyer, G. (2017): Das Spannungsfeld Mensch und Organisation: systemische Beratung live. Trigon Themen, 3, 3–9.

Gherardi, S. (2012): Is organizational learning possible without participation? In: S. M. Weber, M. Göhlich, A. Schröer, C. Fahrenwald & H. Macha (Hrsg.), Organisation und Partizipation (S. 29–43). Wiesbaden: Springer.

Giddens, A. (1997): Die Konstituierung der Gesellschaft. Grundzüge einer Theorie der Strukturierung. Frankfurt/ New York: Campus Verlag.

Giel, K. (1984): Pädagogische Verantwortung und die Verantwortlichkeit des Erziehers. In: J. Schwartländer (Hrsg.), Die Verantwortung der Vernunft in einer friedlosen Welt (S. 102–122). Tübingen: Attempto.

Giesecke, H. (1987): Pädagogik als Beruf. Weinheim: Juventa.

Goffman, E. (1961): Asylums: Essays on the Social Situation of Mental Patients and Other Inmates. New York: Doubleday Anchor.

Göhlich, M. (1999): Die lernende Organisation. Broschüre TU Berlin.

Göhlich, M. (2001): System, Handeln, Lernen unterstützen. Eine Theorie der Praxis pädagogischer Institutionen. Weinheim: Beltz.

Göhlich, M. (2004): Gemeinschaft durch Scheidung. Zur Inszenierung von Schulgemeinschaft in Abschiedsfeiern. In: C. Wulf, B. Althans, K. Audehm, C. Bausch, B. Jörissen, M. Göhlich, R. Mattig, A. Tervooren, M. Wagner-Willi & J. Zirfas (Hrsg.), Bildung im Ritual. Schule, Familie, Jugend, Medien (S. 141–170). Wiesbaden: VS.

Göhlich, M. (2005): Pädagogische Organisationsforschung. Eine Einführung. In: M. Göhlich, C. Hopf, I. Sausele (Hrsg.), Pädagogische Organisationsforschung (S. 9–24). Wiesbaden: VS.

Göhlich, M. (2007): »Gute Organisationen«? Organisationsinterne Beratung zwischen Exzellenz und Ethik. In: M. Göhlich, E. König & C. Schwarzer (Hrsg.): Beratung, Macht und organisationales Lernen (S. 23–38). Wiesbaden: VS.

Göhlich, M. (2008): Schulentwicklung als Machbarkeitsvision. In: W. Helsper, S. Busse, M. Hummrich, R.-T. Kramer (Hrsg.), Pädagogische Professionalität in Organisationen (S. 263–276). Wiesbaden: VS.

Göhlich, M. (2010a): Pädagogische Organisationsforschung in der Erwachsenen- und Weiterbildung. Probleme, Trends und Bedarfe. In: K. Dollhausen, T. C. Feld, W. Seitter (Hrsg.), Erwachsenenpädagogische Organisationsforschung (S. 277–291). Wiesbaden: VS Research.

Göhlich, M. (2010b): Interkulturelle Öffnung und interkulturelle Kompetenz. Kultursensible Organisatiuons- und Perosnalentwicklung als pädagogische Aufgabe. Erwägung Wissen Ethik 21(2), S. 163–166.

Göhlich, M. (2012): Organisation und kulturelle Differenz. Eine Einführung aus pädagogischer Sicht. In: M. Göhlich, S. M. Weber, H. Öztürk, N. Engel (Hrsg.), Organisation und kulturelle Differenz (S. 1–22). Wiesbaden: Springer.

Göhlich, M. (2014a): Organisation und Institution. In: C. Wulf & J. Zirfas (Hrsg.), Handbuch pädagogische Anthropologie (S. 67–75). Wiesbaden: Springer VS Verlag.

Göhlich, M. (2014b): Praxismuster der Differenzbearbeitung. Zu einer pädagogischen Ethnographie der Organisationen. In: A. Tervooren u. a. (Hg): Ethnographie und Differenz in pädagogischen Feldern. Internationale Entwicklungen erziehungswissenschaftlicher Forschung (S. 225–239.). Bielefeld: transcript.

Göhlich, M. (2018): Organisationales Lernen als Gegenstand der Organisationspädagogik. In: M. Göhlich, A. Schröer, S. M. Weber (Hrsg.), Handbuch Organisationspädagogik (S. 365–379). Wiesbaden: Springer.

Göhlich, M. & Zirfas, J. (2007): Lernen. Ein pädagogischer Grundbegriff. Stuttgart: Kohlhammer.

Göhlich, M. & Tippelt, R. (2008): Pädagogische Organisationsforschung. Einleitung in den Thementeil. Zeitschrift für Pädagogik 5, 633-636.

Göhlich, M., Hopf, C. & Sausele, I. (Hrsg.) (2005): Pädagogische Organisationsforschung. Wiesbaden: VS-Verlag.

Göhlich, M., Weber, S.-M., Seitter, W. & Feld, T. (2010): Organisation und Beratung. Beiträge der Kommission Organisationspädagogik. Wiesbaden: Springer VS

Göhlich, M., Engel, N. & Höhne, T. (2011): Grenzüberschreitende Organisationen. Pädagogisch-ethnographische Untersuchungen in der deutsch-tschechischen Grenzregion. In: U. Brunnbauer, J. Dokoupil, M. Meinke (Hrsg.), Die tschechisch-bayerische Grenze im kalten Krieg in vergleichender Perspektive. Politische, ökonomische und soziokulturelle Dimension. (S. 201–212). Regensburg: Stadtarchiv Regensburg 2010 (= Regensburger Studien).

Göhlich, M., Weber, S.-M., Schiersmann, Ch. & Schröer, A. (2011): Organisation und Führung. Beiträge der Kommission Organisationspädagogik. Wiesbaden: Springer VS

Göhlich, M., Weber, S.-M., Öztürk, H. & Engel, N.. (2013): Organisation und kulturelle Differenz. Beiträge der Kommission Organisationspädagogik. Wiesbaden: Springer VS

Göhlich, M., Weber, S. M., Schröer, A. u. a. (2014): Forschungsmemorandum Organisationspädagogik. Erziehungswissenschaft. Mitteilungen der Deutschen Gesellschaft für Erziehungswissenschaft 49, 94–105.

Göhlich, M., Novotný, P., Revsbæk, L., Schröer, A., Weber, S. M., & Yi, B. J. (2018): Research Memorandum Organizational Education. Studia Paedagogica, 23 (2), 205–215.

Gomolla, M. & Radtke, F.-O. (20093). Institutionelle Diskriminierung. Die Herstellung ethnischer Differenz in der Schule. Wiesbaden: Springer VS.

Grieves, J. (2003). Strategic Human Resource Development. London: Sage.

Grothe-Hammer, M. (2018): Die De-Organisation von Organisationen? Zu den Konsequenzen des Ersetzens menschlicher Entscheiderinnen und Entscheider durch Algorithmen in Organisationen. In: N. Burzan (Hrsg.), Komplexe Dynamiken globaler und lokaler Entwicklungen: Verhandlungen des 39. Kongresses der Deutschen Gesellschaft für Soziologie in Göttingen 2018. Online verfügbar unter: https://publikationen.soziologie.de/index.php/kongressband_2018/article/view/1183, zuletzt abgerufen am 1.3.2022.

Grunwald, K. (Hrsg.) (2009): Vom Sozialmanagement zum Management des Sozialen? Eine Bestandsaufnahme. Baltmannsweiler: Schneider Hohengehren.

Grunwald, K. (2012): Zur Bewältigung von Dilemmata und Paradoxien von Leitungskräften in der Sozialwirtschaft. In: H. Bassarak & S. Noll (Hrsg.), Personal im Sozialmanagement. Neueste Entwicklungen in Forschung, Lehre und Praxis (S. 55–79). Wiesbaden: Springer VS.

Hahn, H.-J. (2020, im Druck): Kleine Transformatoren großer Ströme. Rechtsintellektuelle Sprach- und Übersetzungspolitik. In: TRANS|WISSEN (Hrsg.): Wissen in der Transnationalisierung. Zur Krise und Ubiquität der Übersetzung (S. 109–128). Bielefeld: transcript.

Harney, K. (1992): Der Trend zum Selbst: Das neue Modernitätsverständnis betrieblicher Rationalität. Hessische Blätter für Volksbildung, 42 (4), 318–325.

Harney, K. (1998): Handlungslogik betrieblicher Weiterbildung. Stuttgart: Hirzel.

Harney, K. (2002): Arbeit und Organisation – Die Thematik der Sichtbarkeit. Eine organisationstheoretische Einleitung. In: C. Barthel & K. Harney (Hrsg.), Wissen und Arbeit zwischen öffentlicher Verwaltung und betrieblichem Management (S. 7–15). Recklinghausen: FiAB.

Harney, K. (2007): Betrieb. In: H.-H. Krüger (Hrsg.), Einführung in Grundbegriffe und Grundfragen der Erziehungswissenschaft (2. Auflage). Opladen: Leske & Budrich.

Hart, M. (1992). Working and educating for life. London: Routledge.

Harteis, C., Fischer, C. (2020): Wissensmanagement unter Bedingungen von Arbeit 4.0. In: G. W. Maier, G. Engels, E. Steffen (Hrsg.), Handbuch Gestaltung digitaler und vernetzter Arbeitswelten (S. 267–284). Wiesbaden: Springer.

Hartz, S. (2011): Qualität in Organisationen der Weiterbildung. Eine Studie zur Akzeptanz und Wirkung von LQW. Wiesbaden: VS.

Hartz, S. (2018): Qualitätsmanagement und -entwicklung als Gegenstand der Organisationspädagogik. In: Göhlich, Michael u. a. (Hrsg.) Handbuch Organisationspädagogik (S. 567–578). Wiesbaden: Springer.

Hartz S. & Schardt, V. (2010): (Organisations-)theoretische Bezüge in erwachsenenpädagogischen Arbeiten. Eine Bestandsaufnahme. In: K. Dollhausen, T. C. Feld, W. Seitter (Hrsg.), Erwachsenenpädagogische Organisationsforschung (S. 21–43). Wiesbaden: VS Research.

Hauriou, M. (1965): Die Theorie der Institution (1925). Berlin: Duncker & Humblot.

Heidenreich, M. & Schmidt, G. (Hrsg.) (1991): International vergleichende Organisationsforschung. Opladen: Westdeutscher Verlag.

Heidsiek, C. (2009): Organisationspädagogische Fragen an Diversity Management. DIE Zeitschrift für Erwachsenenbildung, 16 (2), 42–44.

Heinemann, A. (2018): Institutionelle Öffnung und Migrationsgesellschaft – einige rahmende Bemerkungen. In: A. Heinemann, M. Stoffels, S. Wachter (Hrsg.), Erwachsenenbildung für die Migrationsgesellschaft (S. 11–39). Bielefeld: wbv.

Heller, P. W. (2019): The Philosophy of Theory U: A Critical Examination. Philosophy of Management 18 (1), 23–42.

Helmers, S. (1993): Beiträge der Ethnologie zur Unternehmenskulturforschung. In: M. Dierkes, L. von Rosenstiel & U. Steger (Hrsg.), Unternehmenskultur in Theorie und Praxis (S. 147-187). Frankfurt: Campus Verlag.

Helmke, A., Hornstein, W., Terhart, E. (Hrsg.) (2000): Qualität und Qualitätssicherung im Bildungsbereich; Schule, Sozialpädagogik, Hochschule. Zeitschrift für Pädagogik, Beiheft 41, 7–14.

Helsper, W. (1995): Pädagogisches Handeln in den Antinomien der Moderne. In: H. H. Krüger, W. Helsper (Hrsg.). Einführung in die Grundbegriffe und Grundfragen der Erziehungswissenschaft (S. 15–34). Opladen: Leske+Budrich.

HKWM (2004): Stichwort: Institution. In: W. F. Haug et al. (Hrsg.), Historisch-kritisches Wörterbuch des Marxismus (S. 1221–1244). Hamburg: Argument.

Hof, C. (2009): Lebenslanges Lernen. Eine Einführung. Stuttgart: Kohlahmmer.

Hof, C. (2018): Der Lebenslauf als Rahmen für Lern- und Bildungsprozesse. In: C. Hof & H. Rosenberg (Hrsg.), Lernen im Lebenslauf. Theoretische Perspektiven und empirische Zugänge (S. 181–204). Wiesbaden: Springer VS.

Hof, C. & Förster, J. (2018): Sozialisationstheoretische Grundlagen der Organisationspädagogik. In: M. Göhlich, A. Schröer, S. M. Weber (Hrsg.), Handbuch Organisationspädagogik (S. 163–174). Wiesbaden: Springer.

Hof, C. & Rosenberg, H. (2018): Lernen im Lebenslauf. Theoretische Perspektiven und empirische Zugänge. Wiesbaden: Springer VS.

Hofstede, G. & Hofstede, G. J. (2009): Lokales Denken, Globales Handeln. Interkulturelle Zusammenarbeit und globales Management. München: Deutscher Taschenbuchverlag.

Holzer, D. (2017): Weiterbildungswiderstand. Eine kritische Theorie der Verweigerung. Bielefeld: transcript.

Honig, M.-S., Joos, M. & Schreiber, N. (Hrsg.) (2004): Was ist ein guter Kindergarten? Theoretische und empirische Analysen zum Qualitätsbegriff in der Pädagogik. Weinheim: Juventa.

Literaturverzeichnis

Hörning, K. & Reuter, J. (2004): Doing Culture: Neue Position zum Verhältnis von Kultur und sozialer Praxis. Bielefeld: transcript Verlag.

Howell, S. L., Carter, V. K., & Schied, F. M. (2002). Gender and women's experiences at work: A criti- cal and feminist perspective on human resource development. Adult Education Quarterly, 52(2), 112–127.

Humboldt, W. von (1809/1810): Über die äußere und innere Organisation der höheren wissenschaftlichen Anstalten in Berlin. In: Gründungstexte. Festgabe zum 200-jährigen Jubiläum der Humboldt-Universität zu Berlin 2010 (S. 229-241). Berlin: Humboldt-Universität.

Hunold, M. (2019): Organisationserziehung und Macht. Eine rekonstruktive Studie zu Erwachsenen in quasi-totalen Wohnorganisationen, Springer VS, Wiesbaden 2019.

Hussain, S. T., Lei, S., Akram, T., Muhammad, J. H., Hussain, S. H. & Ali, M. (2018): Kurt Lewin's process model for organizational change: The role of leadership and employee involvement: A critical review. Journal of Innovation & Knowledge. 3 (3), 123–127.

Immergut, E. & Jäger, A. (2008): Institution. In: S. Gosepath, W. Hinsch, & B. Rössler (Hrsg.), Handbuch der politischen Philosophie und Sozialphilosophie /1: A-M (S. 547–554). Berlin: de Gruyter.

Iske, S. & Kutscher, N. (2020): Digitale Ungleichheiten im Kontext Sozialer Arbeit. In: Kutscher, N., Ley, T., Seelmeyer, U., Siller, F., Tillmann, A., Zorn, I. (Hrsg.): Handbuch Soziale Arbeit und Digitalisierung (S. 115-128). Weinheim: Beltz Juventa.

Jäger, U. P. & Schröer, A. (2014): Integrated Organizational Identity: A Definition of Hybrid Organizations and Research Agenda. International Journal of Voluntary and Nonprofit Organizations, 25 (5), 1281–1305.

Jaworski, J. & Scharmer, O. (2000): Leadership in the New Economy: Sensing and Actualizing Emerging Futures. GeneronConsulting & Society for Organizational Learning.

Jürgens, Kerstin et al. (2017): Arbeit transformieren. Denkabstöße der Kommission »Arbeit der Zukunft«. Bielefeld: transcript

Kade, J. (1997): Vermittelbar/nicht-vermittelbar: Vermitteln: Aneignen. In: D. Lenzen & N. Luhmann (Hrsg.), Bildung und Weiterbildung im Erziehungssystem (S. 30–70). Frankfurt am Main: Suhrkamp.

Kade J., Nittel, D. & Seitter, W. (2007): Einführung in die Erwachsenenbildung/ Weiterbildung. Stuttgart: Kohlhammer

Kalthoff, H. (1997): Wohlerzogenheit. Eine Ethnographie deutscher Internatsschulen. Frankfurt am Main: Campus.

Kalthoff, H. & Kelle, H. (2000): Pragmatik schulischer Ordnung. Zur Bedeutung von Regeln im Schulalltag. Zeitschrift für Pädagogik, 46 (5), 691–711.

Keiner, A. E. (2020a): Algorithmen im Asylprozess. Legitimität von Algorithmen in politischen Verwaltungsorganisationen am Beispiel der Dialekterkennungssoftware des BAMF. FIfF-Kommunikation 1/20.

Keiner, A. E. (2020b): Algorithmen als Rationalitätsmythos. In: C. Leineweber & C. de Witt (Hrsg.), Algorithmisierung und Autonomie im Diskurs. Fernuniversität Hagen.
Kelle, H. (1997): »Wir und die anderen«. Die interaktive Herstellung von Schulklassen durch Kinder. In: S. Hirschauer & K. Amman (Hrsg.), Die Befremdung der eigenen Kultur. Zur ethnographischen Herausforderung soziologischer Empirie (S. 138–167). Frankfurt am Main: Suhrkamp.
Kellner, M. (2009): Die Diversity-Strategie der Ford-Werke – Kompetenzen von Ausbildenden im Umgang mit Vielfalt. In: N. Kimmelmann (Hrsg.), Berufliche Bildung in der Einwanderungsgesellschaft (S. 152–167). FAU Erlangen-Nürnberg.
Kerschensteiner, G. (1907): Die fünf Fundamentalsätze für die Organisation höherer Schulen. In: G. Kerschensteiner (Hrsg.), Grundfragen der Schulorganisation (S. 199–223) (3. Auflage). Leipzig: Oldenbourd.
Kessl, F. (2020): Institutionalisierung – zur ›hellen und dunklen‹ Seite eines konstitutiven Moments der bürgerlichen Welt; oder: Von der Dialektik der Institutionalisierung am Beispiel der pädagogischen Felder. Widersprüche, 40 (157), S. 73–88.
Kessl, F. & Otto, H.-U. (2011): Soziale Arbeit und soziale Dienste. In: A. Evers, R. Heinze & T. Olk (Hrsg.), Handbuch Soziale Dienste (S. 389–403). Wiesbaden: Springer VS.
Kießling, B. (1988): Die »Theorie der Strukturierung«. Ein Interview mit Anthony Giddens. Zeitschrift für Soziologie, 17 (4), 286–295.
Kipper, J. (2014): Die lernende Organisation? Personalentwicklung und Qualitätsmanagement – pädagogische Wissensformen und Technologien in Großunternehmen. Berlin: epubli.
Kipper, J. (2021): Pädagogische Elemente in agilen Methoden – Wie und was lernen Organisationen im agilen Arbeiten? Eine empirische Untersuchung der agilen Vorgehensweise Scrum. Journal für Psychologie, 29 (1), 147–168.
Klaffke, M. (2014): Millenials und Generation Z – Charakteristika der nachwachsenden Arbeitnehmer-Generation. In: ders. (Hrsg.), Generationen-Management (S. 57–82). Wiesbaden: Springer.
Klatetzki, T. (Hrsg.) (2010): Soziale personenbezogene Dienstleistungsorganisationen. Soziologische Perspektiven (1. Auflage). Wiesbaden: VS Verlag für Sozialwissenschaften.
Klimecki, R. G. & Gmür, M. (2005): Personalmanagement. Strategien, Erfolgsbeiträge, Entwicklungsperspektiven (3., erweiterte Auflage). Stuttgart: Lucius und Lucius.
Klimecki, R. G., Probst, G. & Eberl, P. (1994): Entwicklungsorientiertes Management. Stuttgart: Schäffer-Poeschel.
Klug, A. (2011): Analyse des Personalentwicklungsbedarfs. In: J. Ryschka, M. Solga, A. Mattenklott (Hrsg.), Praxishandbuch Personalentwicklung (S. 35–91). Wiesbaden: Gabler.

Koch, S. & Schemmann, M. (2009): Neo-Institutionalismus in der Erziehungswissenschaft. Grundlegende Texte und empirische Studien. Wiesbaden: VS Verlag.

Koch-Straube, U. (2003): Fremde Welt Pflegeheim. Eine ethnographische Studie (2. korrigierte Auflage). Bern: Hans Huber Verlag.

Köngeter, S. (2009): Der methodologische Nationalismus in der Sozialen Arbeit in Deutschland. Zeitschrift für Sozialpädagogik, 7 (4), 340–358.

Köngeter, S. (2009): Relationale Professionalität. Arbeitsbeziehungen mit Eltern in den Erziehungshilfen. Baltmannsweiler: Schneider Verlag Hohengehren.

Köngeter, S. (2012): Paradoxes of transnational production of knowledge in social work. In: A. S. Chambon, W. Schröer & C. Schweppe (Hrsg.), Transnational Social Support (S. 187–210). London: Routledge.

König, E. & Zedler, P. (1998): Theorien der Erziehungswissenschaft. Weinheim: Deutscher Studien Verlag.

König, E. (1997): Reformen der Schule – Ein organisationspädagogisches Thema? In: J. Wissinger (Hrsg.), Schulleitung als pädagogisches Handeln (S. 87-98). München: Oldenbourg.

König, E. & Volmer, G. (1993): Systemische Organisationsberatung. Weinheim: Deutscher-Studien-Verlag.

König, E. & Volmer, G. (2002): Pädagogische Arbeit in Organisationen. In: H.-U. Otto, Rauschenbach, T. & Vogel, P. (Hrsg.), Erziehungswissenschaft: Professionalität und Kompetenz (S. 91–100). Wiesbaden: VS Verlag.

König, E. & Volmer, G. (2004): Systemisch denken und handeln. Personale Systemtheorie in Erwachsenenbildung und Organisationsberatung. Weinheim: Beltz.

König, E. & Volmer, G. (2018): Handbuch Systemische Organisationsberatung (3. Auflage). Weinheim: Beltz.

Kotter, J. (1996): Leading Change. Boston: Harvard Business School Press.

Krämer, M. (2011): Grundlagen und Praxis der Personalentwicklung (2. Auflage). Göttingen: Vandenhoeck & Ruprecht.

Kühl, S. (2011): Organisationen. Eine sehr kurze Einführung. Wiesbaden: VS Verlag für Sozialwissenschaften.

Kühl, S. (2014): Ganz normale Organisationen. Zur Soziologie des Holocaust. Frankfurt/Main: Suhrkamp.

Kühl, S. (Hrsg.) (2015): Schlüsselwerke der Organisationsforschung. Wiesbaden: Springer.

Kühl, S. (2016): Die vier blinden Flecken der ›Theory U‹. wirtschaft + weiterbildung, 21 (10), 24–29.

Kühl, S. (2017):»Man ist ja nicht gleich Leitung«. Eine empirisch-qualitative Untersuchung der Professionsentwicklung von Leitungsnachwuchskräften sozialpädagogischer Einrichtungen. Dissertation HSU Hamburg.

Kuper, H. (2001): Organisationen im Erziehungssystem: Vorschläge zu einer systemtheoretischen Revision des erziehungswissenschaftlichen Diskurses über Organisation. Zeitschrift für Erziehungswissenschaft, 4 (1), 83–106.

Kuper, H. (2008): Institution und Organisation. In: L. Koch, V. Ladenthin, G. Mertens, W. Böhm (Hrsg.), Handbuch der Erziehungswissenschaft: Band I: Grundlagen – Allgemeine Erziehungswissenschaft (S. 437–452). Paderborn: Schöningh Verlag.

Kuper, H. & Thiel, F. (2010): Erziehungswissenschaftliche Institutionen- und Organisationsforschung. In: R. Tippelt & B. Schmidt (Hrsg.), Handbuch Bildungsforschung (S. 482–498). Wiesbaden: VS Verlag.

Kuper, H., & Thiel, F. (2010): Erziehungswissenschaftliche Institutionen- und Organisationsforschung. In: R. Tippelt, & B. Schmidt (Hrsg.), Handbuch Bildungsforschung (S. 482–498). Wiesbaden: VS Verlag.

Kurtz, T. (2002): Weiterbildung zwischen Beruf und Betrieb. Zum Verhältnis von Person, Organisation und Wissen. Zeitschrift für Pädagogik, 48 (6), 879–897.

Kutscher, N., Ley, T., Seelmeyer, U., Siller, F., Tillmann, A. & Zorn, I. (Hrsg.) (2020): Handbuch Soziale Arbeit und Digitalisierung (1. Auflage). Weinheim, Basel, Grünwald: Beltz Juventa.

Langer, A. (2013): Professionell managen. Kompetenz, Wissen und Governance im Sozialen Management. Wiesbaden: Springer VS.

Lapassade, G. (1972, orig. 1967): Gruppen, Organisationen, Institutionen. Stuttgart: Klett-Cotta.

Lattmann, C. (1990): Die Unternehmenskultur. Ihre Grundlagen und ihre Bedeutung für die Führung von Unternehmen. Heidelberg: Physica-Verlag.

Lave, J. & Wenger, E. (1991): Situated Learning. Legitimate Perioheral Participation. Cambridge: Cambridge University Press.

Lee, M. K. (2018). Understanding perception of algorithmic decisions: Fairness, trust, and emotion in response to algorithmic management. Big Data & Society. Vol. 5, No. 1, pp. 1–16.

Lewin, K. (1947): Changing as Three Steps: Unfreezing, Moving, and Freezing of Group Standards. In: ders. ....

Liebau, E., Schumacher-Chilla, D. & Wulf, C. (2001): Anthropologie pädagogischer Institutionen. Weinheim: DSV.

Lippert, I., Astor, M. & Wessels, J. (o. J., 2001): Demographischer Wandel und Wissenstransfer im Innovationsprozess. Teltow: VDI/VDE-Technologiezentrum Informationstechnik.

Lipshitz, R., Friedman, V. J. & Popper, M. (2007): Demystifying organizational learning. Thousand Oaks: Sage.

Loi, M. (2020): People Analytics muss den Menschen zugute kommen. Eine ethische Analyse datengesteuerter algorithmischer Systeme im Personalmanagement. Düsseldorf: Böckler-Stiftung.

Luhmann, N. (1987): Soziale Systeme. Grundriß einer allgemeinen Theorie. Frankfurt: Suhrkamp Verlag

Luhmann, N. (2000): Organisation und Entscheidung. Opladen: Westdeutscher Verlag.

Lutterer, W. (2002): Die Ordnung des Beobachters: die Luhmannsche Systemtheorie aus der Perspektive systemischer Theorie. Sociologia Internationalis, 40. Band, Heft 1, S. 5–33.

Manhart, S. & Rustemeyer, D. (2004): Die Form der Pädagogik. Der Schematismus »Bildung-Hilfe« als Differential pädagogischer Expansion. Zeitschrift für Pädagogik, 50 (2), 266–285.

March, J. G. & Olsen, J. (1975): The uncertainty of the past. Organizational learning under ambiguity. European Journal of Political Research, 3 (2), 147–171.

Marsick, V. J. & Watkins, K. E. (1994): The learning organization: An integrative vision for HRD. Human Resource Development Quarterly, 5 (4), 353–360.

Marsick, V. J. & Watkins, K. E. (2003): Demonstrating the Value of an Organization's Learning Culture. Advances in Developing Human Resources, 5 (2), 132–151.

Marsick, V. et al. (2017). Rethinking informal and incidental learning in terms of complexity and the social contexts. Journal of Adult Learning, Knowledge and Innovation 1(1), pp. 27–34.

Mecheril, P., Sensenschmidt-Linzner, A. (2019): Migrationsgesellschaftliche Organisationsentwicklung. Paul Mecheril über Vorschläge für die Weiterentwicklung von Organisationen im Umgang mit Diversität. Gruppe. Interaktion. Organisation. Zeitschrift für Angewandte Organisationspsychologie (GIO), 50 (4), 393–396.

Meifert, M. T. (Hrsg) (2013): Strategische Personalentwicklung. Wiesbaden: Springer.

Mensching, A. (2008): Gelebte Hierarchien, Mikropolitische Arrangements und organisationskulturelle Praktiken am Beispiel der Polizei. Wiesbaden: Verlag für Sozialwissenschaften.

Mensching, A. (2018): Strukturationstheoretsiche Grundlagen der Organisationspädagogik. In: M. Göhlich, A. Schröer & S. M. Weber (Hrsg.), Handbuch Organisationspädagogik (S. 199–210). Wiesbaden: Springer VS Verlag.

Mense-Petermann, U. (2006): Transnationalisierung, Organisation und Kultur. Organisationswissenschaftliche Kulturbegriffe auf dem Prüfstand. Berliner Journal für Soziologie, 16 (3), 393–411.

Merkens, H. (2006): Pädagogische Institutionen. Pädagogisches Handeln im Spannungsfeld von Individualisierung und Organisation. Wiesbaden: VS-Verlag.

Meyer, H. (1997): Schulpädagogik. Band 1 und 2. Berlin: Cornelsen.

Meyer, J. W. & Rowan, B. (1977): Institutionalized Organizations: Formal Structure as Myth and Ceremony. American Journal of Sociology, 83 (2), 340–363.

Mohrhart, D. (1974): Rezension zu ›Die Schule als soziale Organisation‹ von H. U. Peter. International Review of Education, 20 (2), 260–262.

Morgan, G. (2001a): The Multinational Firm: Organizing Across Institutional and National Divides. In: G. Morgan, P. H. Kristensen, & R. Whitley (Hrsg.), The Multinational Firm. Organizing across Institutional and National Divides (S. 1–24). Oxford: Oxford University Press.

Morgan, G. (2001b): Transnational communities and business systems. Global Networks, 1 (2), 113–130.
Morgan, G. (2002³): Bilder der Organisation (3. Auflage). Stuttgart: Klett-Cotta.
Mudra, P. (2004): Personalentwicklung. Integrative Gestaltung betrieblicher Lern- und Veränderungsprozesse. München: Vahlen.
Natorp, P. (1899): Sozialpädagogik. Theorie der Willenserziehung auf der Grundlage der Gemeinschaft. Stuttgart: Fr. Frommans Verlag (E. Hauff).
Neuberger, O. & Kompa, A. (1987): Wir, die Firma. Der Kult um die Unternehmenskultur. Weinheim: Beltz Verlag.
Nonaka, I. (1994): A dynamic theory of organizational knowledge creation. Organization Science, 5(1), 14–37.
Nonaka, I. & Takeuchi, H. (1995): The knowledge creating company. How Japanese companies create the dynamics of innovation. New York: Oxford University Press.
Oppermann, C., Schröer, W. & Wolff, S. (2018): Inter- und Transnationalität als Gegenstand der Organisationspädagogik. In: M. Göhlich, A. Schröer, S. M. Weber (Hrsg.), Handbuch Organisationspädagogik (S. 421–432). Wiesbaden: Springer.
Ortmann, G. (2003): Regel und Ausnahme. Paradoxien sozialer Ordnung. Frankfurt am Main: Surhkamp.
Ortmann, G. (2010): Organisation und Moral. Die dunkle Seite. Weilerswist: Velbrück Verlag.
Ortmann, G. (2012): Moralische Arbeitsteilung. Moralverdrängung und Legitimationsfabrikation in und durch Organisationen. Zeitschrift für Betriebswirtschaft, 82 (6), 33-58.
Ortmann, G., Sydow, J. & Windeler, A. (1997): Organisation als reflexive Strukturation. In: G. Ortman, J. Sydow, K. Türk (Hrsg.), Theorien der Organisation. Die Rückkehr der Gesellschaft. Opladen: Westdeutscher Verlag.
Otto, H.-U & Schaarschuch, A. (1999): A new social service professionalism? The development of social work theory in Germany. International Journal of Social Welfare, 8 (1), 38–46.
Otto, H.-U., Rauschenbach, T. & Vogel, P. (Hrsg.) (2002): Erziehungswissenschaft: Professionalität und Kompetenz (S. 91–99). Opladen: Leske & Budrich.
Pestalozzi, J. H. (1801): Wie Gertrud ihre Kinder lehrt. Bern, Zürich: Geßner.
Peters, T. J. & Waterman, R. H. (1983): In Search of excellence. Lessons from America's best-run companies. New York: Harper & Row.
Pfeifer, W. (Hrsg.) (1989): Etymologisches Wörterbuch des Deutschen. H-P. Berlin: Akademie Verlag.
Pfeiffer, S. (2016): Warum reden wir eigentlich über Industrie 4.0? Auf dem Weg zu einem digitalen Despotismus. Mittelweg 36, 25 (6), 14–36.
Pichler, M. (2016): Pro und Kontra ›Theory U‹. wirtschaft + weiterbildung. 21 (10), 19-23.
Pilz, S. (2018): Schulentwicklung als Antwort auf Heterogenität und Ungleichheit. Wiesbaden: Springer VS.

Pilz, S. & Göhlich, M. (2018): Multiperspektivität als Forschungsstrategie der Organisationspädagogik. In: M. Göhlich, A. Schröer, S. M. Weber (Hrsg.), Handbuch Organisationspädagogik (S. 295–306). Wiesbaden: Springer.

Pongratz, L. A. (2010): Kritische Erwachsenenbildung. Analysen und Anstöße. Wiesbaden: Verlag für Sozialwissenschaft.

Reckwitz, A. (2003): Grundelemente einer Theorie sozialer Praktiken. Eine sozialtheoretische Perspektive. Zeitschrift für Soziologie 324, 282–301.

Reckwitz, A. (2005): Kulturelle Differenzen aus praxeologischer Perspektive. In: I. Srubar, J. Renn, U. Wenzel (Hrsg.), Kulturen vergleichen. Sozial- und Kulturwissenschaftliche Grundlagen und Kontroversen (92–111). Wiesbaden: Verlag für Sozialwissenschaften.

Reckwitz, A. (2008): Unscharfe Grenzen. Perspektiven der Kultursoziologie. Bielefeld: transcript Verlag.

Reuter, C., Brambring, F., Hempel, T., Hünnekes, P. & Tenbrock, K. (2016): Training near the job. ZWF, 111 (11), 676–679.

Rimser, M. (2014): Intergenerativer Wissenstransfer. In: ders.: Generation Resource Management. Edition Rosenberger (S. 191–205). Wiesbaden: Springer.

Ritz, K. (2012): Kulturbewusste Personalentwicklung in werteorientierten Unternehmen. Wiesbaden: Springer VS.

Rolff, H.-G. (1995): Autonomie als Gestaltungs-Aufgabe. Organisationspädagogische Perspektiven. In: P. Daschner, H.-G. Rolff & T. Stryck (Hrsg.), Schulautonomie. Weinheim: Juventa.

Rorty, R. (2000): Wahrheit und Fortschritt. Frankfurt am Main: Suhrkamp.

Rosenbusch, H. S. (1989): Der Schulleiter – ein notwendiger Gegenstand organisationspädagogischer Reflexion. In: H. S. Rosenbusch & J. Wissinger (Hrsg.), Schulleiter zwischen Administration und Innovation (S. 8–16). Braunschweig: SL-Verlag.

Rosenbusch, H. S. (1997): Organisationspädagogische Perspektiven einer Reform der Schulorganisation. Schulverwaltung Bayern, 20 (10), 329–334.

Rosenbusch, H. S. (2005): Organisationspädagogik der Schule. München: Luchterhand.

Rottenburg, R., Brand, R., Merkens, H. (1988): Auf dem Weg in die neue Zukunft. Zur Sozialisation der Auszubildenden in die Unternehmenskultur eines Telekommunikations-Unternehmens. Berlin: Berichte aus der Arbeit des Instituts für Allgemeine Pädagogik Arbeitsbereich Empirische Erziehungswissenschaft.

Rüegg-Stürm, J. (2003): Das neue St. Galler Management-Modell. Grundkategorien einer integrierten Managementlehre. Der HSG-Ansatz (2. Auflage). Bern: Haupt Verlag.

Rumpf, H. (1971): Schuladministration und Lernorganisation. In: H. Rumpf (Hrsg.), Scheinklarheiten (S. 37–58). Braunschweig: Westermann.

Sachße, C. & Tennstedt, F. (1988): Geschichte der Armenfürsorge in Deutschland, Bd. 2: Fürsorge und Wohlfahrtspflege 1871–1929. Stuttgart: Kohlhammer.

Sachße, C. & Tennstedt, F. (1992): Geschichte der Armenfürsorge in Deutschland, Bd. 3: Der Wohlfahrtsstaat im Nationalsozialismus. Stuttgart: Kohlhammer.

Sausele-Bayer, I. (2011): Personalentwicklung als pädagogische Praxis. Wiesbaden: VS-Verlag.

Sausele-Bayer, I. (2018): Personalentwicklung als Gegenstand der Organisationspädagogik. In: M. Göhlich, A. Schröer, S. M. Weber (Hrsg.), Handbuch Organisationspädagogik (S. 607–618). Wiesbaden: Springer.

Schäffter, O. (1981/1982): Institutionsberatung. Bd. 1: Handbuch zur pädagogischen Begründung, Planung und Methodik von organisationsbezogener Weiterbildung; Bd. 2: Planung von Organisationsentwicklung als curriculares Problem beruflicher Weiterbildung. Baltmannsweiler: Paedag. Verl. Burgbuecherei Schneider.

Schäffter, O. (1992): Arbeiten zu einer erwachsenenpädagogischen Organisationstheorie. Frankfurt am Main: Pädagogische Arbeitsstelle des DVV.

Scharmer, O. (2007): Theory U. Leading from the Future as It Emerges. Cambridge: Society for Organizational Learning.

Schein, E. 2004: Organizational Culture and Leadership. San Francisco: Jossey Brass.

Schied, F. M., Carter, V. K., & Howell, S. L. (2001). Silent power: HRD and the management of learning in the workplace. In: R. M. Cervero & A. L. Wilson (Hrsg.), Power in practice: Adult education and the struggle for knowledge and power in society (S. 42–59). San Francisco: Jossey-Bass.

Schiersmann, C. & Thiel, H.-U. (2014): Organisationsentwicklung. Wiesbaden: Springer VS.

Schimank, U. (2006): Organisationsgesellschaft. In.: W. Jäger & U. Schimank (Hrsg.): Organisationsgesellschaft. Facetten und Perspektiven (S. 19-50). Wiesbaden: Verlag für Sozialwissenschaft.

Schlüter, A. (2018): Individuelle Akteure als Gegenstand der Organisationspädagogik. In: M. Göhlich, A. Schröer, S. M. Weber (Hrsg.), Handbuch Organisationspädagogik (S. 407–417). Wiesbaden: Springer.

Scholz, C. & Scholz, T. (2019): Grundzüge des Personalmanagements. München: Vahlen.

Schönefeld, D. & Wolff, S. (2012): Managen von und mit Diversity. In: M. Göhlich, S. M. Weber, H. Öztürk, N. Engel (Hrsg.), Organisation und kulturelle Differenz (S. 129–142). Wiesbaden: Springer

Schönig, W. (2002): Organisationskultur der Schule als Schlüsselkonzept der Schulentwicklung. Zeitschrift für Pädagogik, 48 (6), 815–834.

Schrader, J. (2011): Struktur und Wandel der Weiterbildung. Bielefeld: Bertelsmann.

Schreiner, T. (2020): Organisationspädagogische Betrachtungen der Deutungen von Vielfalt im Jugendamt, online verfügbar unter: https://jlupub.ub.uni-giessen.de//handle/jlupub/233, zuletzt abgerufen am 1.3.2022.

Schreyögg, G. (2016): Grundlagen der Organisation. Wiesbaden: Springer.

Literaturverzeichnis

Schröder, C. (2015): Das Weltsozialforum. Eine Institution der Globalisierungskritik zwischen Organisation und Bewegung. Bielefeld: transcript.

Schröder, C. (2020): Verantwortung in Organisationen herstellen. Berater*innen und Klient*innen am Übergang in Arbeit. In: C. Fahrenwald, N. Engel & A. Schröer (Hrsg.), Organisation und Verantwortung. Jahrbuch der Sektion Organisationspädagogik (S. 243–258). Wiesbaden: VS Verlag für Sozialwissenschaften.

Schröer, A. (2004): Change Management pädagogischer Insitutionen. Wandlungsprozesse in Einrichtungen der evangelischen Erwachsenenbildung. Opladen: Leske & Budrich.

Schröer, A. (2011): Leadership in Nonprofit Organisationen. Programmatische Überlegungen zur organisationspädagogischen Leadership-Forschung. In: S. M. Weber, M. Göhlich, C. Schiersmann, A. Schröer (Hrsg.), Organisation und Führung (S. 99–111). Wiesbaden: Verlag für Sozialwissenschaften.

Schröer, A. (2013): Partizipative Hochschule – Eine Fallanalyse zur Institutionalisierung von ›community based scholarship‹ an einer amerikanischen Hochschule. In: S. Weber, M. Göhlich, A. Schröer, C. Fahrenwald, H. Macha (Hrsg.), Organisation und Partizipation (S. 187–198). Wiesbaden: Springer.

Schröer, A. (2016): Führung als organisationspädagogische Kategorie. Eine praxistheoretische Rekonstruktion von Führung in organisationalen Lernprozessen. In: A. Schröer, M. Göhlich, S. M. Weber & H. Pätzold (Hrsg.), Organisation und Theorie. Beiträge der Kommission Organisationspädagogik (S. 221–234). Wiesbaden: Springer VS.

Schröer, A. (2021): Hybride Organisationen als Orte der Hervorbringung sozialer Innovationen. In: A. Schröer, S. Köngeter, S. Manhart, C. Schröder, T. Wendt (Hrsg.): Organisation über Grenzen. Jahrbuch der Sektion Organisationspädagogik (S. 93–107). Wiesbaden: Springer VS.

Schröer, A. & Händel, R. B. (2020): Social Intrapreneurship Labs – organisationspädagogische Grundlegung und empirische Befunde. In: A. Schröer, N. Engel, C. Fahrenwald, M. Göhlich (Hrsg.), Organisation und Zivilgesellschaft. Wiesbaden: Springer Verlag für Sozialwissenschaften.

Schröer, A., Engel, N., Fahrenwald, C., Göhlich, M., Schröder, Ch. & Weber, S.-M. (2020): Organisation und Zivilgesellschaft. Beiträge der Kommission Organisationspädagogik. Wiesbaden: Springer VS

Schröer, A., Engel, N., Fahrenwald, C., Göhlich, M., Schröder, Ch. & Weber, S.-M. (2020): Organisation und Zivilgesellschaft. Beiträge der Kommission Organisationspädagogik. Wiesbaden: Springer VS.

Schröer, A., Köngeter, S, Manhart, S., Schröder, Ch. & Wendt, Th. (2021): Organisation über Grenzen. Jahrbuch für Organisationspädagogik. Wiesbaden: Springer VS.

Schröer, H. (2018): Interkulturelle Öffnung und Diversity Management. In: B. Blank, S. Gögercin, K. E. Sauer, B. Schramkowski (Hrsg.), Soziale Arbeit in der Migrationsgesellschaft (S. 773–786). Wiesbaden: Springer.

Schröer, W. & Wolff, S. (2018): Sozialpädagogik und Organisationspädagogik. Intradisziplinäre Bezüge. In: M. Göhlich, A. Schröer, S. M. Weber (Hrsg.), Handbuch Organisationspädagogik (S. 59–70). Wiesbaden: Springer.
Schwaber, K. & Sutherland, J. (2020): The SCRUM-Guide, online verfügbar unter: https://scrumguides.org/scrum-guide.html, zuletzt abgerufen am 1.3.2022
Schwarz, P., Purtschert, R., Giroud, C. & Schauer, R. (2005): Das Freiburger Management-Modell für Nonprofit Organisationen. Bern: Haupt Verlag.
Scott, R. W. (1986): Grundlagen der Organisationstheorie. Frankfurt am Main, New York: Campus Verlag.
Seibert, N. (Hrsg.) (1997): Anspruch Schulkultur. Interdisziplinäre Darstellung eines neuzeitlichen schulpädagogischen Begriffs. Bad Heilbrunn: Verlag Julius Klinckhardt.
Seitter, W. (2007): Geschichte der Erwachsenenbildung. Bielefeld: wbv.
Seitz, K. (2006): Lernen in einer globalisierten Gesellschaft. In: T. Rauschenbach (Hrsg.), Informelles Lernen im Jugendalter. Vernachlässigte Dimensionen der Bildungsdebatte (S. 63–91). Weinheim u. a.: Juventa.
Senatsverwaltung für Bildung, Jugend und Familie (2018), Fachbrief 31: Geschichte, Politische Bildung, Politikwissenschaft. Online verfügbar unter: https://digital.zlb.de/viewer/resolver?urn=urn:nbn:de:kobv:109-1-15369829, Zugriff am 15.02.2022.
Senge, P. (1990): The fifth discipline. The art and practice of the learning organization. New York: Doubleday.
Seufert, S. (2017): Die betriebliche Weiterbildung im Spannungsfeld von Persönlichkeits- und Personalentwicklung. In: D. Münk, M. Walter (Hrsg), Lebenslanges Lernen im sozialstrukturellen Wandel (S. 121–140). Wiesbaden: Springer.
Seufert, S. (2018): Bildungsmanagement und -controlling als Gegenstand der Organisationspädagogik. In: M. Göhlich, A. Schröer, S. M. Weber (Hrsg.), Handbuch Organisationspädagogik (S. 553–565). Wiesbaden: Springer.
Severing, E. (2014): Von der Organisation des informellen Lernens in Wirtschaftsunternehmen. In: N. Engel Nicolas & I. Sausele-Bayer (Hrsg.), Organisation. Ein pädagogischer Grundbegriff (S. 201–218). Münster: Waxmann.
Smirchich, L. (1983): Concepts of Culture and Organizational Analysis. Administrative Science Quarterly, 28 (3), 339–358.
Solga, M., Ryschka, J. & Mattenklott, A. (2011): Personalentwicklung: Gegenstand, Prozessmodell, Erfolgsfaktoren. In: J. Ryschka, M. Solga, A. Mattenklott (Hrsg)., Praxishandbuch Personalentwicklung (S. 19–34). Wiesbaden: Gabler Verlag.
Spencer, B. (2001). Changing questions of workplace learning researchers. In T. Fenwick (Ed.), Sociocultural perspectives on learning through work. New directions in adult and continuing education, no. 92 (pp. 31–40). San Francisco: Jossey-Bass/Wiley.
Spiegel, A., Mense-Petermann, U., & Bredenkötter, B. (Hrsg.) (2018): Expatriate Managers. The Paradoxes of Working and Living Abroad. London: Routledge.

Spitzek, H. (2008): Organisationsentwicklung: was lernen Organisationen durch die Kritik von Nichtregierungsorganisationen? Bern: Haupt Verlag.

Sporket, M. (2014): Organisationen im demographischen Wandel: Alternsmanagement in der betrieblichen Praxis. Wiesbaden: VS Verlag.

Stark, D., Pais, I. (2020): Algorithmic Management in the Platform Economy. Sociologica, 14 (3), 47–72.

Strauss, A. L. (1968): Spiegel und Masken: die Suche nach Identität. Frankfurt am Main: Suhrkamp.

Tagesspiegel, Der (8.1.2018): Oberster Kultusminister ist gegen Pflichtbesuche in KZ. Online verfügbar unter: https://www.tagesspiegel.de/politik/reaktionen-auf-sawsan-cheblis-vorschlag-oberster-kultusminister-ist-gegen-pflichtbesuche-in-kz/20825798.html, Zugriff am 15.02.22.

Tenorth, H.-E. (1992): Geschichte der Erziehung. Einführung in die Grundzüge ihrer neuzeitlichen Entwicklung. Weinheim/München: Juventa.

Tenorth, H.-E. (2010): Geschichte der Erziehung. Weinheim: Juventa.

Terhart, E. (1986). Organisation und Erziehung. Neue Zugangsweisen zu einem alten Dilemma. Zeitschrift für Pädagogik, 32 (2), 205–223.

Terhart, E. (2018): Schulpädagogik und Organisationspädagogik. Intradisziplinäre Bezüge. In: M. Göhlich, A. Schröer, S. M. Weber (Hrsg.), Handbuch Organisationspädagogik (S. 47–57). Wiesbaden: Springer.

Tervooren, A. (2006): Im Spielraum von Geschlecht und Begehren. Ethnographie der ausgehenden Kindheit. Weinheim: Juventa.

Thelen, A. C., Herr, S., Hees, F., Jeschke, S. (2011): Microtraining for Workplace-Related Learning. In: S. Jeschke, I. Isenhardt, F. Hees, K. Henning (Hrsg.), Automation, Communication and Cybernetics in Science and Engineering 2009/2010 (S. 347–357). Berlin: Springer.

Thiersch, H. (1992): Lebensweltorientierte Soziale Arbeit. Aufgaben der Praxis im sozialen Wandel. Weinheim, München: Juventa Verlag

Thole, W. (1991): Familie, Szene, Jugendhaus. Alltag und Subjektivität einer Jugendclique. Opladen: Leske & Budrich.

Thom, N. (1987): Personalentwicklung als Instrument der Unternehmensführung. Stuttgart: Poeschel.

Thom, N. (2008): Trends in der Personalentwicklung. In: N. Thom, R. Zaugg (Hrsg.), Moderne Personalentwicklung (S. 3–18). Wiesbaden: Gabler.

Thomas, S. (2010): Organisationskulturen in der Kinder- und Jugendhilfe. Hildesheim: Olms.

Tietze, K.-O. (2010): Wirkprozesse und personenbezogene Wirkungen von kollegialer Beratung. Wiesbaden: VS Verlag.

Timmermann, D. & Strikker, F. (2007): Organisation, Management und Planung. In: Krüger, Heinz-Hermann & Helsper, Werner (Hrsg.), Grundbegriffe und Grundfragen der Erziehungswissenschaft (S. 151–170). Opladen: Budrich Verlag.

Townley, B. (1994). Reframing human resource management: Power, ethics and the subject at work. London: Sage.

TRANS WISSEN (2020): Wissen in der Transnationalisierung. Zur Krise und Ubiquität der Übersetzung. Bielefeld: transcript Verlag.
Wagner-Willi, M. (2005): Kinder-Rituale zwischen Vorder- und Hinterbühne. Der Übergang von der Pause zum Unterricht. Wiesbaden: Verlag für Sozialwissenschaften.
Waks, L. J. (2001): Kommentar zu Deweys »The Education Situation« on 1902. Journal of Curriculum Studies, 33 (4), 387–388.
Walther, A. (2015): Übergänge im Lebenslauf: Erziehungswissenschaftliche Heuristik oder pädagogische Gestaltungsaufgabe? In: H. v. Felden, S. Schmidt-Lauff, H. Pätzold (Hrsg.), Transitionen in der Erwachsenenbildung. Gesellschaftliche, institutionelle und individuelle Übergänge (S. 35–56). Opladen u. a.: Barbara Budrich.
Weber, M. (1956). Wirtschaft und Gesellschaft. Grundriss 1. Halbband. Tübingen: Mohr
Weber, S. M. (1998): Organisationsentwicklung und Frauenförderung. Eine exemplarische Untersuchung in drei Organisationstypen der privaten Wirtschaft. Königstein, Taunus: Helmer.
Weber, S. M. (2005): Rituale der Transformation. Großgruppenverfahren als pädagogisches Wissen am Markt. Wiesbaden: VS-Verlag.
Weber, S. M. & Wieners, S. (2018): Diskurstheoretische Grundlagen der Organisationspädagogik. In: M. Göhlich, A. Schröer, S. M. Weber (Hrsg.), Handbuch Organisationspädagogik (S. 211–223). Wiesbaden: Springer.
Wegerich, C. (2015): Strategische Personalentwicklung in der Praxis. Wiesbaden: Springer.
Weick, K. E. (1976): Educational Organizations as Loosely Coupled Systems. Administrative Science Quarterly, 21 (1), 1–19.
Weick, K. E. (1995): Sensemaking in organizations. Foundations for organizational science. London: Sage.
Weick, K. E. & Westley, F. (1996): Organizational learning: Affirming an oxymoron. In: S. Clegg, C. Hardy & W. Nord (Hrsg.), Handbook of organization studies (S. 440–458). London: Sage.
Wendt, T., Schröer, A. & Lackas, M. (2021, i.E.): Der Unterschied des Unterschieds. Perspektivendifferenz als methodisches Prinzip der Innovationsförderung. In: N. Weimann-Sandig (Hrsg.), Multiprofessionelle Teamarbeit in Sozialen Dienstleistungsberufen. Wiesbaden: Springer VS.
Wenger, E. (1998): Communities of Practice: Learning, Meaning and Identity. Cambridge: Harvard University Press.
Wenger, E. (2009): A social theory of learning. In: K. Illeris (Hrsg.), Contemporary theories of learning: Learning theorists . . . in their own words (S. 209–218). Abingdon: Routledge.
Wimmer, A. & Glick Schiller, N. (2002): Methodological nationalism and beyond: nation-state building, migration and the social sciences. Global Networks, 2 (4), 301–334.

Wolff, S. (1999): Organisationswissenschaftliche Grundlagen: Das Krankenhaus als Organisation. In: J. M. Pelikan & S. Wolff (Hrsg.), Das gesundheitsfördernde Krankenhaus. Konzepte und Beispiele zur Entwicklung einer lernenden Organisation (S. 37–50). Weinheim: Juventa.

Wulf, C., Merkel, C. (Hrsg.) (2002): Globalisierung als Herausforderung der Erziehung. Theorien, Grundlagen, Fallstudien. Münster: Waxmann.

Yanow, D. (2000): Seeing Organizational Learning: A ›Cultural‹ View. Organization, 7 (2), 247-268.

Zaugg, R. J. (2008): Nachhaltige Personalentwicklung. In: N. Thom, R. Zaugg (Hrsg.), Moderne Personalentwicklung (S. 19–39). Wiesbaden: Gabler.

Zech, R. (2018): Systemtheoretische Grundlagen der Organisationspädagogik. In: M. Göhlich, A. Schröer, S. M. Weber (Hrsg.), Handbuch Organisationspädagogik (S. 175–186). Wiesbaden: Springer.

Zech, R., Dehn, C., Tödt, K., Rädiker, S., Mrugalla, M., Schunter, J. (Hrsg.) (2010): Organisationen in der Weiterbildung. Wiesbaden: VS.

Zeit, Die (18/2015): Holocaust-Gedenken: Reiner Schrecken bildet nicht. Online verfügbar unter: https://www.zeit.de/2015/18/kz-gedenkstaette-schueler-holocaust?utm_referrer=https%3A%2F%2Fwww.google.com%2F, Zugriff am 25.03.2019.

Zelesniack, E., Grolman, F. (o. J.): Die besten Change-Management-Modelle im Vergleich. Welche Change Management Modelle haben sich in der Praxis bewährt? Online verfügbar unter: https://organisationsberatung.net/change-management-modelle-im-vergleich/, zuletzt abgerufen am 1.3.22

Zinnecker, J. (1975): Der heimliche Lehrplan. Untersuchungen zum Schuunterricht. Stuttgart: Beltz.